国家出版基金项目
NATIONAL PUBLICATION FOUNDATION

U0621515

当代高等教育研究新视野丛书

Institutional Research
and Institutional Management

院校研究与院校管理

周 川 著

南京师范大学出版社

图书在版编目(CIP)数据

院校研究与院校管理 / 周川著. -- 南京：南京
师范大学出版社，2023.7
（当代高等教育研究新视野丛书）
ISBN 978 - 7 - 5651 - 5751 - 6

Ⅰ.①院…　Ⅱ.①周…　Ⅲ.①高等学校－学校管理－
研究－中国　Ⅳ.①G647

中国国家版本馆 CIP 数据核字(2023)第 073271 号

丛 书 名	当代高等教育研究新视野丛书
书　　名	院校研究与院校管理
作　　者	周　川
丛书策划	王　涛
责任编辑	高　珏
出版发行	南京师范大学出版社
地　　址	江苏省南京市玄武区后宰门西村 9 号(邮编:210016)
电　　话	(025)83598919(总编办)　83598412(营销部)　83373872(邮购部)
网　　址	http://press.njnu.edu.cn
电子信箱	nspzbb@njnu.edu.cn
照　　排	南京开卷文化传媒有限公司
印　　刷	江苏扬中印刷有限公司
开　　本	710 毫米×1000 毫米　1/16
印　　张	15.5
字　　数	219 千
版　　次	2023 年 7 月第 1 版
印　　次	2023 年 7 月第 1 次印刷
书　　号	ISBN 978 - 7 - 5651 - 5751 - 6
定　　价	68.00 元
出 版 人	张　鹏

总　序

　　自潘懋元先生等老一辈学者创会以来,中国高等教育学会高等教育学专业委员会始终坚守学术立会传统,把深化与拓展高等教育理论研究作为办会的基本宗旨。中国高等教育学学科设置从无到有,高等教育研究队伍从零散到蔚为大观,一代又一代优秀学者的成长,都与中国高等教育学会高等教育学专业委员会在各培养单位与会员单位之间发挥的纽带作用不无关联。目前,对高等教育学的定位和属性无论存在多少争议,不容否认,它已经成为我国高等教育研究者心有所向、身有所归的学术共同体。

　　高等教育学专业委员会历来倡导立足国际视野与本土关怀,开展学理取向探究与问题取向的理论研究。对于中国高等教育理论研究之于国家政策、高校管理以及人才培养的贡献如何评价,人们的站位不同,自然会有不同理解。回顾改革开放四十多年以来中国高等教育改革与发展历程,我们不难发现:几乎中国高等教育领域每一次重大事件的发生,人们关注的重大议题、问题以及政策概念的提出,我国高等教育研究者在理论上大都有先行研究。譬如,关于高等学校职能与高等教育功能、高等教育现代化、高等教育质量评价与保障、高等教育大众化和普及化、世界一流大学建设、高等学校自主权、现代大学制度、大学治理结构、大学收费制度、学分制、招生制度改革、学科与专业建设、通识教育、高校人事制度改革与学术职业变迁、有效性教学与教学学术、高等教育国际化与信息化等等。这些既有国际视野又有本土关怀,既有历史考察又有现实观照,纵横交错,覆盖宏观、中观与微观各个层面的研究,无论其聚焦的是"冰点"还是"热点"问题,是否有显示度,它们都为现实中的高等教育体制性变革与日常实践,拓展了视野,提供了理论支撑。

理论研究的基本宗旨在于透过现象看本质,揭示高等教育活动的一般规律。无论其初始动机是源于个人好奇心、兴趣、经历和境遇,抑或是源于现实关怀或政策意图,它从来不存在有用与无用之说。自然科学如此,作为社会科学的高等教育学科也不例外。因为有用无用不过是一种价值判断,它与评价者的个人身份、地位、处境和特定需求存在或明或暗的勾连,是一种立场在先的自我主观判断和推断;或者说理论之有用和无用,更在于它的情境性。如果总是把特定情境需求作为理论研究的取向与偏好,那么,其悖论恰恰在于:这种情境性需求恐怕永远滞后于形势变化与环境变迁,局限于特定情境需求的理论或应用研究,反而因为一般性与多样化研究积累不足而难以适用,更无法对现实的走向以及可能发生的问题进行预测,也难以对现实中存在的价值扭曲提出预警和防范。

其实,真正的高等教育理论研究从来不会绝缘于现实关怀,很多理论研究选题的生成乃至观点创新,恰恰源于人们对现实的感悟与启发。通常而言,任何理论成果都不可能直接成为政策工具,它充其量可以为现实问题的解决提供某些索引,或者为决策者提供相关参考依据,为行动者提供可选择的装备。理论研究与决策以及行动实践之间,天然地存在一种若即若离的关系,虽然也存在若隐若现的互动,但两者既无法相互取代,更难以完全融合。否则,理论不过就是如变色龙般的策略与技巧,缺乏理论所必备的去情境化超越品质,实践也不过是理论贫乏的个人经验直观甚至行动的妄为。不容否认,由于始终缺乏一种自然演化的稳定态,在被频繁的政策事件扰动的情境中,中国高等教育与经济领域情形相似,在宏观的体制运行与中观的组织治理层面都有其特殊性。但这并不意味着我们的高等教育可以超越于一般性的活动规律或者说本质特征,如知识创新以及人才成长规律等。因此,植根于中国特殊土壤的理论研究,在跨域性的理论丛林中,犹如一片被移植而来的红枫林,既有源自共同基因的相对稳定性状,又有其与环境相适应的某些特殊表现形态,如生长状态、凝红流金的景致可能存在差异。不过,这种表现形态更多反映为生态系统与群落层次上的差别,而非物种意义上的例外。也正因为理论研究所具有的这种品质,它才构成了我们与国际同行沟通与对话的基础,也是为国际高等教育贡献知识与智慧的凭依。

作为一个建制化的学科,高等教育学历史短暂。因此,长期以来,高等教育理论研究,无论在理论溯源、视角选择方面,还是知识框架上,受基础教育领域的理论思潮与研究取向影响至深。但回顾历史就会发现,体制化的基础教育晚于大学的兴起,如今基础教育领域众多教学形式与方法的探索和实践也往往始于大学,如论辩、讨论、实验和观摩等。即使是基础教育领域的各种理论思潮与技术潮流,也往往最先发端于大学。相对于基础教育,高等教育活动更具有个体探索、行动在先和自下而上的特征,虽然它也难免带有外控与人为设计的特征,但它更具组织与行动者自我设计取向,大学的历史基因更为久远也相对更为顽固,每一次突变都没有彻底颠覆它的基本性状。这些特征无疑为我们寻求其相对稳定的客观属性与变易的受动属性提供了先天的优势。譬如,如何理解不同学科与专业生成与演变的轨迹,以及教与学活动的规律,如何理解组织特有属性及其运行逻辑,如何解释它与外部环境与文化以及各种社会力量之间带有顺应而又抗拒的关系,如何理解学人成长与职业发展轨迹,等等。高等教育学有待确证的基础性问题实在太多,需要探索的不确定性问题更多,它给我们提供了无限的空间与可能。而所有这些问题的探究,不仅难以从基础教育理论中获得启发,而且也远超出了基础教育的学科逻辑体系与框架。因此,高等教育学无疑具有特殊性。如何跳出一般教育学科的既有樊篱,建构一个包容性更强的多学科高等教育学知识逻辑和体系,需要我们做更多基础性、专业性且具有开拓性的思考与探索。

总之,倡导基础理论研究与带有学理性探究的现实问题研究,是高等教育学专业委员会的使命所在,唯有通过理论取向的学术探究与人才培育,我们才能立足扎实的理论基础与学术素养去回应现实高等教育发展中应接不暇的问题。理论固然需要服务于实践,但更需要我们以独立的精神、专业的态度、严谨的学风、开放的视野和谦逊的风格去观察和参与实践,理性地面对实践中可能存在的躁动。既不做旁观清谈者,也不做随波逐流者,努力以有深度有价值、有科学精神有人文情怀、有现实关注有未来视域的研究,为中国高等教育改革与发展贡献智慧。

正是出自上述初衷,中国高等教育学会高等教育学专业委员会与南京师范大学出版社,联合推出了"当代高等教育研究新视野丛书"学术专著出版计划。该丛书面向国内高等教育专业研究者,不拘泥于特定选题,尊重每位学者的兴趣和专长,期待以众说荟萃、集体亮相的形式,呈现当下我国高等教育理论研究的整体状貌。该出版计划将始终保持开放性,不断吸纳国内资深和新锐学者的最新研究成果,希望它不仅能成为一览高等教育学理论景致的窗口,为该学科的持续探赜索隐、钩深致远提供些许幽微之光,而且也能够从中感受到中国高等教育研究始终与时代变革气息相通的脉动。其中有热切的呼应,也有冷静的慎思,有面向未来远景的思索探问,也有洞鉴古今史海的爬梳钩沉。不同主题纷呈,个性风格迥异,从而构成一个多姿多彩、供读者各取所需的学术专著系列。

最后,高等教育学专业委员会特别感谢南京师范大学出版社所给予的慷慨支持与悉心指导,出版社在丛书的策划、编辑、出版和发行等方面投入了巨大的精力,也为编委会的组建、著者的遴选、成员之间的沟通等各项工作的有序展开提供了便利条件。

"当代高等教育研究新视野丛书"编委会
中国高等教育学会高等教育学专业委员会
二〇二二年十二月

目　录

第一章　院校研究的基本特征

　　院校研究是高等院校的自我研究,有广义、狭义之分。本书特指狭义的院校研究:主要由专职人员承担,运用科学方法对本校办学状态及其问题进行分析和论证,服务于本校管理决策的咨询性研究。

　　"大学对一切都进行研究而就是不研究它们自己",①这种责难在世界高等教育领域流传甚广,被很多人津津乐道。然而,自从院校研究兴起之后,这一责难就站不住脚了,至少不那么理直气壮了,因为院校研究正是高等院校对自身的研究,它的兴起基本结束了高校"不研究自己"的历史。

　　院校研究是高等院校的自我研究,既不同于我们通常所说的"高等教育研究",也不同于学校领导者"开个会研究一下"的那个"研究",更不同于一般的学术研究。院校研究是一种性质比较特殊的研究活动,既具有研究的共性,又有不同于其他研究活动的特性。

第一节　何谓"院校研究"

　　"院校研究"的英文是"Institutional Research"(缩写 IR),它的本意是"机构

①　德拉高尔朱布·纳依曼.世界高等教育的探讨[M].令华,严南德,译.北京:教育科学出版社,1982:13.

研究",也就是机构对自身的研究。在高等教育领域,"Institutional Research"的本意是指高等教育机构对自身的研究。由于高等教育机构就是高等院校,即大学、学院、高等专门学校、大学分校和总校等等,因此在我国的高等教育界,"Institutional Research"约定俗成被称为"院校研究"。

一、"院校研究"的界定

院校研究在一般意义上被界定为:高等院校对自身的研究——高等院校对自身运行状态、存在问题及其对策的研究。对这个一般性的界定,国内外高等教育界的认识基本一致,只是角度略有不同而已。

曾任美国院校研究协会主席的 J.L.索普(J.L.Saupe)给出了界定:"院校研究是一个高等学校内部进行的研究,旨在为学校的规划、政策与决策提供信息支撑。"①这个界定指出了院校研究的三个基本要点:研究主体是某一特定高校;研究对象是学校自己内部的问题;研究宗旨是服务于学校的管理决策。

20 世纪 90 年代初任美国院校研究协会主席的 J.A.玛福(J. A. Muffo)认为,"院校研究就是对高等教育组织或大学的研究。其宗旨是:为高等学校提供有益的信息咨询,以改善学校的管理,为高校政策的制定出谋划策"②。

P. G. 阿尔特巴赫(P. G. Altbach)认为:"院校研究是指那些个别院校收集自己的数据,对自己的运行状态和工作措施进行分析的研究。"③

在美国院校研究协会的网页上,院校研究被界定为:"对学校的数据和信

---

① J. L. Saupe. The Function of Institutional Research[G]. Tallahassee, FL: The Association for Institutional Research, 1990:85.

② J.A.玛福.美国院校研究概述[J]. 樊建芳,译.外国高等教育资料,1994(1):1.

③ P.G.Altbach, ed. Higher Education in International Perspective[M]. London and New York: Mansell Publishing Limited,1985:17.

息进行处理,并利用这些数据和信息支撑学校决策的研究领域。"①

荷兰学者 P. A. 梅森从研究的过程对院校研究予以界定:"收集一所高校
的内部状况的资料;收集该校的环境资料;分析整理这些资料使之转换为有
用的信息;根据这些信息对学校的计划、政策、决策进行论证。"②

在《国际高等教育百科全书》中,院校研究被界定为:"对高等学校的运
行、环境及过程所作的研究和分析。它的目的是促进对学校自身的了解,描
述教师和学生的特征及愿望,揭示人财物等资源的运行状况,为学校规划、教
学评价及其他绩效评估进行分析论证。"③这个界定表明院校研究是高校对自
身的研究,并且揭示了院校研究的主要内容和研究目的。

"院校研究"这一概念是在 20 世纪 80 年代后期至 90 年代初期从国外引
入我国高等教育领域的,高等教育研究领域的多位学者在这个过程中起到了
重要的作用。

1987 年,一些高等教育学者开始编撰《高等教育辞典》,他们当时正是在
《国际高等教育百科全书》等文献中接触到"Institutional Research"这个术语,
因而决定将其译作"院校研究",并收入辞典成为一个词条。《高等教育辞典》
于 1993 年出版,其释义将"院校研究"界定为一个美国现象:"美国高等学校行
政管理部门组织的以本校活动为主要对象,以提高本校管理水平及竞争能力
为宗旨的咨询性、政策性研究。"④这个界定强调了以"本校"为研究对象,以及
"咨询性、政策性研究"的性质,揭示了院校研究的基本特点。这个界定之所
以把院校研究看作是一个美国现象,主要是因为在当时,只有在美国院校研

① Asscioation for Institutiongal Research. Professional Overview: Duties and Functiongs of
Institutional Research. [EB/OL]. https://www. airweb. org/ir-data-professional-overview/duties-and-
functions-of-institutional-research.

② P. A. M. Maassen. Institutional Research and Organizational Adaptation[G]. Paper presented at
the Eighth European AIR Forum, Loughborough, England, 1986: 1.

③ A. S. Knowles, et al. The International Encyclopedia of Higher Education(Vol. 5)[M]. San
Francisco: Jossey-Bass, Inc; 1978:2184.

④ 朱九思,姚启和.高等教育辞典[M].武汉:湖北教育出版社,1993:306.

究才可以说初步成型并且成为高等院校内部的一个制度设计,而在其他国家,当时虽然也有院校研究的尝试,但大多处于萌芽状态,零散且缺少制度保障。另外一个原因是在《高等教育辞典》编撰的 20 世纪 80 年代中后期,我国学者对院校研究的了解毕竟有限。

从 20 世纪 90 年代开始,我国高等教育研究领域关于院校研究的译介逐渐增多,一些学者从不同的角度对院校研究作出了具有中国特色的界定,比较有代表性的如下。

徐俞:"高等院校对自身状况的分析与评估活动称为'院校研究'。它已成为高等教育研究中最普通的一种类型和一个重要的方面。今天,在美国的每所院校全都设有'院校研究'的机构,为学校的发展充当'医生'和'智囊团'的角色。"[1]这个界定强调了高校对"自身"的研究,同时又将它看作"高等教育研究"的"最普通的一种类型"。

程星、周川:"院校研究是在一定的理论指导下,运用科学的方法尤其是信息科学的方法,对单个高等院校的运行状况及其影响因素进行定量、定性分析,为高校的发展和管理提供科学依据的一个专门的研究领域。"[2]这个界定强调了院校研究是一个"研究领域",对象是"单个高等院校"以及方法上的科学取向。

刘献君、赵炬明、陈敏:"院校研究是把现代管理科学和高等教育科学研究成果应用于高等学校管理,旨在提高高等学校管理水平的一门学科和一个实践领域。"[3]强调了院校研究是一个"实践领域",并且论述了作为一个"实践领域"的院校研究与作为一个"学术领域"院校研究的异同。

蔡国春:"院校研究是研究者基于本校情境、针对学校管理与运行中的实际问题所作的分析与咨询研究,是高等学校为改进本校管理决策和运行状况

① 徐俞.世界高等教育研究的历史与现状[J].上海高教研究,1990(3):104.
② 程星,周川.美国院校研究的历史与现状[J].苏州大学学报(哲学社会科学版),1995(4):110.
③ 刘献君,赵炬明,陈敏.加强院校研究:高等学校改革和发展的必然要求[J].高等教育研究,2002,23(2):54.

而设定的专门实践领域。"①强调了研究者所基于的"本校情境"以及"实践领域"的专门性。

魏署光:"将院校研究界定为通过系统收集数据,科学分析数据,为高校决策过程提供支持的一种专门性职业。"②这是从"专门性职业"的角度来界定院校研究的尝试,也肯定了院校研究是一个"专门实践领域"。

综观国内外关于院校研究的这些界定,尽管侧重点有所不同,但基本内涵趋于一致。从这些定义中可以看出院校研究的两个最基本的核心要点,那就是:研究对象,是研究者对所在学校也就是"本校"的研究;研究目的,是解决本校问题、支撑本校管理决策的研究。

从以上各种定义可以看出,院校研究还涉及研究主体和研究方法的问题,也就是由谁来做研究和如何做研究的问题,这两个问题相对比较复杂,涉及广义的院校研究与狭义的院校研究两种不同的方式,也是两个不同的层面。

二、广义院校研究

广义的院校研究,是高等院校中任何人以任何方式对本校实际问题进行的研究,诸如创办者对创建新校的规划,管理者对学校管理工作的研判和研讨,教师对教学工作的实践反思,以及有关人员对本校校史的研究等。

一所高校在创办之始,创办者们总要对下列问题进行研讨:办一所什么样的学校? 学校办在哪里? 建校经费从何而来? 设置哪些专业? 请谁来当校长? 当创办者们对这些创校具体问题进行研判和研讨时,他们就是在做广义的院校研究。

1818年,T.杰斐逊(Thomas Jefferson)以共和主义思想为指导,在搜集

---

①　蔡国春.院校研究与现代大学管理[M].北京:教育科学出版社,2006:34.
②　魏署光.美国院校研究决策支持功能探析[M].北京:中国社会科学出版社,2016:13.

分析弗吉尼亚州各县的地理、人口、道路、交通、经济与社会等信息的基础上，提出了《关于弗吉尼亚大学选址委员会的报告》(Report of the Commissioners Appointed to Fix the Site of the University of Virginia)，[①]论证了拟建大学的选址、校舍、课程体系和目标、组织构架等一系列问题，并被州议会通过，新型的州立弗吉尼亚大学按此"蓝图"得以创建。杰斐逊为创办弗吉尼亚大学所作的这些研究，包括信息的收集分析、建校计划的形成、报告的草拟等，可以看作广义院校研究在美国高等教育早期发展过程中的成功案例之一。

高等院校在开办之后，在办学的整个过程中同样也离不开广义的院校研究。高等院校在运行的过程中随时随地都会出现各种各样的实际问题和矛盾，尤其是现代的高等院校，实际运行中的问题和矛盾几乎是千头万绪，诸如：学校的办学水平和主要业务数据处于什么状态，怎样才能招到好学生，怎样才能招到好教师，需要设置哪些专业和课程，如何评价教师的教学成绩和学生的学业成绩，如何提高学校的教学、科研质量，如何扩大学校的经费来源，如何提高学校各种资源的使用效率……诸如此类的问题及其矛盾，涉及学校办学的各个方面和各个环节，层出不穷，没有止境。因此，在任何一所高校里，都不可能将所有的问题交给专职研究机构或人员去做，这就需要实际工作者，即领导者和管理者乃至教师，在自己的实际工作中经常做"工作研究"：对问题进行研讨和研判，找到解决问题的办法。这种"工作研究"主要是实际工作者依靠自己的实际工作经验、以研讨和研判的方式进行的经验性研究，比如"开个会研究一下"的那个"研究"。这种经验性的"工作研究"就属于广义院校研究的范畴，或者也可以称之为"准院校研究"。

1828 年，耶鲁学院为了回应外界对本校古典课程体系的批评，由校长杰里迈亚·戴(Jeremiah Day)组成"五人委员会"对耶鲁的课程进行调查分析，在此基础上提出了著名的《耶鲁报告》(Reports on the Course of

---

① 李子江，姜玉杰.艰难的历程：弗吉尼亚大学的建校史(1803～1819)[J].大学教育科学，2017(6)：91.

Instruction in Yale College)。①《耶鲁报告》揭示了本校课程体系的实际状况，论证了本校坚持古典课程的理由并为此进行辩护，这就曾被看作是高等教育史上广义院校研究的一份代表作。

21世纪初，牛津大学实行了数百年的导师制在实践中遇到了新问题，受到校内外的多方质疑。为此，牛津大学新学院院长 D.帕尔菲曼（David Palfreyman）联合其他数个学院的院长以及多门学科的导师，通过实践反思的方式对各自的导师工作进行经验总结，从不同的角度指出了牛津大学导师制的优势、难点及其改进和完善路径，并合编了一份题为《牛津导师制》的研究报告集(The Oxford Tutorial："Thanks：you taught me how to think")。② 这样一份由牛津人反思本校导师制的经验报告集，也可以看作是广义院校研究的成果汇编。

W. L. 泰特楼(W. L. Tetlow)是美国第一位以"院校研究"为论文题目而获得博士学位的人。③ 他认为，1634 年创办的加拿大拉瓦尔大学（Laval University）、1636 年创立的哈佛学院和 1701 年创办的耶鲁学院，这些大学在创办之初就出现了最初始的"院校研究"，这些著名院校都是这些最初始的"院校研究"的"成功的实验"。④ 美国的 W. H. 考利(W. H. Cowley)也认为，类似为学校管理改革而进行的研究活动，在美国高等教育史上很早就已经出现了，他认为 1825 年哈佛大学关于课程与教学改革的报告书，⑤就是早期院校研究的代表作。虽然泰特楼、考利的这些论断被一些学者认为有"院校研

---

① 林伟.美国高等教育史学语境中的《耶鲁报告》[J].大学教育科学,2011(1):72.

② 大卫·帕尔菲曼.高等教育何以为"高"：牛津导师制教学反思[M].冯青来,译.北京:北京大学出版社,2011.

③ 其博士学位论文题为"Institutional Research：The Emergence of a Staff Function in Higher Education"(Cornell University, 1973)。

④ W.L.Tetlow. From History Observed One May Prophesy[C]//R.G.Cope（ed.）Professional Development for Institutional Research. New Directions for Institutional Research. San Francisco：Jossey Bass, 1979：2.

⑤ 程星,周川.美国院校研究的历史与现状[J].苏州大学学报(哲学社会科学版),1995(4):110.

究扩大化"之嫌,①但从广义院校研究的层面看,也并非无稽之谈,因为任何院校在创办之前、创办之初,在办学运行的全过程中,必定伴随着一系列的工作研判、研讨,而这些研判、研讨活动,无论是采用了研究的程式还是经验的方式,都可以归于广义院校研究的范畴。

三、狭义院校研究

狭义的院校研究特指那种职业性、专业性的院校研究,它的基本特征是:第一,研究工作主要由校内专职人员承担;第二,具体研究任务主要由校方提出;第三,研究主要按照科学的研究程式和方法、特别是量化的方法进行,注重研究的客观性、科学性和中立性;第四,研究结果提供给校方作为管理和决策的参考或依据。

就美国高等教育现状看,院校研究在高等院校中已经基本实现了体制化,也就是成为高校中的一个专门工作岗位,或者说是一种专门职业。这样一种研究活动,能够体制化为高等院校中的一个职业,足以说明这种研究活动的重要性和必要性,否则,那些"斤斤计较"的大学校长们是不可能花大钱养这些专职研究人员的。院校研究在高校中能够成为一个职业,正是它得以体制化的一个标志,也是院校研究自身发展到一定程度的标志。从这个角度看,把狭义的院校研究界定为"高校中的一种专门性职业",自有其很充足的理由。但是,在狭义院校研究的实际工作中,有两种情况是需要加以区别的。其一,具体的研究项目完全由专职研究人员承担,自始至终全部由专职研究人员完成;其二,具体的研究项目以专职院校研究人员为主,由专职人员和相关的实际工作人员共同承担、合作进行,也就是专兼职合作进行研究。例如,

---

① W. H. Cowley. Two and a Half Centuries of Institutional Research[C]//R. G. Axt, et al. College Self-study: Lectures on Institutional Research. Boulder, CO: Western Interstate Commission for Higher Education, 1960: 1.

关于学生事务问题的研究项目,可能需要本校学生事务管理人员参与;关于教师事务问题的研究项目,可能需要学校的教师事务管理人员参与;关于本校教学质量评价问题的研究项目,可能需要教务管理人员甚至专业教师的参与。在狭义的院校研究中,这种专兼职合作的方式,是很常见的,很多情况下甚至是必不可少的,因为有些研究课题在没有实际工作者参与的情况下往往很难单独由专职院校研究人员完成。如果只是把院校研究界定在"专门职业"的层面上,就有可能把院校研究限定在那些专职院校研究人员的范围之内,排除了由专职研究人员和实际工作者共同承担,专兼职结合的那些院校研究。

总之,这种狭义的院校研究,无论是界定为"一种职业",还是界定为"一个实践领域",抑或界定为"一个研究领域",都具有专门性的特点,这个特点又表现在独立性和专业性两个方面。独立性,首先是研究过程的独立性,研究过程独立于实际的工作过程,这就将院校研究与工作过程之中的"工作研究"区分开来;其次是研究人员的独立性,专职研究人员的身份是相当独立并且中立的,一般不兼实际的管理职务,至于兼职的研究人员,当他们作为院校研究者的角色进入具体的研究过程之中时,保持独立的研究态度也是基本的取向;再则是研究结果的独立性,研究结论根据研究获得的数据和证据得出,不以学校领导的意志为转移。专业性,主要体现在研究的程式和方法方面,研究者需要具备必要的科学素养和研究能力,特别是数据处理和分析能力,因而狭义的院校研究不是人人都能胜任的,是需要一些特定的专业资质的,这是它区别于准院校研究的重要标志。

综上所述,如果从"研究"的角度来界定狭义的院校研究,那么它就可以表述为:在高等院校中主要由专职研究人员承担,针对本校的实际办学状态及其问题,运用科学方法进行描述、分析和论证以服务于本校管理和决策的一种咨询性研究。

本书所称院校研究,在未特别注明时,均特指这种狭义的院校研究。

第二节　院校研究的对象和目的

院校研究的基本特征首先体现在它的研究对象和研究目的上,这是准确理解和把握院校研究的两个基本点。

一、以"本校"为研究对象

院校研究曾被界定为"对单个院校的研究",随着对院校研究认识的深入可以发现,这个界定就显得比较宽泛,不够准确。因为"单个院校"所指,既可以是这一个"单个院校",也可以是那一个"单个院校";既可以是南京的某一"单个院校",也可以是北京的某一"单个院校";既可以是中国的某一"单个院校",也可以是外国的某一"单个院校"。而对于院校研究者来说,他所研究的"单个院校"是不可选择的、唯一的,只能是他所在的学校,也就是他的"本校"。

在关于院校研究的各种界定中,有的研究者强调它是"学校内部的研究";有的研究者强调它是"高校对自己的分析研究";有的研究者指出它是为了"促进对学校自身的了解"的研究;还有的研究者强调它是"以本校活动为主要对象"以及基于"本校情境"的研究。这些定义虽然具体表述不尽相同,但有一个共同点,即把院校研究的对象定位于研究者身在其中的那个特定"单个院校",也就是他的"本校",也正是在这个意义上,院校研究才能称之为高等院校的"自我研究"。以"本校"为研究对象,研究"本校",既是院校研究最基本的特征,也是院校研究区别于其他各种研究的根本标志。

院校研究是高等院校自主、自为的行为;任何一所高校,之所以要设置专门的院校研究机构(如"院校研究办公室"之类),招聘专职的研究人员以开展院校研究,是因为其动因一定是"学校本位"的,纯粹是为了"本校"而不是为了别的什么学校或机构。在任何一所高校中,专门的院校研究机构和专职的院校研究岗位一旦设定,它的基本工作职责也就与生俱来地决定了,那就是"研究本校"。这就好比一所高校,设一校之长是为了领导好"本校",设教务处长是为了管理好"本校"的教学,聘教授是为了教好"本校"的学生一样,设置专门的院校研究机构和岗位,也只能是为了研究好"本校"的问题。

院校研究以"本校"为研究对象,但在具体的"本校"问题研究项目中,很可能因为研究的需要而先去研究别的院校,在这种情况下,之所以要先研究别的院校,不是为了研究别的院校而去研究别的院校,而是为了更好地研究"本校"而去研究别的院校。例如院校的政策和规划研究,常常会用到"标杆比较法",也就是确定一所合适的其他高校(一般是办学水平更高的学校)作为本校的"标杆",分析本校与"标杆院校"之间的差距,作为制定"本校"政策或发展规划的依据,为此就需要对"标杆院校"的状况进行全面的调查分析。又如在院校的规划研究中,常常需要运用"环境扫描"方法对"竞争院校"进行分析,通过了解该校的状况及其与"本校"的竞争关系,进而确定"本校"的发展战略和策略,以提高"本校"的竞争力。再例如为了研究"本校"某一具体的实际问题,往往也需要了解同类其他院校在这方面的相关经验和教训。诸如此类的研究,都需要对相关的别校进行调查和分析。有些院校研究项目不仅需要研究别的院校,可能还需要研究某一高等教育系统,甚至研究全国乃至全球的高等教育体系。之所以如此,最终也是为了更好地研究"本校",给"本校"在整个高等教育系统和体系中一个更准确的定位。换言之,某些院校研究项目之所以需要对别的院校以及高等教育系统和体系进行研究,完全是为了给"本校"确定参照系,是通过研究别校或系统而研究"本校",为了研究"本校"而研究别校和系统,也就是通过"知彼"而达到"知己",最终还是为了"知己"。院校研究的出发点和归宿都是"本校",也只能是"本校"。

"本校"既是院校研究的"本体",也是院校研究机构及研究人员的"本职";离开了这个"本体",也就意味着院校研究已经脱离了"本职",那么院校研究也就不能称之为院校研究。这也就是说,甲校的院校研究人员是不能到乙校去做院校研究的,如果甲校的院校研究人员到乙校去做所谓的"院校研究",那实际上就意味着出现了下列两种可能:一是他已经擅离了作为甲校院校研究者的职守;二是他在乙校的身份并非"院校研究者",充其量只是"院校研究"的经验交流者或者友情协作者(如果他真要成为乙校的院校研究者,那也只有一条路:从甲校转职到乙校)。

二、以服务于"本校"为研究目的

院校研究的特性不仅体现在研究的对象上,也体现在研究的目的上,也就是为什么体现在要研究"本校"上。人们可以出于很多理由来研究"本校",例如把"本校"作为个案来研究,或者作为样本之一来研究。

关于院校研究的各种界定,尽管具体表述略有不同,但都强调了它的研究目的,如:"为学校的规划、政策与决策提供信息支撑""为高校政策的制定出谋划策""为改进本校管理决策和运行状况""以提高本校管理水平及竞争能力为宗旨""旨在提高高等学校管理水平""为高校的发展和管理提供科学依据""为高校决策过程提供支持"等等。将这些表述归结为一点,那就是服务于本校的管理和决策。院校研究不是为了创立某一理论,也不是为了检验某一理论,它的研究目的就是服务于本校,服务于本校的管理和决策,服务于本校的办学实践及其发展。

当然,院校研究的服务目的是有层次之别的。就一般的情况来看,院校研究的服务从低到高主要可以分为三个层次,第一层次是现状描述,第二层次是问题研究,第三层次是规划论证。

第一层次的服务是本校运行状态的描述分析,这是院校研究最基本的服务职能。这个层次的具体任务是收集、整理、维护、更新本校各种办学数据和信息(诸如学生事务数据、教师事务数据、课程与教学事务数据、财务数据、校产数据、校友数据等),建立学校办学状态数据库,并且根据学校的需要进行数据分析,撰写分析报告提交给校方作为管理决策的参考,同时提交给校外的有关机构。就目前情况看,各国高校的院校研究机构绝大多数都承担着本校办学数据的管理职能,尤其是在美国,很多院校研究机构都兼作学校的数据中心,是学校的数据库。

第二层次的服务是对本校办学过程中各种实际问题进行研究,这是院校研究比较高级的服务职能。随着高等教育的发展,高校的办学规模越来越大,职能和形式越来越多样,内外部关系越来越复杂,办学过程中各种各样的实际问题、困难、矛盾也越来越多,根据学校的需要对这些问题进行研究,分析问题的原因,寻求解决问题、化解矛盾的对策办法,使院校研究承担越来越多的重任。正如 M. 皮特生(M. Peterson)所说的那样:

> 院校研究是高等院校的自我研究。四十多年来,高等教育的外部环境不断在变化,高等院校作为一类组织,它的管理压力和管理方式,也随之不断变化。院校研究的产生和发展,就是因为它有助于院校应对这些变化,而它本身也在这一过程中不断被形塑。[①]

第三层次的服务是学校政策和规划的论证研究。从性质上看,政策和规划的论证研究也属于第二层次"问题研究"范围,但是由于政策与规划论证研究对学校更具有全局性、纲领性的意义,而且又直接服务于学校管理的最高层,这种情况在中国高等院校中尤为突出,因而常常被单独划出以示与一般

---

① Marvin. W. Peterson. The Role of Institutional Research: From Improvement to Redesign [C]// J.F.Volkwein (ed.). What Is Institutional Research All About? New Directions For Institutional Research, No.104. San Francisco: Jossey-Bass, 1999: 84.

问题研究的区别,所以政策与规划的论证研究被许多人看作是院校研究最高层次的服务职能。

院校研究的目的与对象实际上是紧密相关的,也可以说是一体之两面:正因为研究的目的是服务于本校,所以研究的对象就没有选择,只能是本校;正因为研究对象只能是本校,所以就必须以服务于本校为目的和宗旨。

三、需求定向

院校研究既然以服务于本校为目的,那么它无论在哪个层次上进行研究,从问题的提出到研究的启动,都必须根据校方的需要来进行,校方需要你研究什么,你就必须研究什么,一般都不能自选课题。这就是院校研究的"需求定向"特征。

院校研究的需求定向,首先体现为研究的具体问题,也就是研究的题目,一般情况下都是由校方指定的,都是校方的命题作文,常常没有选择性,基本不能自选自定。不仅是命题作文,还要求定期交卷,这是由院校研究的服务职能所决定的。美国院校人员流行的口头禅是:"校长先生要我们研究什么,我们就研究什么。"这不仅在美国,在其他任何国家的院校研究也都具有这一共同的特点。当然,在一般情况之外,院校研究人员在完成校方命题研究的前提之下,在研究问题方面还是有一定的能动性和自主性的。主要原因在于,院校研究人员大多掌握着本校全面的办学数据,也与各管理部门、各院系有密切的联系,因而就有可能比学校领导或部门负责人更能发现问题,进而利用数据和资料方面带来的便利进行研究。在这种情况下,尽管院校研究人员有可能比校方更早地发现了问题所在,一般来说也应该将问题提交给校方,应该在得到校方认可的情况下启动研究。

"需求定向"往往与应急联系在一起。校内校外的突然问责,认证机构或排名机构的临时数据要求以及一些突发事件,在现代的高校里随时都可能出现。每当这些情况发生时,往往也是院校研究者为校方提供支持并大显身手的好机会。在美国,院校研究机构被喻为高校里的"消防队",学校哪里出现了应急的棘手问题,哪里就变成他们的用武之地。有时在一些高校里,院校研究也承受着某种"难以承受之重"。

总之,院校研究以"本校"为研究对象,应校方的需要而进行研究,以描述本校现状、解决本校问题、服务于学校的管理和决策为研究目的,这就决定了院校研究具有咨询研究的特性。因为咨询研究必须出于咨询方的需要,研究咨询方的问题,最终服务于咨询方。正因为院校研究是咨询研究,因而它的研究结果是否有用、是否有价值,唯一的检验标准就在于是否对校方有用。院校研究的结果对校方的管理和决策是否具有参考价值,是否能够被校方引用和采用,以及在多大程度上被校方引用和采纳,这既是对院校研究最大的考验和最终的检验,也是判定院校研究能否成为校方管理决策的参谋和智囊的试金石。

第三节 院校研究方法的科学取向

院校研究与一般"工作研究"的区别,在于它对科学的研究程式和方法的自觉追求。正因为注重运用科学研究的程式和方法,院校研究所体现出的专业性,需要受过基本的科研训练,具有相应技能的专业人员才能胜任。这是院校研究与准院校研究的重要分水岭。

一、院校研究的程式

任何科学研究都要遵循科研的一般程式来进行,这个程式主要包括明确问题、文献综述、研究设计、研究实施、撰写报告等环节。院校研究在性质上虽然不同于科学研究,但它对科学研究程式的追求,却很自觉、很强烈。

院校研究的研究问题虽然不能自选,是由校方命题,但是校方在命题之后,院校研究者同样有一个明确问题的环节,包括明确问题的含义、性质、背景、核心概念的逻辑定义和操作性定义、研究对象及其样本等。明确问题当然离不开理论作为基础,要在理论上逻辑明确,更主要的是实践明确,也就是将问题置于具体的实践层面和具体的工作环节。例如,在关于"哥伦比亚大学学生就学经验的评估"研究中,院校研究人员首先需要明确这是一项以改善本校学生"就学经验"为目的的研究;其次需要明确哥伦比亚大学学生"就学经验"的特殊背景及其研究意义;再次需要对"就学经验"以及"学生"给出逻辑的和操作性的定义。[①] 只有明确了问题本身的含义和背景及其实践工作指向,后续研究才能够有效进行。良好的开端意味着成功的一半,对院校研究来说,这个良好的开端就是对问题的明确。

问题明确之后,院校研究同样也需要一个文献检索和综述的环节。这个环节的目的是,选择已有的相关理论作为分析论证的框架,了解其他院校是否做过类似的研究,并选择合适的研究工具。同样是在"哥伦比亚大学学生就学经验的评估"研究中,院校研究者通过文献检索,综述了 M.贾科(M. Jako)等人的"才能发展"理论,将 A.阿斯汀(A. Astin)的大学教育成果"三维分类系统"学说,以及其他关于大学生就学经验问题研究的工具及其成果作为研究的主要分析框架。[②] 通过大量相关文献检索和综述,研究者对于前人已经做了什么以及如何做的,自己可以做什么以及如果去做,才能胸有成竹,进而形成明确的研究思路,为整个研究奠定坚实的基础。

研究设计是研究思路的具体化,设计的结果是确定具体的研究方法和技

① 程星.哥伦比亚大学学生就学经验的评估[M]//程星,周川.院校研究与美国高校管理.长沙:湖南人民出版社,2003:116-118.
② 程星.哥伦比亚大学学生就学经验的评估[M]//程星,周川.院校研究与美国高校管理.长沙:湖南人民出版社,2003:119-120.

术路线。在哥伦比亚大学关于本校学生"就学经验"的研究中,院校研究人员在明确问题和文献综述的基础上,通过精心设计首先明确了研究的问题和双重目的:第一,"通过分析毕业生自我体察的就学经验和成果数据,开发出符合本校实际的学生自我体察学习成就量表,为未来评估学生就学经验提供一个可行的模式";第二,"检验学生自我体察学习成就量表的效用以及这个量表和学生在学校特定环境中的种种特征之间的联系"。在此基础上"采用名牌私立高校协会设计的年度毕业生问卷"中 24 个"自我体察的成就项目"为问卷研究的工具,以哥伦比亚大学 1997 年至 1999 年三年的本科毕业生为研究样本。[①]

　　院校研究在进行的过程中,需要研究者细致的观察和思考,需要研究者与被研究者的沟通配合,也需要研究者根据研究中发现的新情况及时调整研究方法和技术路线,需要研究者对采集到的数据和资料进行去粗取精、去伪存真、由表及里、由浅入深的分析综合,从而得出客观、可靠的结论,最后写成研究报告。哥伦比亚大学关于本科学生"就学经验"的研究,采取问卷调查的形式,一共调查了本科毕业生(在其毕业离校前)3 264 人,研究者对问卷数据进行统计分析,揭示了哥伦比亚大学本科生在"智力发展"、"人格发展"、"社交与领导能力"、"学术能力"和"外语技能"五个维度上的"自我体察"结果,并提出了相关的建议。这项研究的报告文本,包含了"引言"、"文献回顾"、"研究的目的"、"研究的方法"、"研究的结果"以及"引用文献"等部分。[②] 文本的基本结构与一般的学术论文基本相同。这样的文本形式所表达的意图很明显,就是告诉校方或其他参阅者,这项研究是按照科学研究的程式进行的。

---

　　① 程星.哥伦比亚大学学生就学经验的评估[M]//程星,周川.院校研究与美国高校管理.长沙:湖南人民出版社,2003:121.

　　② 程星.哥伦比亚大学学生就学经验的评估[M]//程星,周川.院校研究与美国高校管理.长沙:湖南人民出版社,2003:116-130.

二、量化研究的偏好

院校研究对科学研究方法的追求表现得自觉而强烈。社会科学领域各种各样的研究方法,无论是通用研究方法还是特殊研究方法,如问卷法、观察法、访谈法、调查法、文献法、准实验法、个案法、测验法、统计法,还有扎根理论方法、现象学方法、模拟对策法等,在院校研究中都能找到它们的用武之地,各显神通。当然,某一项具体的院校研究采用哪种研究方法或哪几种研究方法,取决于研究的问题本身;任何一个具体的院校研究问题,应该只有一个最合适的研究方法。能不能设计出一个最合适的研究方法,是考验院校研究者研究能力的重要指标。

具体的研究方法虽然多种多样,但就院校研究基本的研究范式而言,无非就是量化研究和质性研究两种。院校研究对于量化研究范式的偏好是显而易见的,这种偏好在美国的院校研究中尤其明显。

院校研究对量化研究范式的偏好有多重原因。一者,院校研究机构一般兼作本校的数据中心,掌握着本校的全面办学数据,具有研究上的便利;二者,院校研究旨在服务于本校的管理和决策,研究成果的最大成功就是被校方所引用或采用,为了提高研究成果的被使用率,以数据来说话肯定比一般的论述更具有说服力,更容易被引用或采纳;三者,就美国院校研究的情况看,高校在招聘专职院校研究人员时,最看重应聘者的"技术和分析智能",其中又首重"数据分析技术",[①]这就使得数据处理和分析技能成为专职院校研究人员"与生俱来"的专业技能长项,因此在院校研究中偏好量化范式几乎是他们的职业本能。在美国很多院校研究报告中,常常会出现一些很专门的数据分析和统计分析术语,如"生存分析法"、"多元回归分析法"、"调整性分析

---

① P. T. Terenzini. On the Nature of Institutional Research and the Knowledge and Skills it requires[J]. Research in Higher Education, 1993(1): 3.

法"、"广义规则归纳"、"自组织特征映射"等等,就是这种偏好及其专业化程度的体现。

除以上三个原因之外,还有一个观念上的原因,那就是认为量化方法是"科学的"方法,甚至到了"不量化就不科学"的地步。院校研究中的量化研究与所有量化研究一样,在理论取向上采取了经验自然科学的实证主义立场,追求研究的客观性,在思维方式上遵循演绎—检验—推断的路径,具体方法上多采用统计表法、计量观察法、问卷法、测验法、准实验法等来收集量化数据,通过确立理论框架、选择样本、量化对象、收集挖掘量化数据并进行统计分析,最后得出比较可靠的结论。偏好量化研究范式,优势确实很显著。

然而,就美国院校研究的现状看,确实也存在着过度量化的偏颇。不管研究的具体问题是什么,也不管是不是需要,先把一大堆数据和一套复杂的计算公式搬上来再说。业内许多专家学者对这种偏向也颇有微词,认为他们是在搞"数字游戏",甚至戏称那些过于偏好数字的研究者是"数据虫"。这样的批评当然也是事出有因,过度量化不仅没有必要,反而有可能弄巧成拙。是不是需要量化,关键还要根据问题本身的性质,根据研究的需要来定。不过总体来看,随着计算机技术和大数据技术的发展,量化研究范式作为院校研究的主流,也是大势所趋,而且可以预计,量化方法在院校研究中将会得到越来越普遍的应用,而在这种应用中,量化方法本身也会趋于成熟。

三、质性研究的作用

质性研究的范式在院校研究中虽然不如量化方式普遍,但也有其特有的价值和适用性。院校研究中的质性研究,与社会科学通用的质性研究一样,在理论取向上主要采取逻辑实证主义和相互主体性的立场,追求研究的主客观统一性,在思维方式上主要遵循归纳逻辑,具体研究方法如参与式观察法、访谈—叙事—座谈法、文献分析法、非定案型问卷,这些都经常被用到,甚至连人种学方法和现象学方法,也可能被用到。质性研究重在收集质性数据资料,通过对质性资料的归纳得出结论。

例如,加州大学的院校研究人员应校方要求,于 2002 年开始对本校进行"教学工作量计算方法"的研究,旨在设计一套新的、更加合理的教学工作量计算办法,以取代广受教师批评的现行办法。这项研究以各分校的院校研究人员为主,同时吸收学生注册管理人员和一些系主任参与,专兼职研究结合。这一研究主要按照质性研究范式进行。首先是访谈法,研究者以电话访谈方式对 60 名本校教授、副教授(7 年内在其他研究型大学有终身教职,后引进加州大学)进行个别访谈,请他们描述在原任职院校的教学工作量计算办法并与加州大学的现行办法进行比较;随后,研究者与多位系主任一起,又电话访谈了与加州大学同类型的其他院校同专业的系主任,作为对前一访谈的验证和补充。其次是文献法,研究者收集了本校各系关于教学工作量及减轻新教师工作量办法的所有成文的文件,对各系相关办法的异同进行内容分析,并与访谈结果相互参照。[①] 经过将近 4 年的研究,最后提出了"总教学投入量"的概念,并据此设计了一套适合于加州大学教学工作量的新计算办法。在这一具体的院校研究项目中,质性研究显然是最适用的研究范式,研究的结果也证明了质性研究范式的特有作用。

注重科学的研究程式和研究方法,是院校研究的基本取向,院校研究由此显现出特有的专业性。正因为院校研究对于科学方法上表现出一种自觉而强烈的追求,从而也将自己与经验性的"工作研究"区别开来。

---

① 侯汝安.研究型大学教学工作量测量方法的探索[M]//程星,周川.美国院校研究实例.苏州:苏州大学出版社,2008:166-183.

第四节　几对概念辨析

"院校研究"由于有广义、狭义之分,在现实中常常会与"高等教育研究"、"校本研究"、"个案研究"等概念相混淆,因此有必要对"院校研究"与这些概念的异同,做简要的辨析。

一、与"高等教育研究"的异同

我们平常所称的"高等教育研究"同样也有广义、狭义之分。广义的高等教育研究,是对高等教育从宏观总体到微观各要素、各环节任何方式的研究的总称,它的研究对象和范围,可以大到某一区域、某一国家,乃至全世界的高等教育体系,也可以小到高等教育领域中的某个具体的人、具体的机构、具体的事件。研究对象的类别,既可以是几乎无所不包的"高等教育"体系,也可以是高等教育体系中的某一活动、某一制度、某一思想。以任何方式对庞大的高等教育体系中任何问题进行的研究,都可以归入广义高等教育研究的范畴。院校研究是研究者对本校实际问题的研究,理应属于广义的高等教育研究范畴,在这个意义上,称院校研究是高等教育研究的一个领域,并无不妥。

狭义的高等教育研究,是以学术的方式对高等教育理论或实践的研究,它以较大范围的高等教育体系为研究对象,旨在探索高等教育的普遍规律、创立高等教育的理论。通常所称的"高等教育理论研究"或"高等教育学研究",实际上就是狭义的高等教育研究。院校研究与狭义的高等教育研究有着根本性的区别。认识与把握好这种区别,是促进院校研究与高等教育研究各行其道、共同发展的重要前提。

院校研究与狭义高等教育研究的区别,主要体现在四个方面。

第一,研究对象不同:院校研究的对象必须是研究者所在的"本校",研究对象是不可选择的;高等教育研究的对象,是较大范围内的高等教育体系中的某一方面的活动,研究对象是可以选择的。程星博士曾在美国多所大学专职从事院校研究,且对中国高等教育研究知之甚深,他在20世纪90年代初在向国人介绍美国高校的"机构研究"时,就将高等教育研究和高校"机构研究"从对象上作了明确的划分:前者是"将人类高等教育的实践作整体或部分的研究,旨在提高人们对于高等教育的性质与规律的认识与把握",而后者"则以个别学院、大学或大学系统为其研究对象"。[1]

第二,研究目的不同:院校研究的目的是服务于本校的办学实践,为本校的管理决策提供支撑;高等教育研究的目的是揭示高等教育的普遍规律,创立关于高等教育的理论和学说,定向于普遍性的理论及其实践。正如J. L.索普指出的那样,院校研究没有学术目的。

院校研究与其他高等教育研究是有所区别的。高等教育研究主要是为了整个高等教育理论和实践的丰富和发展,而院校研究的对象是单个的学院、大学及其系。虽然院校研究也涉及数据收集与分析,但这些数据和分析主要用于扩大对学校自身和个体特定功能的认识,这种研究结果并没有多少学术目的。[2]

第三,成果去向不同:院校研究的成果报告,主要是提交给校方作为管理决策的参考,以得到校方的引用和采纳为要务;一些数据报告,也是提供给校方参考,同时提交给校外的有关机构。这些报告主要不是为了发表,特别是问题研究报告,纯属本校内务,不仅不能发表甚至还要在一定范围内保密。而高等教育研究的成果如论文、著作等,为的就是发表或出版,尽快使成果公

---

① 程星.机构研究与现代高等教育管理[J].大学教育论坛,1992(2):1.

② J. L. Saupe. The Function of Institutional Research[G]. Tallahassee,FL:The Association for Institutional Research,1990:85.

之于社会，以得到同行与社会的承认。

第四，结论适用性不同：院校研究的结论，都是为本校"量身定做"，只适用于本校，一把钥匙只能开一把锁，它既不能简单照搬到别的院校，更不能由此得出什么普遍性的结论；而高等教育研究的结论，追求的恰恰是普遍性，越是能解释高等教育的普遍问题，越是能揭示高等教育的普遍规律，适用面越广，它的意义和价值也就越大。

二、与"校本研究"的异同

如果从字面上将"校本研究"解释为"以校为本"的研究，或者是"对学校本身的研究"，那么，校本研究与广义的院校研究基本是同义的，只不过前者包含了各级各类所有学校，而后者仅限于高等院校而已。在这个意义上，将广义的院校研究看作高等院校的校本研究，应该是可以成立的。但是，在我国特殊的教育语境中，"校本研究"事实上是有特定含义的，它主要针对中小学而言，意指中小学教师对本人所教课程及教学工作的研究，虽然它也具有"基于学校、通过学校、为了学校"的特点，但在研究目的上主要不是定向于学校的管理而是教师个体的教学，在研究性质上大多是"非专业性"，性属"群众性教育科研"。[①] 而且，作为研究者的教师在校本研究中是有自主性和选择性的，他可以根据自己的理解，对自己教学过程中出现的具体问题自定研究课题进行研究。这就与服务于学校管理决策、主要由专职研究者根据校方的"命题作文"做专业研究的院校研究，有根本性的不同。

三、与"个案研究"的异同

个案研究又被称为案例研究，从以学校为对象的研究来说，个案研究也

---

① 彭钢.校本研究：基本规范与价值取向[J].教育研究,2004,25(7):86-87.

是对单个学校的研究。虽然个案研究不等于"典型研究法",研究目的并非都是从个案推导到总体,[1]但是个案研究并不排除从个案推导到同类个案或总体的目的。个案研究时对个案的"整体性、全面性"研究,主要适用于"对付所有不能进行有效控制的研究问题",[2]特别是个案研究的对象是可以选择的,研究者既可以选择甲校做个案,也可以选乙校做个案,还可以选丙校做个案,他可以在不计其数的院校中选一个学校做个案,而且,研究者在选择作为研究对象的个案时,事实上都倾向于选择比较典型的、有代表性的个案,可见个案研究从个案推导到同类的目的倾向性是隐含在其研究方法和研究过程之中的。一个好的个案研究,不仅是对个案做出了"整体性、全面性"探索、揭示了个案的各种相关性和必然性关系的研究,而且一定也是能够将个案结论推到同类个案或总体上去的研究。在个案研究中,作为研究对象的个案可以选择,研究目的归根结底是为了从个案推到同类个案或总体,仅此两点,就可以看出它与院校研究的基本区别,因为院校研究的对象是不能选择的,研究的结论也仅适用于本校而不能照搬到别的院校。

四、与"工作研究"的异同

在高等院校的管理和教学工作中,都离不开经验性的"工作研究"。从研究目的上看,经验性"工作研究"与院校研究是一致的,都是为了研究本校的问题,最终都是为了解决本校的问题,因而院校研究可以看作是一种特殊方式的"工作研究"。然而,经验性"工作研究"与院校研究不同的是,它主要由实际工作者本人承担,并不需要按照严格的研究程式和方法来进行;它可以是个人凭经验的深思熟虑或实践反思方式,也可以是"三个臭皮匠顶个诸葛亮"的方式,还可以是"开个会研究研究"的方式,基本都是研判性、研讨性的

---

① 顾明远.教育大辞典(上)[M].上海:上海教育出版社,1998:430.
② 张红霞.教育科学研究方法[M].北京:教育科学出版社,2009:374,396.

经验研究,具体的研究方式没有一定之规,可以随时随地由实际工作者按照自己的意愿来决定。这是经验性"工作研究"与专职研究者按照科学程式和方法进行的院校研究的根本区别所在,它们显然是性质截然不同的两种"工作研究"。

在高等院校的管理决策中,这两种性质不同的"工作研究",并不存在非此即彼的问题,甚至也不存在孰优孰劣的问题,它们都是管理和决策所需要的研究方式,至于以哪一种方式进行研究,主要取决于问题本身的性质以及学校的需要。我们在强调院校研究的意义和作用时,并不否认经验性"工作研究"的普遍性和必要性。在学校的实际管理工作中,经验性的"工作研究"不仅是普遍的,而且也是极其必要的。因为在现代的高等院校里,管理工作千头万绪,既无必要,也不可能将大大小小的所有管理事项都事先经过严格按照科学程式和方法进行的院校研究,大量的一般性或应急性的管理事项,完全不必进行院校研究,只需要通过经验性的"工作研究"即可解决,甚至也只能通过经验性的"工作研究"、依靠管理者本人的经验和能力来判断和解决。如果事无巨细、不分轻重缓急,什么管理决策都要事先进行院校研究,那么就很可能导致决策延误、错失良机,不仅降低管理效率,甚至反而会有损于学校的管理工作和事业发展。但是,针对学校管理和发展中的一些长期性、体系性以及事关学校使命和职能的根本性问题,对于学校领导者仅凭个人经验和能力不足以全面了解和把握的管理决策问题,在这种情况下,院校研究的重要性就凸显出来,这时的领导者就非常需要借助于院校研究这个工具来充当参谋和智囊,以最大限度地保证管理决策的科学性和正确性;在这种情况下管理者如果刚愎自用,仅凭个人经验拍脑袋做决策,就很有可能陷入盲人瞎马的险境,导致出现重大的决策失误。

第二章　院校研究的发展历程及现状

广义院校研究几乎与高等教育的历史一样悠久;狭义的院校研究始于 20 世纪中叶的美国,随后传播到其他国家,如今已成为一个世界性的高等教育现象。

广义院校研究古已有之,其历史几乎与高等院校的校史一样悠长;而狭义院校研究,则孕育于 20 世纪初期,兴起于 20 世纪中后期,它是高等教育进入现代社会特别是进入大众化、普及化阶段的产物。

第一节　院校研究在美国的兴起

美国高等教育始于 17 世纪 30 年代,与欧洲相比是个后来者。但美国既是院校研究的发源地,也是当今世界上院校研究普及化和体制化程度最高的国家。院校研究在美国的产生和发展过程,实乃美国高等教育发展历程的一个侧影。

一、广义院校研究

早期漂泊到北美新大陆的欧洲移民,都是怀着强烈的叛逆心离开欧洲宗主国的。这些移民在北美新大陆创办早期的高等院校时,一方面,他们不得不参照宗主国的大学模式,因为他们身处荒蛮的新大陆,四顾茫然别无所依,参照宗主国模式便是最便捷的途径;另一方面,他们又很不情愿复制宗主国模式,因为他们都是宗主国的"叛逆者",标新立异是他们的共同取向。因此,新大陆的高等教育先驱者们就是怀着这样一种矛盾的心理开启了创办新院校的征程,他们既要回顾和总结宗主国大学的优缺点,又要设身处地探寻标新立异的各种可能,当他们"思量商讨,如何把这一项伟大的工程付诸实施"时,①广义的院校研究就在这个过程中产生了。

W. L. 泰特楼是美国第一位因为研究"院校研究"而获得博士学位的人,他很坚定地认为,1636 年创立的哈佛学院和 1701 年创办的耶鲁学院是美国早期"院校研究"的"成功实验"。② 哈佛学院和耶鲁学院早期办学的一些史实,可以为泰特楼的观点提供某些佐证。

1641 年担任哈佛学院院长的亨利·邓斯特(H. Dunster),在其 14 年任职期间,一方面他"向英国爱丁堡大学取法,举行颁发学位的庄严典礼",另一方面他又"仔细推敲牛、桥二校的规章制度而参考借鉴",最终"使哈佛学院朝着自治方向过渡"。③ 在他的治理下,哈佛学院既有爱丁堡大学和牛津、剑桥的影子,又有一些不同于英国大学的自治特征。邓斯特殚精竭虑"取法爱丁堡大学",又"仔细推敲牛、桥二校的规章制度而参考借鉴",这算得上广义的院校研究。

1701 年 11 月初,七位托管人举行会议,商讨在纽黑文创办一所新的宗教学院,他们一致表达了"对当时哈佛学院脱离对真正和纯粹宗教的追求,对不信教者采取日渐宽容的态度并趋于沦落状态的不满",商定了新建学院的

---

① 威廉·本廷克-史密斯.哈佛读本[M].张旭霞,许德金,申迎丽,等译.北京:人民文学出版社,2010:3.
② W. L. Tetlow. From History Observed One May Prophesy[C]//New Directions for Institutional Research, San Francisco: Jossey-Bass, 1979(23): 2-3.
③ 滕大春.美国教育史[M].北京:人民教育出版社,1994:75.

建校目标、办事程序、学位层次、入学要求以及校址等事项。① 这就是耶鲁学院的由来。那次会议商讨的是具体的创校事项,属于"开个会研究研究"的那种"研究",也是广义的院校研究。

新院校在创办的过程中,离不开广义的院校研究;一所院校建成之后,在运行的过程中,同样也离不开广义的院校研究。W. H. 考利把1825年哈佛大学出台的课程与教学改革报告书看作早期院校研究的代表作。因为这份报告书是在哈佛大学G. 蒂克纳教授等人通过对德国大学和美国高等教育进行综合考察和研判之后完成的,报告书的主要观点如"学生可以按照在实际中有利于他们发展的原则分组"进行教学,教授与学生可以"相互选择",施行"居校研究生"和"以系为单位组织学院"等,都被哈佛大学新修订的"学校章程与规则"所采纳,②拉开了哈佛学院具有历史意义的课程与教学制度改革的帷幕。相映成趣的是,哈佛大学被称之为"红皮书"的课程改革报告,1945年由文理学院院长P. 巴柯(Paul Buck)与多位教授组成的一个研究委员会完成,这份长达267页的研究报告,提出了本校通识课程的详细方案,并主张将通识教育贯穿在大学本科四年的全过程之中。③ 30年之后的1975年,新任文理学院院长H. 罗索夫斯基(Henry Rosovsky)组织了一个7人研究小组,分别对哈佛本科生的招生、课程以及学生宿舍生活等一系列问题进行调研,④于1978推出了著名的"核心课程"方案,要求学生在"文学和艺术"、"科学"、"历史研究"、"社会分析"、"外国文化"和"道德理性"六类核心课程中选修若干门,以使学生"受到广泛的教育"并"获得知识、智力技能和思考的习惯"。⑤

① 张金辉.耶鲁大学办学史研究[M].北京:中央编译出版社,2009:22.
② 郭建.哈佛大学发展史研究[M].武汉:湖北教育出版社,2016:56-57.
③ 理查德·诺顿·史密斯.哈佛世纪——锻造一所国家大学[M].程方平,等译.贵阳:贵州教育出版社,2004:187-188.
④ 理查德·诺顿·史密斯.哈佛世纪——锻造一所国家大学[M].程方平,等译.贵阳:贵州教育出版社,2004:376.
⑤ 亨利·罗索夫斯基.美国校园文化——学生·教授·管理[M].谢宗仙,周灵芝,马宝兰,译.济南:山东人民出版社,1996:99.

巴柯的"红皮书"和罗索夫斯基的"核心课程"方案,不仅是广义院校研究的结果,而且这两份报告在调研方法上还都比较严谨规范,具有科学性,因此其调研过程已经体现了狭义院校研究的特点,只不过这些调研都是由实际工作者自己而非专职院校研究人员完成的罢了。其他如 1828 年的《耶鲁报告》、1935 年的《芝加哥计划》等,也都被看作美国广义院校研究的成果。

在美国高等教育发展史上,广义的院校研究还可以列举出很多,它们在美国高等院校的创办和发展过程中都起到重要的作用。时至今日乃至将来,不管狭义的院校研究发展到什么程度,广义的院校研究依然还会存在。

二、院校研究体制化

20 世纪上半叶,在美国的一些高等院校里,院校研究开始出现体制化的迹象。院校研究的体制化,是指院校研究成为高等院校治理体制的一个内在部分而发挥其特有的作用。直观地看,主要表现在三个方面:一是在校内设置专门的院校研究机构;二是招聘院校研究人员专职从事院校研究;三是院校研究机构和专职院校研究人员,在高等院校成为一种制度安排,成为高校治理体系中的一种制度配置。院校研究的体制化过程,实际上就是狭义院校研究的形成过程,是狭义院校研究在高校成为一个体制性标配的过程。

院校研究体制化的最初萌芽与 20 世纪初科学管理运动的兴起以及针对高等院校的各种大型调查的开展密切相关。随之,美国的一些大学开始在校内设置针对本校问题进行调查分析的机构,如伊利诺伊大学于 1918 年设立的"院校研究处",普渡大学于 1920 年设立的"教育参赞部",耶鲁大学于 1921 年设立的"人事研究部",明尼苏达大学于 1924 年设立的"教育研究委员会",密歇根大学于 1927 年设置的"院校研究处"等。① 这些高校自设的调查研究机

---

① 唐纳德·J.莱卡德.院校研究的历史[M]//理查德·D.霍华德,杰拉尔德·W.麦克劳林,威廉·E.奈特.院校研究手册.蔡三发,等译.上海:同济大学出版社,2021:9-10.

构,虽然名称各异,职能也不尽相同,但它们都是美国高等教育史上最早进行院校研究的专门机构,因而被看作美国院校研究体制化的源头。

值得一提的是,奥柏林学院院长亨利·金(H. C. King)于1908年发起了一项针对大学效率问题的综合性调查,这项调查不仅对推动院校研究的体制化起到了积极的作用,而且被认为开创了美国院校研究史上的"问卷调查时代",①使得院校研究朝着科学化的方向迈出了最初的步伐。

全面的体制化是在第二次世界大战结束之后,随着美国高等教育进入大众化阶段,入学人数激增,院校管理的复杂性也遽然加大,加之当时美国教育理事会也开始对高校索要办学数据,正是在这些因素的共同作用下,高校设置专门的院校研究机构很快成为一个潮流。此间最早的行动者还是明尼苏达大学,该校于1948年将原"教育研究委员会"改为"院校研究处",并且明确规定"院校研究处"是"由校方领导的对本校教育和管理问题进行研究的特别机构",它的首要职责是"研究明尼苏达大学自身的问题",其次是研究"明尼苏达州的高等教育问题"以及"全美的高等教育问题"。② 这是目前可以确认的全美第一个专门的院校研究机构,也可以说是美国院校研究正式开始体制化的一个标志,从此以后,美国院校研究在高校中的体制化趋势,便一往无前而势不可挡了。

M. 皮特森(M. Peterson)认为20世纪50年代是美国院校研究的加速发展期。他指出:"尽管第二次世界大战之前,已经有了院校研究的实践,但院校研究作为院校管理中的一个必要环节,主要是从50年代才开始发展起来的。"③

---

① W. L. Tetlow. From History Observed One May Prophesy [C]//R. G. Cope (ed.). Professional Development for Institutional Research. New Directions for Institutional Research, 23. San Francisco：Jossey Bass, 1979：3.

② J. E. Stecklein. Institutional Research at the University of Colorado, Wisconsin, and Minnesota[C]//R. G. Axt (ed.). Colleges Self-studies：Lecture on Institutional Research. Bouler, CO：Western Interstate Commission on Higher Education, 1960：34.

③ Marvin. W. Peterson. The Role of Institutional Research：From Improvement to Redesign [C]//J. F. Volkwein (ed.). What Is Institutional Research All About? New Directions For Institutional Research, No.104. San Francisco：Jossey-Bass, 1999：84.

据统计,1955 年之前,全美仅有 10 所高校设置了专门的院校研究机构,而到 1964 年,全美设置了专门院校研究机构的高校已经达到 115 所。仅在 1966 年这一年,新设立专门院校研究机构的高校就有 21 所。[①] 达到这样一种发展势头,除了高校本身的需要之外,一些高等教育中介组织也起到了很重要的促进作用。卡内基基金会于 1956 年向美国教育理事会(American Council on Education,简称 ACE)捐助了 37.5 万美元,在教育理事会之下专门设立了"统计信息与研究办公室"(Office of Statistical Information and Research,简称 OSIR),专门负责高校数据的收集和统计,建立全美高等教育数据库。1957 年 2 月,在全国性的院长校长会议上,OSIR 主任对到会的院长校长们呼吁,各校应加速聘任专职院校研究人员,以配合全美高等院校数据的统计和报告。此后的两年半时间内,美国教育理事会发行了 18 期《院校研究现状报告》,通报院校研究的信息,交流院校研究的经验。这些举措和活动,直接推动了美国院校研究的发展,加速了美国院校研究的体制化进程。

在美国高等教育发展史上,20 世纪 60 年代既是一个"黄金时代",又是一个"危机时代"。一方面是高等教育入学人数的大幅增加,数量和规模大幅度增长;另一方面是此起彼伏的学生运动,高等教育出现了严重的质量危机和声誉危机,受到社会的猛烈抨击。走过"黄金"与"危机"并存的 60 年代之后,美国高等教育进入一个以"质量、效果、责任"为主体的反省和重建阶段,与此相应,是针对高等院校的各种学校认证、专业评估、质量评价以及"责任说明与报告"等评估和问责机制的建立,再加上各种"大学排名榜"也乘虚而入,以致美国的高等院校身不由己地被形形色色的外部评价和问责包围了起来。在这种情况下,高等院校管理的复杂性进一步增加,因而院校研究的重要性和必要性进一步凸显,院校研究的体制化进一步巩固成型。

---

① 唐纳德·J.莱卡德.院校研究的历史[M]//理查德·D.霍华德,杰拉尔德·W.麦克劳林,威廉·E.奈特.院校研究手册.蔡三发,等译.上海:同济大学出版社,2021:6.

一是在各级各类高等院校中，专门的院校研究机构普遍得以设置。尽管这些机构名称不一，且常有变动，但这些机构一旦设置起来，基本职能都很明确，那就是对本校的办学状况及其问题进行分析，以服务于本校的管理和决策。随着院校研究机构的普遍设立，大批专职的院校研究人员也走马上任，院校研究遂成为高校中的一个新的职业岗位。

二是院校研究的职能初步分层，重点问题域初步形成。从研究机构的职能看，主要是分出了初级职能和高级职能，前者是学校数据的收集、监测、报告职能，后者是问题研究职能，其中又分为具体问题研究和政策规划研究两个层面。就主要问题域来看，相对集中在学生事务研究、教师事务研究、教学评价事务研究、财务分析、资源配置研究、发展战略研究等方面。

三是院校研究的科学化程度提高，研究范式基本成型。院校研究的方法随着各种先进技术的应用而更加趋于科学、有效，特别是由于计算机技术的广泛应用，院校研究的数据收集、维护、分析能力大大提高，同时也进一步强化了研究范式的量化偏好。

专门的研究机构，专职的研究人员，科学研究方法的运用，在这些因素的共同作用之下，院校研究的专业化程度不断提高。院校研究的体制化与专业化，两者实际上是互为因果、相辅相成的关系。随着院校研究的不断体制化，其专业化程度也不断提高，使院校研究成为一个专业性很强的职业岗位；同时，随着院校研究专业化程度的不断提高，它在高校管理中的结构功能关系也越来越明确，它在高校治理体系中作为一个不可或缺的机构以及作为一种职业岗位的地位也就越来越巩固，越来越重要。

三、美国院校研究协会成立

1965 年，美国院校研究协会(The Association for Institutional Research,

简称 AIR)成立,这是美国院校研究历史上的大事,也是对很多其他国家的院校研究发生过重要影响的大事。程星等人在梳理美国院校研究的历史时,直接以院校研究协会的成立为标志,将美国院校研究的历史划分为"前院校研究协会时期"和"院校研究协会时期"。① 院校协会成立在美国院校研究发展历程中所具有的划时代意义由此也可见一斑。

第二次世界大战结束后,美国的院校研究发展迅速,院校研究在高校成为一个新的职业岗位。然而,就在大批专职院校研究人员走马上任之后,他们中的很多人对自己所从事的这份新工作实际上都不甚了了,每当他们的朋友、同学乃至家人问他们"干的是什么工作"时,他们大多语焉不详,自己也说不清楚。因此,这些早期的专职院校研究人员走马上任之后,只能边干边学、边学边干,他们迫切地感到有必要与其他高校的同行进行交流,分享研究的经验。

1960 年 7 月,美国南部数州的部分院校研究人员在佛罗里达州塔拉哈西(Tallahassee)举行了一次交流会,在这次会议上,一些"老"的院校研究者开始酝酿成立一个全国性的院校研究协作组织,为院校研究者们提供一个相互交流的平台,并议定从次年开始正式举办关于院校研究的全国性年度论坛。

1961 年 3 月,第一届"全美院校研究论坛"如期在芝加哥举行,共有 46 位院校研究的代表(含 2 位联邦教育办公室的人员)参会,为期 2 天的会议主要探讨了大家共同关心的院校研究方法问题。1962 年 3 月,第二届"全美院校研究论坛"仍在芝加哥举行。② 由于这两届会议的与会者都是由主办方邀请一些熟识的同行来参加,这种"关门主义"的办会形式受到了很多人的批评,③于是从第三届开始,论坛正式对所有院校研究者以及对院校研究有兴趣的其他人员开放。第三届论坛于 1963 年 5 月在底特律韦恩州立大学举行,与会者为

---

① 程星,周川.美国院校研究的历史与现状[J].苏州大学学报(哲学社会科学版),1995(4):110-111.
② 唐纳德·J.莱卡德.院校研究的历史[M]//理查德·D.霍华德,杰拉尔德·W.麦克劳林,威廉·E.奈特.院校研究手册.蔡三发,等译.上海:同济大学出版社,2021:7-8.
③ 程星,周川.美国院校研究的历史与现状[J].苏州大学学报(哲学社会科学版),1995(4):111.

196 人,除美国的院校研究者之外,还有来自加拿大、菲律宾以及波多黎各的相关人员,会议期间还举办了讲习班和特别问题会诊会,对院校研究中的方法、技术问题进行了广泛的探讨。第四届、第五届论坛分别在明尼苏达大学和纽约州立大学石溪分校举行,这两届论坛讨论成立全美院校研究者协作组织的必要性及其具体事宜,在第五届论坛上草拟了《院校研究协会章程》,并推选 J.斯特克林(Jone Stecklein)为首任主席,为院校研究协会的成立做了充分的准备。

第六届论坛是院校研究协会(AIR)的成立大会暨第一次年会,在波士顿举行,与会者 257 人。在这次大会召开时,院校研究协会共有 371 名付费会员,其中正式会员 282 人,准会员 89 人。[①] 院校研究协会当时已在密歇根州注册为非营利组织。

在院校研究协会的官网上,协会的使命被表述为:"院校研究协会(AIR)是一个全球性的协会,它致力于所有层面上的高等教育工作者运用数据、信息、证据以支持决策和行动,以有益于学生、院校和高等教育。"协会的目标和任务包括:"提高院校研究者、院校领导人及其他工作者对院校研究价值意义的认识";在整合利用院校数据和高等教育数据、院校研究的方法和手段、院校效能的评价等方面"对高等教育工作者进行培训和实际支持";"为院校研究者职业技能和人际技能的发展提供机会";"开发院校研究网络"。[②]

院校研究协会成立后,AIR 为提升院校研究的专业化程度做了大量的工作。首先,协会最常规的工作是组织召开年会,交流院校研究的经验,探讨院校研究中比较共同的问题尤其是研究方法问题。年会不仅有美国的会员和代表参加,也吸引了国外的代表参加,成为全球院校研究者每年一度的盛会。其次,编辑出版关于院校研究的丛书、手册,如《院校研究协会正式会员概览》(1966)、《院校研究新从业人员备忘录》(1967)以及系列的《院校研究新方向》

① 唐纳德·J.莱卡德.院校研究的历史[M]//理查德·D.霍华德,杰拉尔德·W.麦克劳林,威廉·E.奈特.院校研究手册.蔡三发,等译.上海:同济大学出版社,2021:8-9.

② Association for Institutional Research. About AIR:Mission, Mission Objective[EB/OL]. https://www.airweb.org/about-air/who-we-are/vision-mission.

《院校研究手册》等,同时编辑出版会刊《高等教育研究》(Research in Higher Education)。另外,举办各种形式的培训班、小型研讨会、工作坊,对院校研究者及其他有兴趣的人进行专业技能的培训。

随着这些工作的推进,院校研究协会在这个行业中的凝聚与领导作用日益加强,它自身也得到飞速发展。协会成立后最初几年,一直没有固定的办公场所,协会主席每年一轮,轮值主席所在的院校实际上充当了协会的办公所在地。直到1974年AIR中心办公室建立,协会才有了稳定的办公场所。这个设在佛罗里达州立大学的中心办公室承担了AIR全部的日常工作,对协会的发展起到了至关重要的作用。

院校研究协会成立后,会员人数在整个20世纪保持了持续增长的态势。表2-1显示了AIR协会会员从1965年到2000年的增长情况。[①] 美国会员从300多人增长到2 860人,外国会员从数十人增长到数百人,所属院校从数百所增长到1 668所。外国会员在最初30年内基本也处于增长状态,由于20世纪90年代以后有不少国家成立了本国的院校研究协会,因此在美国院校研究协会注册的外国会员有所减少。

表 2-1　美国院校研究协会会员增长数(1965年—2000年)

年份	会员总数	美国会员	外国会员	所属高校数
1965	382		缺	缺
1970	902	867	35	563
1980	1 765	1 519	146	970
1990	2 002	1 688	314	1 264
2000	3 088	2 860	228	1 668

据AIR官网显示,到2010年,AIR已经拥有56个分支团体和组织,包括

---

① 赵炬明.现代大学与院校研究(下)——美国院校研究发展述评[J].高等教育研究,2003(4):62.

7 个国际分会、6 个跨州的区域协会、29 个州协会以及其他协会。^① 这些分支机构和团体,既有跨州的,如中西部院校研究协会(1971)、东北部院校研究协会(1973);也有州或州内某一地区的,如佛罗里达州院校研究协会(1968)、北卡罗来纳州院校研究协会(1973)、加州落基山院校研究协会(1971)。还有按照某类院校甚至单个院校为单位的,如南方社区学院研究者协会、纽约城市大学院校研究分会等。国际分会早期主要有欧洲院校研究协会、加拿大院校研究与规划协会、大洋洲院校研究协会、南部非洲院校研究协会、东南亚院校研究协会等,后来这些国际分会都从 AIR 独立出来自立门户了。AIR 确实有理由声称自己是一个国际化的协会。但事实上,AIR 主要是"美国的"院校研究协会,它创办于美国,会员绝大多数都是美国的从业者,协会主席也都是美国人,年会除其中的两届在加拿大举办之外其余全都在美国举办,更何况从研究机构及其人员数量看,美国院校研究的规模为世界之最,加之欧洲、大洋洲、加拿大等国家和区域国际分会独立之后,AIR 的外国会员呈减少之势,因此,AIR 作为"美国的"院校研究协会的特征也就更加突出了。不过应该承认的是,AIR 虽然事实上是"美国的"院校研究协会,但它无疑是最具全球影响力的院校研究协会。

值得注意的是,AIR 于 1996 年专门成立了"海外华人院校研究协会"(Overseas Chinese Association for Institutional Research,简称 OCAIR),成员主要是在美国和加拿大高等院校中专事院校研究的华裔专职研究人员。在 21 世纪初,OCAIR 的成员已经达到一百多人,^②他们分别来自中国、新加坡、马来西亚等国家。海外华人院校研究协会在 AIR 是一个富有特色的分支协会,其成员不仅在北美的院校研究领域十分活跃,对推动中国大陆(内地)以及中国台湾地区、香港地区的院校研究也都发挥了重要的作用。

---

① 唐纳德·J.莱卡德.院校研究的历史[M]//理查德·D.霍华德,杰拉尔德·W.麦克劳林,威廉·E.奈特.院校研究手册.蔡三发,等译.上海:同济大学出版社,2021:10.
② 程星,周川.海外华人院校研究协会[M]//程星,周川.院校研究与美国高校管理.长沙:湖南人民出版社,2003:264.

AIR 是美国院校研究者自己的专业性组织,它在促进美国院校研究的专业化和组织化方面发挥了重要的作用,也对其他国家的院校研究产生重要的影响。AIR 的成立,是院校研究发展过程中的一个里程碑,因此以 AIR 的成立为标志,把美国院校研究历史划分为"前院校研究协会时期"与"院校研究协会时期",自有其道理。

第二节　美国院校研究的特点

美国是院校研究的发源地,在当今世界也是院校研究规模最大、体制化和专业化程度最高的国家。普及化、多样化、专业化是美国院校研究的主要特点。

一、普及化

20 世纪末,美国的院校研究基本已经实现了普及化。在美国,只要是经过认证的正规高等院校,几乎都设置了形式多样的专门院校研究机构,配置了或多或少的专职院校研究人员。如今,院校研究在美国的高等院校已经成为一个普遍性的制度安排,或者说已经成为美国高校的一个制度性的"标配"。

W. 奈特在 20 世纪 90 年代中期曾对美国的院校研究机构及其研究人员进行过一次大型调查。调查结果显示,当时美国的绝大多数院校都已设立了院校研究机构,在两年制的院校,每校的院校研究机构平均有 2 名全职研究人员和 1 名全职助理人员;而在一些规模较大的公立大学里,院校研究机构甚至大到拥有全职研究人员 15 人、助理人员 20 人左右的的规模。[①] 以加州大学系统为例,

①　W. E. Knight. etc. Institutional Research: Knowledge, Skills and Perceptions of Effectiveness [J]. Research in Higher Education,1997(4):419-433.

不仅加州大学总部设有院校研究机构,各分校也都设有自己的院校研究机构,院校研究实力十分雄厚。据介绍,在加州大学总部,校方于 2009 年将分散在各部门的院校研究人员进行了整合,按照"集中型"的模式组建了总部的"院校研究办公室",该办公室当时的研究人员就有 15 人之多。① 2016 年,在长沙举办的"院校研究与高等教育质量提升"国际会议暨中国高教学会院校研究分会年会上,据加州大学洛杉矶分校(UCLA)的院校研究负责人介绍,UCLA 的院校研究机构当时有全职研究人员二十多人,而且这些研究人员的分工已经高度专门化。② 因此在加州大学系统,有一些涉及加州大学系统的研究项目,很多都是由总校和各分校的研究人员合作承担,如加州大学的"研究型大学教学工作量计算方法"的研究,就是由总校和各分校的院校研究人员通力合作完成的。

总的来看,院校研究如今在美国高校已经是普遍性的"标配",院校研究的规模之大、从业人员数量之多、普及化程度之高,无疑是世界之最。

二、多样化

与美国高等教育本身的多样化相类似,美国高校的院校研究机构也具有多样化的特点,很难归纳出一个统一的模式。

首先,从院校研究机构的具体名称看,就可谓五花八门、形形色色。当然,用得最多的名称还是"院校研究办公室"或者至少带有"院校研究"的字样,如在最新版《院校研究手册》(The Handbook of Institutional Research)的撰稿人名单中就可以发现,这七十多位撰稿人所在的院校研究机构,多样化的名称就令人眼花缭乱,马里兰大学、田纳西大学、明尼苏达大学、特拉华大学等校,均用"院校研究办公室"命名。而其他的院校研究机构,有称"院校研究和评估"、"院校研

---

① 常桐善.院校研究的发展与应用[M].上海:同济大学出版社,2016:113.
② 摘自侯汝安于"院校研究与高等教育质量提升"国际会议暨中国高教学会院校研究分会 2016 年年会发表的《量身定制的院校研究分析报告的数据要求》。

究、规划和评估"、"院校研究和市场分析"的,也有称"规划与院校效能"、"规划研究与评估"、"院校效能研究"或"预算与规划办公室"的。[①] 不仅各校的院校研究机构名称不一,即使是一校之内,院校研究机构名称也会因各种原因而发生变化,如加州大学总部的院校研究办公室,2013 年与学校的学术规划办公室合并,改名为"院校研究与学术规划办公室";[②] 又如加州卡布里奥学院(Cabrillo College)的院校研究办公室,成立于 1989 年,1998 年校方决定将管理规模的职能并入办公室,并将它改名为"计划与研究办公室"。[③] 形势在发展,职能在变化,院校研究机构的更名也就在所难免。

其次,美国高校的院校研究机构,在组织构架和职能方面也多有不同,有归教务副校长领导的,也有归学术副校长领导的,还有直接归校长领导的,也有归某一部门如教务部门领导的。美国院校研究的职能虽然可以分出基本职能和高级职能,也就是数据信息职能和问题研究职能两个层面,但具体的实际职能都不尽相同,这种不同在很大程度上源于校方对院校研究的理解和需求不同。特别是在问题研究的职能层面上,院校研究具体的研究课题,更是因校、因事而异。由于各校的校情不同、各校出现的问题不同,院校研究的具体课题完全是因事、因校方的需求而异,大可以大到学校的整体规划和政策研究,小可以小到某些学习困难学生的补习办法研究。特别是院校研究者经常会根据学校的需要承担一些应急性问题的研究任务,这些应急性问题在很大程度上都是偶然发生的,针对这些问题的应急性研究更是因事、因时而异。

三、专业化

首先,美国院校研究的专业化表现在研究人员的专业化上。一方面他

---

① 理查德·D.霍华德,杰拉尔德·W.麦克劳林,威廉·E.奈特.院校研究手册[M].蔡三发,等译.上海:同济大学出版社,2021:10.

② 常桐善.院校研究的发展与应用[M].上海:同济大学出版社,2016:115.

③ 栾晶.卡布里奥学院院校研究办公室.李颖,译[M]//程星,周川.院校研究与美国高校管理.长沙:湖南人民出版社,2003:31 - 33.

们都具有较高的学历层次,都受到较好的学术训练和院校研究方法的培训,使得这个职位具有了专业性的特点。另一方面是在一些规模较大的院校研究机构里,研究人员的分工越来越细,专门化的程度越来越高。据介绍,加州大学洛杉矶分校的院校研究机构,二十多名研究人员都有比较明确的研究分工,他们有的专门负责研究教师和教学事务,有的专门研究学生事务,而在专门研究学生事务的研究人员中,竟然还有两名研究人员具体分工专事中国留学生事务的研究。① 分工细化到如此程度,正是其专业化程度的一个标志。

其次,专业化也表现在研究的方法和手段上。美国的院校研究突出地显示出对科学研究程式和方法的自觉追求,尤其是对量化研究的追求。有相当一部分研究者几乎到了"无量化不研究"的地步,这种倾向性虽然也难免有过头之处,但它所表达出来的是院校研究这个行业的价值取向和职业门槛,不是随便什么人都可以进入这个行业的。

第三节　院校研究的国际发展谱系

院校研究如今已成为一个世界性的现象,其发展路径和具体形式由于各国高等教育传统和体制的不同而各有特点。

一、欧洲的院校研究

欧洲具有悠久的高等教育历史,但欧洲的院校研究与美国相比只是一个

---

① 摘自侯汝安于"院校研究与高等教育质量提升"国际会议暨中国高教学会院校研究分会2016 年年会发表的《量身定制的院校研究分析报告的数据要求》。

后来者,规模和体制化程度都很难与美国相提并论,但欧洲的院校研究也有自己的特点,这是由欧洲高等教育的传统和体制决定的。

(一) 广义院校研究

欧洲最早的中世纪大学诞生于 12、13 世纪,是所有近现代大学的始祖。中世纪大学无论是自发"组合"形成的,还是由教会或皇家"创办"的,"组合"和"创办"的过程都需要对场所、科目、教职授予等事项进行研判,这些研判工作可以看作是最早的广义院校研究。例如那不勒斯大学的创办,就是为了"与博洛尼亚大学展开竞争",①为此创办者们势必要摸清博洛尼亚大学的状况,同时又要在此基础上研判自己的建校策略,这个知己知彼的过程,属于广义院校研究的范畴。巴黎的《大学大宪章》,既是师生们与教会抗争的结果,也是"研究"出来的结果。②

在欧洲近代大学史上,有重要影响的广义院校研究文本,也许可以首推威廉·冯·洪堡(W. V. Humboldt)作于 1810 年的《论柏林高等学术机构的内部和外部组织》。洪堡当时任普鲁士内政部文化与教育司司长,正致力于创办柏林大学。在这份报告中,洪堡论述了在柏林建立一所"高等学术机构"的一系列具体问题,诸如这所机构的宗旨、原则、师生关系、组织特点、经费、与政府的关系以及与中学的关系等,③明确地阐释了创办中的"高等学术机构"——柏林大学的建校原则。虽然对于这份报告是否直接指导了柏林大学的建校问题存在争议,④但从洪堡当时的职位以及柏林大学建校后的办学实践来看,这份报告的意义显然是不能轻易被否定的。不管这份报告在柏林大

①　希尔德·德·里德-西蒙斯.欧洲大学史(第二卷)[M].贺国庆,王保星,屈书杰,等译.保定:河北大学出版社,2007:57.
②　雅克·韦尔热.中世纪大学[M].王晓辉,译.上海:上海人民出版社,2007:26.
③　威廉·冯·洪堡.论柏林高等学术机构的内部和外部组织[M]//陈洪捷.德国古典大学观及其对中国的影响(修订版).北京:北京大学出版社,2006:197-199.
④　陈洪杰.洪堡大学理念的影响:从观念到制度——兼论"洪堡神话"[J].北京大学教育评论,2017,15(3):3-5.

学建校过程中的直接作用到底如何,它作为柏林大学建校的广义院校研究文本是可以确认的。

1850 年 8 月,以维多利亚女王名义委任的牛津大学"皇家调查委员会"和剑桥大学"皇家调查委员会",展开了对牛津、剑桥二校的"自愿性皇家调查",调查内容涉及两校的行政、纪律、学习和财务等多个方面,调查方式包括审查各校文件、召开会议、访谈等。1852 年委员会完成了牛津大学报告书和剑桥大学报告书,报告书尖锐指出了两校的时弊,提出了全面整改措施,有力地推动了牛津、剑桥两校的改革。尤其是被誉为"鸿篇巨制"的牛津大学报告书,不仅内容翔实、资料丰富、结论明晰,而且富有可读性,说服力和针对性都很强,47 条清晰而具体的改革建议,为大学改革提供了"一个信息可靠、路径明确、切实可行的蓝图"[①]。这两份具有重要影响的报告书,也可以看作英国高等教育史上广义院校研究的代表作。

伦敦大学于 1836 年获得英国政府的特许状,它是英国的一所全新公立大学。1858 年,生物学家 T. 赫胥黎(T. Huxley)与数位科学家一起对伦敦大学进行考察,并在此基础上向伦敦大学校方提交了一份"致伦敦大学请愿书"。请愿书提议伦敦大学作为一所新型大学,应该在传统的文、神、医、法四个学部基础上设立"第五学部"——理学部,将数学和自然科学,尤其是新兴的电学、磁学、有机化学、地质学和古生物学等[②]纳入这个学部,以促进新科学的教学和研究。伦敦大学从善如流,采纳了请愿书的意见,同年成立了理学部。赫胥黎等人的这份请愿书,从调查、写作到提交,再到被采纳,也可以说完成了一个广义院校研究的全过程。

(二) 欧洲的院校研究

第二次世界大战结束之后,欧洲各国的高等教育相继迈入了大众化阶

---

① 邓云清.英格兰古典大学改革与大学传统的扬弃[J].世界历史,2017(1):32 - 34.
② 王承绪.伦敦大学[M].长沙:湖南教育出版社,1995:180.

段,经费短缺,学生运动情绪高涨,新管理主义盛行,质量保障运动兴起,绩效评估的出台,都是促成院校研究的推手。

欧洲的院校研究理念主要来自美国。20世纪六七十年代,美国的"院校研究论坛"和AIR年会,几乎都有欧洲代表参加,正是通过他们,美国式的院校研究理念和模式被引入了欧洲。

首先移植到欧洲的是美国的院校研究协会及其论坛和年会形式。1979年的美国院校研究协会年会在巴黎大学举办了首届欧洲论坛,欧洲各国的一些高等教育研究专家、高等院校的管理者参加了这次论坛。其后,类似的论坛又在欧洲举办了多次。在此基础上欧洲院校研究的协作组织于1989年成立。不过这个组织虽然简称为欧洲院校研究协会(EAIR),但它在协会章程中的全名是"欧洲院校研究与高等教育研究协会"(The European Association for Institutional Research—The European Higher Education Society,简称EAIR)。① 这个协会的执行委员会设在荷兰阿姆斯特丹,协会章程表明它是"欧洲一个具有国际视野与国际会员的协会";目标包括"促进高等教育领域研究者、政策制定者与实践者之间的互动"和"跨越活动类型边界,并为高等教育领域的研究者、教学人员、行政人员、管理者、政策制定者提供服务"。② 从这一表述中可以看出,EAIR的目标与它的全名是很匹配的,不仅有院校研究,也包括了高等教育研究。一个可能的原因是,EAIR的会员多来自高校与政府的行政人员以及政策分析人员,其身份决定了他们"更加关注高等教育管理与政策",③也许在他们看来,高等教育研究与院校研究是不能截然分开的。

---

① 刘皓.欧洲院校研究协会新动向——《欧洲院校研究协会2012—2017年战略规划》解读[J].现代教育管理,2016(1):120.

② 刘皓.欧洲院校研究协会新动向——《欧洲院校研究协会2012—2017年战略规划》解读[J].现代教育管理,2016(1):120.

③ 刘皓.欧洲院校研究协会新动向——《欧洲院校研究协会2012—2017年战略规划》解读[J].现代教育管理,2016(1):122.

欧洲院校研究协会的活动模式基本借鉴了美国 AIR 的做法,包括组织年会、服务会员、编辑出版相关书刊等,就连 EAIR 官网主页的设计与 AIR 的官网也有许多雷同之处。在欧洲院校研究协会的"2012—2017 年战略规划"中,协会的使命被明确为"推动高等教育研究、政策与实践的研究与发展,致力于高等教育的总体利益"。具体目标包括:推动对高等教育的研究;促进院校管理、规划与政策实施发展;传播有助于政策制定与实施的信息与最佳实践;为会员提供交流与专业发展服务①。这些目标仍然兼顾院校研究和高等教育研究两个方面,与协会的使命高度一致。

美国是在有了大批专职院校研究人员之后才成立 AIR 的,而欧洲的院校研究却是在 EAIR 成立之后才逐渐发展起来的。在院校研究的实践方面,美国模式对欧洲的影响很有限,这是由欧洲高等教育的传统和体制所决定的。据称在 1979 年之前,也就是首届"AIR 欧洲论坛"之前,设立专门院校研究机构的欧洲大学,只有比利时的鲁汶大学(Catholic University of Louvain)与瑞典的乌普萨拉大学(Uppsala University)两所。② 即使是这两所大学的院校研究机构也还是带有一定的广义成分。英国、瑞典、荷兰等国,被认为"院校研究组织化进程与美国最为接近"③,但在这些国家的高等院校里,直接以"院校研究"命名的专门机构仍然很少。各校收集处理本校数据信息的职能以及本校办学问题研究的职能,往往都由不同的机构或委员会承担,例如,荷兰特文特大学(University of Twente)的高等教育政策研究中心,伦敦大学的高等教育研究所,都兼有院校研究的任务。

从 20 世纪 80 年代起,随着高等教育质量保障运动的兴起,欧洲很多高校

---

① 刘皓.欧洲院校研究协会新动向——《欧洲院校研究协会 2012—2017 年战略规划》解读[J].现代教育管理,2016(1):120.

② 蔡国春,郗菲,胡仁东.院校研究在欧洲的发展特征——兼与美国院校研究比较分析[J].高等教育研究,2011(2):57.

③ 蔡国春,郗菲,胡仁东.院校研究在欧洲的发展特征——兼与美国院校研究比较分析[J].高等教育研究,2011(2):58.

开始设立专门的教学或教师发展研究机构。特别是随着"波隆尼亚进程"的推进,欧洲高校比较普遍地设置了"教学研究中心"。例如牛津大学的"教学研究中心",主要负责与本校教师专业发展相关的培训、研究,通过研究和数据指导教师的专业发展,并且在全校层面上进行教学咨询和评价,每年为学校提供年度研究报告。该中心由主管人力资源的副校长兼任主任,下辖教学开发、教师职业规划、科研和后勤四个部门,2012年共有22名员工,其中9名均拥有博士学位。① 再如,法国波尔多第二大学(University of Bordeaux 2)的"教育方法应用研究中心",是对本校教学和教师发展提供"技术支持及辅助教学评鉴与教学革新单位",它的职责很明确不是校内的评鉴中心,而是"技术支持中心",它主要为本校的教学评价和教师发展在学校乃至师生个人发展层面上提供技术支持,如问卷设计、数据分析、结果解读等,同时还举办各种教学研讨活动以"促进校内各科教学的交流与改善"②。这些教学研究中心如今在欧洲的高等院校已经普遍成立,它们可以看作以研究本校教学以及教师专业发展问题为主要职能的院校研究机构。

总的来说,院校研究的理念在欧洲已经得到广泛的认同,但是,院校研究的实践模式与美国有很大的不同。欧洲的院校研究,更加注重"基于高等教育质量诉求的研究",注重"超越高校内部事务的政策研究",在"宏观背景、研究旨趣、组织化程度"等方面与美国有很大的差异。③ 欧洲的院校研究以"分散型"居多,大多分散在高校的相关管理机构之中,真正以"院校研究"命名的集中型机构还较少。专项多于专职,分散多于集中,专兼职结合是欧洲院校研究的共同特点。

① 柯伯杰,熊卫雁,叶会元.构建高等教育教学标准:教师专业发展中心在四所世界一流大学的实践与应用[J].北京大学教育评论,2014,12(2):34-35.
② 许彩禅.法国波尔多第二大学的教学评鉴模式——以ISO品质改善进程为基础的评鉴概念[J].高等教育,2009(1):80-82.
③ 蔡国春,郝菲,胡仁东.院校研究在欧洲的发展特征——兼与美国院校研究比较分析[J].高等教育研究,2011(2):57-58.

(三) 英国的院校研究

英国在欧洲是院校研究开展得相对较早的国家。从研究机构的数量来看,英国高校专设的"院校研究"机构也不多,除英国开放大学明确称"院校研究中心"(Centre for Institutional Research)外,其他高校的院校研究也多属于"分散型"。如南安普敦大学,院校研究的职能一部分置于学校的质量保障与评价框架下,由"质量、标准与认可"团队负责,另一部分归入"学校数据中心"。又如华威大学(Warwick University),院校研究的职能主要由"学习与发展中心"承担,侧重于研究本校学生的学习、教师教学及发展问题的研究。再如利物浦大学和爱丁堡大学,都设有"策略与规划处",其职责是为学校的发展策略和规划工作提供数据、信息支持。① 专项多于专职,临时团队与固定机构并举是其主要的特点。

英国院校研究的主要问题域,半个多世纪以来既与时俱进,也有比较稳定的主题。20世纪60年代由于学生运动的影响,比较注重学生问题特别是新生问题的研究;70年代由于经费紧张,比较注重学校与政府以及大学拨款委员会的关系研究;90年代,许多新建大学以及由多科技术学院升格而成的大学,建校过程中面临各种实际问题,这些新院校在院校研究方面有异军突起之势。从20世纪70年代开始,英国院校研究主题出现了从"平等"向"质量"的转向,质量主题始终贯穿在近半个世纪之中,很多大学的院校研究都负有"对外应对质量问责,对内开展自我评估"的职能。② 这个主题是第二次世界大战结束之后英国高等教育质量面临巨大压力的反映。

20世纪90年代末,由英国的院校研究人员及爱好者发起了非正式的"英国与爱尔兰院校研究协会"(Britain and Ireland Association For Institutional

---

① 许育萍,詹盛如.英国大学的校务研究:发展与趋势[M]//杨莹.各国大学品质保证与校务研究.台北:高等教育文化事业有限公司,2019:80-82.

② 蔡国春,郗菲.英国院校研究发展与演变的逻辑:从"平等"到"质量"[J].华东师范大学学报(教育科学版),2014,32(2):49.

Research,简称 BIAIR)。这个协会的成立,对于体制化程度尚不太高的英国院校研究来说,起到了较大的促进作用。这个协会于 2008 年改名为"英国与爱尔兰高等教育院校研究网络"(UK and Ireland Higher Education Institutional Research Network,简称 HEIR)后成为一个正式组织,为英国的院校研究者提供了一个正式的专业性平台。[①] 其后,HEIR 借鉴美国 AIR 和欧洲 EAIR 的经验,通过举办年会论坛、研讨会和各种交流活动,提升了院校研究在英国高等教育界的"能见度"。

二、亚洲的院校研究

亚洲的院校研究也源自美国,但不同国家的起点不一,发展很不平衡;发展相对较快的有日本、泰国和中国等(中国的院校研究将在第八章专门讨论)。

(一)日本的院校研究

日本的高等教育既有欧陆的基因,又有美国的成分,因此日本成为亚洲最早开展院校研究的国家也是事有必至。日本的院校研究大体可以划分为两个阶段。第一阶段从 20 世纪 60 年代至 21 世纪初。20 世纪 60 年代因学生运动的刺激,日本一些高校就萌生了比较专门的院校研究活动;70 年代初,美国的院校研究理念进入日本,随之一些高校"设立了旨在检查大学自身问题的调查机构",如 1970 年广岛大学设立的"大学问题调查室"。[②] 90 年代,随着"大学设立基准方案"修改实施,各大学被要求进行自我评估,提交本校的数据材料,于是更多的院校研究机构在大学里得以设置,如东京大学 1992 年成立的"东京大学调查室"。[③] 从 90 年代开始,源自美国的大学生学习调查,

① 许育萍,詹盛如.英国大学的校务研究:发展与趋势[M]//杨莹.各国大学品质保证与校务研究.台北:高等教育文化事业有限公司,2019:78-80.
② 刘文君.日本院校研究的状况及其发挥的作用[J].中国高教研究,2016(3):86.
③ 刘文君.日本院校研究的状况及其发挥的作用[J].中国高教研究,2016(3):86.

也在广岛大学、东京大学等校得以开展,并且一直延续至今。

2004 年,日本启动了国立大学法人化改革,日本高等教育由"自由与竞争"代替了原先的"统一管理与庇护",①高等教育进入了一个新的阶段,这就对院校研究提出了新的要求。中央教育审议会 2008 年明确要求各高校,必须重视收集、分析本校的各项数据,建立数据库。2014 年,中央教育审议会大学分科会的《关于大学治理改革之推动(审议结果)》报告书进一步强调,要"强化以校长为中心的领导与责任",确立"全校性的大学管理体制",同时又必须聘用院校研究的"专业人员"以"支援校长"的领导工作。② 在此报告书的督促下,各高校的院校研究机构越来越多。

2013 至 2014 年,日本有学者进行了"关于大学院校研究的现状和课题的调查",共调查了日本七百多所高校的院校研究机构,得到 552 所高校(含国立大学、公立大学、私立大学)的有效信息。结果表明,有四分之一的被调查高校已"设有院校研究机构","有院校研究名称"的机构占 9.9%,"没有院校研究名称但有担当部门"的占 15.4%。国立大学"设有院校研究机构"的比例为40.9%,公立大学的比例为 9.8%,私立大学的比例为 24.2%。国立大学的比例明显高出,显然与国立大学的法人化改革直接相关。另外,院校研究的问题域也呈现出多样化的特征,其中"为校领导的决策提供信息和数据分析结果"、"大学达标评估调查"、"文部省的大学政策分析"分别占据了前三位。③

近年来,日本的院校研究有进一步推广之势,不仅有更多的高校开展院校研究,一些大学的院校研究在本校的教育管理和质量保障方面中发挥了越来越显著的作用。例如金泽工业大学,2013 年校方将校内机构"产学合作推进部——企划委员会"明确定位为专事院校研究的机构,该部主要在"学情调查"和"学习活动"两个方向进行院校研究。在"学情调查"方面,研究项目除

① 天野郁夫.日本高等教育改革:现实与课题[M].陈武元,等译.厦门:厦门大学出版社,2014:6.
② 杨武勋.日本大学品质保证与校务研究[M]//杨莹.各国大学品质保证与校务研究.台北:高等教育文化事业有限公司,2019:149.
③ 刘文君.日本院校研究的状况及其发挥的作用[J].中国高教研究,2016(3):87-89.

"入学报到率"之外,还有"四年准时毕业率",并集中调查了新生的"选校动机",还对毕业生、在校生以及家长做了"影响选校对象"的大型调查。在"学习活动"方面,早在 2010 年,学校就成立了"延毕生指导 IR 工作小组",专门对"延毕生"进行专题研究。后来"产学合作推进部"又重点进行了"学生满意度"、"成绩评价适切性"、"学生自我成长分析"、"延毕生和退学生分析"等专题的研究,[①]对学校改进教学、提高教学质量起到了积极的作用。

(二) 泰国的院校研究

泰国也是亚洲较早开展院校研究的国家。1971 年,朱拉隆功大学(Chulalongkorn University)借鉴美国经验,在校内设置一个特殊的机构——"朱拉隆功大学管理信息系统",其职责主要有三项:收集本校规划管理资料;根据大学及其他需求进行研究;以不同形式传播研究结果。该系统收集分析的本校信息资料,主要分为课程、教职员、学生、财政、建筑物及设施五个部分,并以此为基础服务于学校的运行分析、规划分析、资料分析、开支分析与校内信息交流等任务。[②] 这个机构可以看作泰国第一个院校研究机构。

1975 年,泰国大学事务部成立了"高等教育院校研究国家网络"(National Network of Institutional Research for Higher Education,简称 NNIRHE)。其后,一些高校相继成立了具有院校研究职能的专门机构,如宋卡王子大学的"规划处",基本职能是"支持大学基于愿景所实施的相关教育、研究、教务与国际关系等政策"的制定和研究;素罗娜丽科技大学的院校研究机构也称为"规划处",其下设"院校研究组"、"校务信息研究组"等组别,分别负责学校规划管理问题的研究、学校管理数据系统的建设和分析并为学校提供统计和信息服务。朱拉隆功大学后来也成立了"转化与策略处",作为该校院校研究

---

① 杨武勋.日本大学品质保证与校务研究[M]//杨莹.各国大学品质保证与校务研究.台北:高等教育文化事业有限公司,2019:158-159.
② 陈怡如.泰国校务研究之实施与发展及对台湾之启示[M]//杨莹.各国大学品质保证与校务研究.台北:高等教育文化事业有限公司,2019:205.

的"主责单位"。①

泰国在 21 世纪初成立了国家层面的"院校研究与高等教育发展协会"（Association of Institutional Research and Higher Education Development，简称 AIRHED），②作为泰国各校院校研究机构及其人员的专业性组织。它的目的包括：为研究人员和机构及其高等教育管理者提供信息交换机会；提倡院校研究，促进高等教育评估；强化高校的院校研究政策和质量保障规划；分享高等教育信息资料等。

在泰国的倡导之下，2000 年秋由朱拉隆功大学副校长与马来西亚、印度尼西亚、澳大利亚等国的同行共同发起，协商筹建了"东南亚院校研究协会"（South East Asian Association for Institutional Research，简称 SEAAIR）。该协会每年组织院校研究的研讨会议，对推动东南亚各国的院校研究做出了贡献。

三、其他国家和地区的院校研究

加拿大由于特殊的地缘关系，院校研究的发展与美国紧密相关。在美国早期的"院校研究论坛"和 AIR 年会上，加拿大的代表都是常客，从 20 世纪 70 年代到 21 世纪初，AIR 年会也曾多次在加拿大举行。1994 年，"加拿大院校研究与规划协会"（CIRPA）成立，标志着加拿大的院校研究者有了自己的专业性组织，不再依附于美国的 AIR。

"大洋洲院校研究协会"（AAIR）成立于 1988 年，主要由澳大利亚、新西兰等国的院校研究者发起。这两个国家虽属英联邦，但院校研究都打上了美

---

① 陈怡如.泰国校务研究之实施与发展及对台湾之启示[M]//杨莹.各国大学品质保证与校务研究.台北:高等教育文化事业有限公司,2019:212－219.
② 陈怡如.泰国校务研究之实施与发展及对台湾之启示[M]//杨莹.各国大学品质保证与校务研究.台北:高等教育文化事业有限公司,2019:205.

国模式的烙印,不仅各高校普遍设立了院校研究机构,而且在职能上也倾向于对本校管理决策的支撑。

"南部非洲院校研究协会"(SAAAIR)和"中东与北非院校研究协会"(MENA-AIR)分别在 20 世纪末、21 世纪初成立。这两个协会对推动非洲和中东地区的院校研究,发挥了积极的作用。MENA-AIR 于 2011 年发表的一项调查表明该区域各高校的院校研究机构大多在 21 世纪成立,且大多直接向校长负责报告,每个机构在当时平均已有 4.4 名员工。[①] 可见该区域的院校研究虽然起步较晚,但发展速度很快。

---

① J.弗雷德里克斯·沃克温.院校研究办公室的结构和功能[M]//理查德·D.霍华德,杰拉尔德·W.麦克劳林,威廉·E.奈特.院校研究手册.蔡三发,等译.上海:同济大学出版社,2021:30.

第三章　院校研究的外部动因

　　20世纪兴起的科学管理运动、高等教育大众化、学生运动、高等教育质量保障以及社会问责，各种外部因素的共同作用催化了院校研究的萌芽和发展。

　　院校研究的产生和发展是由高等院校各种内外部因素共同促成的。20世纪的科学管理运动、高等教育大众化、学生运动、高等教育质量保障运动及社会问责，是促成院校研究的重要外部动因。

第一节　科学管理运动

　　20世纪初期，美国出现的科学管理运动和高等教育调查运动，为院校研究的萌芽注入了初始的动力。

一、泰勒实验的影响

　　院校研究的理论基础，最初源于20世纪初著名的泰勒实验。1900年前后，F. W. 泰勒（F. W. Taylor）在伯利恒钢铁公司运用"时间动作分析"方法对工人用铲子将生铁搬上货车的劳动过程进行分解实验,他通过实验发现了一套劳动效率最高的标准动作。这套标准动作在生产过程中被推广应用之后,不仅大大提高了生产效率,而且还降低了工人的劳动强度,进而提高了工人的劳动积极性,使生产效率又进一步得到提高。

泰勒实验的研究对象是企业,是一个工效学实验,证明了劳动者与劳动工具、劳动效率之间的关系,但是这个实验的意义远远超越了企业和工效学的范围,它在更宽广的社会领域中得到了应用。泰勒的著作《科学管理原理》,是对伯利恒实验的理论总结,他在这部著作中写道:"每个工种背后都有规律可循"①,而这些规律是可以通过科学的方法去寻找的。因此泰勒主张,"管理者要把每个员工的工作发展成为一门科学,代替原先的经验方法"②,要科学地挑选员工并且对他们进行培训和教导,帮助他们在工作中发展,使他们能够按照科学的方式完成工作。泰勒还把科学管理的意义上升到社会公正、公平的高度,在他看来科学管理是取代管理者"专断无常行为"的有效方法,"在科学管理方法之下,专断特权和专制命令被取消了,每一个问题,大的或小的,都是科学调查的对象,都要按章来衡量……"③泰勒颇为高调地称:"科学管理唯一的目的就是通过对问题的所有因素的科学调研达到对老板、员工和人民三方面的公正公平。"④《科学管理原理》一书出版之后,在美国社会产生了重要影响,"科学"的理念由此进入各个领域的管理过程之中,一场科学管理运动由此兴起。这场运动也在美国高等教育领域产生一个效应,便是促发了高等教育调查运动。

---

① 弗雷德里克·温斯洛·泰勒.科学管理原理[M].居励,胡苏云,译.成都:四川人民出版社,2017:43.
② 弗雷德里克·温斯洛·泰勒.科学管理原理[M].居励,胡苏云,译.成都:四川人民出版社,2017:22.
③ W.理查德·斯格特.组织理论[M].黄洋,李霞,译.北京:华夏出版社,2002:36.
④ 弗雷德里克·温斯洛·泰勒.科学管理原理[M].居励,胡苏云,译.成都:四川人民出版社,2017:102.

二、高等教育调查运动

1905年，卡内基教学促进基金会（The Carnegie Foundation for the Advancement of Teaching）成立，曾任麻省理工学院校长的 H.S.普利切特（H. S. Pricheter）担任首任主席。普利切特服膺泰勒的科学管理理论，上任不久就遇到了在高等教育领域应用科学管理理论的机会。

1908年，美国医学会医学教育委员会委托卡内基教学促进基金会对全美医学教育进行考察和评估。普利切特将这一重任交给了刚刚出版了《美国学院》一书、当时供职于普通教育委员会的 A.弗莱克斯纳（A. Flexner）。弗莱克斯纳受命于普利切特，从1908年12月1日，开始了对美国和加拿大155所医学院为时一年艰难的调查历程。弗莱克斯纳事先并没有为考察设计严密的程序，也没有采用问卷的方式，只是拟定了一个很简单的观察和访谈提纲，定了一个大概行程就上路了。相较于问卷，他显然更相信自己的眼睛和耳朵，甚至还有鼻子，这是一次体现了"人种学方法"的调查。调查从新奥尔良的杜兰大学医学院开始，弗莱克斯纳深入研究计划中的每一所院校，观察学校的每个教学环节，与校长、教师、学生进行深度访谈。[①] 就这样从一所学校到下一所学校，弗莱克斯纳几乎全靠一己之力，完成了对155所医学院校的调查。

这项调查不仅面广量大，更困难的是不少被调查的院长、校长不说真话，只报喜不报忧，还想方设法阻止他看到真相。为此，年轻的弗莱克斯纳不得不跟这些久经沙场、足智多谋的院长、校长们斗智斗勇。在调查的过程中，他基本上都是白天调查，晚上将调查材料进行整理，去伪存真，然后写成"提要"寄给相关的院长、校长，要求他们重新核实、更正"谎报"的内容。在调查艾奥瓦州德梅因的一所医学院时，他判断院长所说的实验室教学并非实情，因此

---

① 张立娟.弗莱克斯纳现代大学教育思想及其实践研究[D].苏州大学博士学位论文，2015：75 - 76.

等校长下班离开学校后,弗莱克斯纳再次返回学校,给了看门人一笔不菲的小费,请看门人打开了每一间实验室,弗莱克斯纳终于摸清了实验室的真实情况——当然与校长所介绍的内容大相径庭。① 吃一堑长一智,于是他在后续的调查中常常绕过院长、校长而直接访谈教师。功夫不负有心人,弗莱克斯纳终于掌握了大量第一手的材料,正如他后来回忆这一调查经历时写的那样,他没想到医学院校的情况是"如此的糟糕":"追名逐利,愚昧无知,不可靠";"几乎从第一天开始,我就对这些事实感到震惊,我急切地想要揭露这些事实"②。

在一年多艰苦细致、不屈不挠的调查基础上,弗莱克斯纳写成了著名的《美国和加拿大的医学教育:致卡内基基金会关于教育改革的报告》(Medical Education in the United States and Canada：A Report to the Carnegie Foundation for the Advancement of Teaching)。这份报告史称"卡耐基第四报告",又称《弗莱克斯纳报告》,于 1910 年公开发表,从而抓起了美国医学教育整顿改革的大潮,甚至可以说引起了美国医学院校的一场大地震。经过整顿改革,营利性的医学院全部被关闭,一些质量较差的医学院被改组或合并,美国的医学院校从原先的 155 所,被整顿掉了 124 所,最终只剩下了 31 所,③美国的医学教育由此驶入了精英教育的轨道。

1909 年,卡内基教学促进基金会又发起了一次对常春藤大学的调查。普利切特将这项调查委托给泰勒理论的"信徒"M.L.库克(M. L. Cooke)执行,调查的主题是大学"管理效率",具体涉及管理方式、工作定额、会计制度、成本、工作档案、工作考核等事项。库克一共调查了哈佛大学、麻省理工学院、哥伦比亚大学、普林斯顿大学、多伦多大学等 8 校。"库克一进去

①　张立娟.弗莱克斯纳现代大学教育思想及其实践研究[D].苏州大学博士学位论文,2015:77.

②　Abraham Flexner. I Remember：The Autobiography of Abraham Flexner[M]. New York, Simon & Schuster, 1940：125.

③　张立娟.弗莱克斯纳现代大学教育思想及其实践研究[D].苏州大学博士学位论文,2015:85.

就发现自己好像掉进了另一个世界"①,调查结果同样令人感到震惊,在工商企业界早已流行的效率和效益意识,在这些大学里竟"全然没有踪影"。调查结果发布之后,在美国高等教育界引发了一场关于效率问题的大讨论。

这两项专题调查将科学管理的理念引进波澜不惊的高等教育领域,为院校研究的产生提供了初始的动力并营造了舆论,而这两项调查工作本身也堪称广义院校研究的标本。

第二节　高等教育大众化

第二次世界大战结束之后,全球政治经济格局发生了翻天覆地的变化,高等教育也随之进入一个"黄金期"。一方面是高等教育入学人数快速增长,多国高等教育相继进入大众化、普及化阶段;另一方面同时也给高等教育带来一系列新问题,对高等院校提出了前所未有的新挑战。于是院校研究在高校应对问题与挑战中应运而生。

一、高等教育大众化的进程

美国是率先进入高等教育大众化、普及化阶段的国家。二战结束之后,美国大批退伍军人根据《退伍军人权利法案》的优待,"推着婴儿车、携妻带子"涌入了高校的大门。20 世纪 50 至 60 年代,随着《国防教育法》

---

① 赵炬明.现代大学与院校研究(上)——美国院校研究发展述评[J].高等教育研究,2003,24(3):41.

《民权法案》和《高等教育法》颁布,美国高等教育的大门开得更大,特别是为各类弱势群体提供了更多进入高校的机会。表3-1显示了美国高等教育的入学率在20世纪中后叶的增长情况。[①] 美国的高等教育的入学率,从1946年的10.0%到1950年的14.3%,短短的五年提高了4.3个百分点,按照马丁·特罗的高等教育"发展阶段论",这就意味着美国在1950年已经接近了高等教育大众化阶段的门槛;到20世纪80年代末90年代初,入学率已经超过50%,美国高等教育迈入普及化阶段。

表3-1　二战以后美国高等教育入学率增长情况　　　　　单位:%

年份	1944	1946	1950	1955	1961	1971	1981	1991	1995
入学率	6.8	10.0	14.3	17.7	23.4	35.3	41.0	53.7	81.1

战后高等教育数量的增长是一个世界性的现象。根据联合国教科文组织的统计(见表3-2),[②]从1960年到1991年,世界范围的高等教育在校生人数,18至23岁人口入学率这两项主要指标,增长幅度空前巨大,特别是在校生人数,几乎每十年就接近翻番。由表3-2可见,发达国家和发展中国家的增速很不平衡,发达国家每十年平均保持着10个百分点的增长,呈现出快速而稳定的发展态势,而发展中国家每十年入学率的增长基本在4到5个百分点左右(20世纪80年代至90年代甚至不增反降);发展中国家与发达国家高等教育在校生基数本来就有很大的差距,再按照不同的增长率发展,两者之间的差距实际上进一步加大,只不过这种不平衡并不影响世界高等教育总体的增长态势。

---

① 王一兵.历史机遇与教育决策——再论高等教育大众化的历史经验与发展中国家面临的挑战[J].高等教育研究,1999(5):2.

② The United Nations Educational, Scientific and Cultural Organization. Policy Paper for Change and Development in Higher Education[G]. Paris, 1995:15-16.

表 3 - 2　20 世纪后半叶世界高等教育数量增长情况

年份	1960	1970	1980	1991
在校生人数/万人	1 300	2 800	4 600	6 500
入学率/%	9.6	14.8	18.8	18.8
发达国家入学率/%	15.1	27.1	30.7	40.2
发展中国家入学率/%	7.3	10.1	15.1	14.1

　　与入学人数的增长相应,一方面是高等院校的在学人数大幅增加;另一方面是各种类型的新建高校纷纷面世,尤其是各种各样的非大学类高等院校如雨后春笋般涌现出来。美国 1958 年正规的高等院校为 2 011 所,高校教师约为 26.05 万人,至 1968 年,这两个数据分别上升为 2 483 所和 57.40 万人,[①]10 年内分别增长了 23.5% 和 120.35%。另有数据显示,在欧洲,从 1949 年至 1985 年的三十多年中,仅大学的数量就从 204 所增加到 524 所,新增 320 所,[②]至于非大学类的高等院校,包括各种短期高等教育机构,增长数量则更多。

二、高等教育多样化

　　高等教育多样化是数量大幅增长的直接后果,也是数量增长的必要条件。马丁·特罗指出:"人数的增长也意味着学生的家庭出身、特性、动机、志向、兴趣和经历的多样性。"所以这就"要求高等教育以同样的多样性来反映教育中学生的多样性"。[③] 随着入学人数的大幅增加,学生群体的构成越来越多样,他们的学习动机、志向再也不可能像洪堡时代那样单一地定向于学术

---

① 黄福涛.外国高等教育史.2 版[M].上海:上海教育出版社,2008:272.
② 瓦尔特·吕埃格.欧洲大学史·第四卷:1945 年以来的大学.贺国庆,等译.保定:河北大学出版社,2019:55.
③ 马丁·特罗.从精英向大众高等教育转变中的问题[J].王香丽,译.外国高等教育资料,1999(1):19.

研究,越来越多的学生上大学就是为了就业,为了找一个"好的职业",而"好的职业"恰恰是因人而异的,也是随着劳动力市场的变化而变化的,很多时候甚至是变幻莫测的。

当高等教育进入大众化阶段时,高等教育的多样化就在数百万乃至数千万学生涌入校园时内在地决定了。高等教育多样化反映在高等教育的各个方面和各个环节之中,诸如高等教育的组织形式和目的功能,高等院校的类型、层次、结构,高校微观的教学过程和方式以及学术和学业标准,高校的管理方式、治理体系以及高校与社会的关系等方面,都出现了多样化的趋向。"尽管那些特别看重自己悠久历史传统的大学不愿意改变自己,但高等教育作为一个整体,这种意义深远的变化还是在较短的时期内发生了",于是"一个最直接的结果,便是世界各地的高等教育都不约而同地趋向了多样化"。[①]高等教育的多样化是高等教育大众化的一个内在逻辑和必然结果;如果大众化阶段的高等教育仍然固守单一的"形式和功能"而不能走向多样化,那么,它的"危机"很快就会降临了。

三、大众化带来的问题

高等教育数量的快速增长,给高等教育带来前所未有的问题和挑战,质量和经费是其中最直接、最重要的两大难题。

(一) 质量问题

战后世界高等教育数量的大幅增长是否导致了质量的下降? 对于这个问题,地位不同、角度不同,答案也大不相同,乐观的论调和悲观的论调似乎都有市场。马丁·特罗对此有着清醒的认识,他在阐释高等教育从精英阶段

---

① The United Nations Educational, Scientific and Cultural Organization. Policy Paper for Change and Development in Higher Education[G]. Paris, 1995: 16.

转变到大众化阶段过程中的一系列"两难问题"时,将数量与质量的问题也就是"教学与研究的质量问题"摆在第一位。[①] 尽管马丁·特罗强调,判断大众化阶段高等教育的质量同样需要多样化的观点,但他并不能消除人们在数量大幅增长之后对质量的忧虑,因为常识告诉人们,任何人为事物在数量急剧增加之后,质量势必会受到一定程度的影响和威胁。在大众化和普及化阶段,人们对高等教育质量的忧虑,是一个很正常的现象,也必定是一个持续不断的话题。

高等教育质量,最终当然是高等教育结果的质量,也就是毕业生的质量和学术成果的质量,但是,高等教育结果的质量不是一个孤立的现象,它在很大程度上是由高等教育整个体系和过程的质量所决定的,因此在 1998 年世界高等教育大会的政策文件中,高等教育质量被认定是"一个多维度概念",它"在很大程度上取决于特定的高等教育体系的质量","涉及高等教育所有的职能和活动",[②]诸如教学、培训和学术研究的质量,教职员的质量,专业和课程的质量,生源和办学资源的质量,学习的质量,还有制度环境、机构使命、学术条件和标准等。这种体系性质量,在精英高等教育阶段似乎不成为一个问题,因为精英高等教育总是被认为是高质量的,然而到了大众化、普及化阶段,这个严峻的问题就暴露出来。高等教育领域内外,人们都对这个问题充满了质疑和忧虑,"内忧外患"迫使高等教育工作者必须对此做出回答。因此从 20 世纪 70 年代开始,高等教育质量保障成为各国高等教育发展的主题,正是战后高等教育数量大幅增长之后的历史必然。

(二) 经费问题

高等教育数量大幅增长带来的另一大难题是办学经费的短缺以及因此

---

① 马丁·特罗.从精英向大众高等教育转变中的问题[J].王香丽,译.外国高等教育资料,1999 (1):14.

② The United Nations Educational, Scientific and Cultural Organization. Policy Paper for Change and Development in Higher Education[G]. Paris,1995:30.

造成的办学条件困难。

　　高等教育本来就是高成本的事业,入学人数的大幅增长,需要师资和各种办学设施按比例跟上,这就需要大幅增加办学经费。然而,入学数量增长容易,而办学经费的增加却非易事。事实上,面对如此巨大的高等教育规模,再富有的国家,再舍得花钱的政府,也都很难拿出充足的经费来支撑,因此,战后与高等教育数量大幅增长始终如影随形的,便是各国高等教育普遍"缺钱"。就连财大气粗的哈佛大学领导人也不由得哀叹:"无论是穷,还是富;是公立的,还是私立的;是学院,还是大学——钱永远是不够周转的。"[1]　由于缺钱,师资和办学设施就跟不上高等教育规模的扩张,不仅血气方刚的大学生怨声载道,老成稳重的教职员工也免不了牢骚满腹。由于缺钱,四顾茫然之下最后不得不铤而走险涨学费,可是在西方国家,涨学费实在是高等教育领域中一个危险的举动,它不仅事关千万个学生家庭,更事关"教育机会均等"、"社会公正"和"社会阶层流动"这样一些重大的社会问题,[2]因此,涨学费每每成为学生运动的导火索也就不足为奇了。

　　不少国家由于经济发展的制约,高等教育经费非但没有随着高等教育规模的扩大而增加,反而有所减少,这对本来就缺钱的高等教育来说无异于雪上加霜。英国高等教育入学人数在 1963 年《罗宾斯报告》出台后曾大幅增长,可是由于英国经济出现了明显的衰退,加之社会各界对不思进取的高等教育批评之声不断高涨,整个社会形成了质疑和批评高等教育的舆情,在这种情况下,英国高等教育的财政总拨款从 20 世纪 70 年代末开始竟逐年削减,1981 年至1983 年分别削减了 3%、5%、5%,具体拨到各大学的经费,少则削减了 5%左右,多的竟削减了 30%—44%。[3]　这样大幅度削减拨款,简直有些惨不忍睹了。

---

　　① 亨利·罗索夫斯基.美国校园文化——学生·教授·管理[M].谢宗仙,周灵芝,马宝兰,译.济南:山东人民出版社,1996:227.

　　② The United Nations Educational, Scientific and Cultural Organization. Policy Paper for Change and Development in Higher Education[G]. Paris, 1995:27.

　　③ 王莉华.中英高等教育绩效拨款研究[M].杭州:浙江大学出版社,2008:142-143.

第三节　20世纪60年代的学生运动

20世纪60年代,既是世界高等教育发展的"黄金期",同时也被称为高等教育的"危机期"。危机的最主要表现,就是席卷全球的学生运动及其给高等教育造成的冲击。

一、学生运动此起彼伏

自从世界上诞生了大学这个物种,学生运动就是家常便饭。不过以往的学生运动大多限于一校或者一地,规模都不太大,影响也有限,而20世纪60年代的学生运动却不同于以往,不仅多发频发,而且范围广、规模大、对抗激烈。时至今日,人们依然可以从西方许多学者的言论中感觉到60年代学生运动留下的种种"后遗症"影响。

20世纪60年代的学生运动虽然没有世界性,却有世界性的影响,有比较共同的主题。60年代初,日本东京的大学生们抗议美国在日本建军事基地,运动很快波及日本各主要城市。随后在美洲、欧洲、非洲南部以及南美洲的许多地区,罢课、请愿、游行示威等各种形式的学生运动相继爆发,运动的矛头直指种族歧视、外交政策、高教政策、言论自由、自治权等,还有指向学费涨价以及大学里糟糕的生活和学习条件。从60年代中期开始,各国学生运动的政治指向进一步加强,诸如反对美国的越战政策,反对大学参与研制核武器,再加上反对种族歧视,要求民主自由等,这些政治主题往往具有更大的鼓动性和号召力,也更容易获得社会各界的同情和支持。①

学生运动的高潮发生在 1968 年,不仅运动的规模迅速扩大,形式也从罢课、请愿、游行示威上升到暴力对抗甚至是武装对抗,运动的性质发生了明显的变化。最激烈、影响最大的两起运动发生在美国和法国。1968 年 4 月下旬,美国哥伦比亚大学的学生因为不满校方对建造莫林赛德体育馆的冷漠态度,开始了各种形式的抗议行动。运动从哥伦比亚大学爆发,很快扩大到纽约,最后扩大到全美,各地遥相呼应,整整持续了一个多月,在美国的高等教育领域以至整个社会都产生了大震荡。② 1968 年 5 月 3 日,法国索邦巴黎大学的学生因为楠泰尔学院被关闭以及训导处传唤多名激进学生而爆发了抗议,这场史称"五月风暴"的抗议在短短的几天内,从巴黎蔓延到外省市进而波及全法国。运动的形式从集会示威升级到暴力对抗,学生竟然与工人和市民结成了联盟,他们构筑街垒,操起武器与警方进行巷战,致使双方都伤亡惨重,运动几乎发展到不可收场的地步。③ 另外在德国、日本、英国、西班牙等国,学生运动也不断升级,暴力事件和流血事件时有发生,对高等教育和社会都造成重大的冲击。

二、"新学生运动"的特点

20 世纪 60 年代的学生运动史称"新学生运动",其"新"之处,就在于它具有不同于以往的一些显著特点:追求"新社会""新人类"的理想主义;拒绝"理性政治"、"工具性的政治"以及"客观逻辑",热衷于"有表现力的政治";热衷于"否定"的生活态度和"社会批判"。④ 最突出的特征是政治色彩极强。

---

① O. Klineberg, et al. Students, Values, and Politics[M]. New York: The Free Press, 1979: 2,218.
② 沈汉,黄凤祝.反叛的一代——20 世纪 60 年代西方学生运动[M].兰州:甘肃人民出版社,2002:97.
③ 沈汉,黄凤祝.反叛的一代——20 世纪 60 年代西方学生运动[M].兰州:甘肃人民出版社,2002:264-297.
④ 瓦尔特·吕埃格.欧洲大学史·第四卷:1945 年以来的大学[M].贺国庆,等译.保定:河北大学出版社,2019:305.

然而,如果对 20 世纪 60 年代学生运动的过程细加考察,却可以发现很多运动的导火索其实都是高等教育自身的问题,有不少其实只是高校中一些鸡毛蒜皮的事情。闹得惊天动地的哥伦比亚大学运动和法国的"五月风暴",最初的起因也只是体育馆建造、学院关闭等内部事宜。据日本对 20 世纪 60 年代 83 起学生运动"起因"的统计,其中 17 起起因于对"学生宿舍管理"的不满,9 起起因于对"学生会所管理"的不满,其他还有"反对大型道路贯穿校园",不满对"学生的处分"、反对"大学迁移"、反对"学费上涨"、反对"扩招"、反对"警察进校园"、要求"扩大生协"等。① 这些全都不是什么大事,但因这些小事而引发的学生运动一旦爆发之后,学生们会很快从小事转向大事——政治目标上来,运动的性质往往也由此而改变。

20 世纪 60 年代学生运动高潮过后,西方开始对运动进行反思,高等教育自身的矛盾成为关注的焦点,于是对战后高等教育问题的反思和批判从 20 世纪 70 年代开始进入高潮,一直持续到 20 世纪末仍方兴未艾。20 世纪 70 年代以后,学生事务之所以在院校研究中成为一个最主要的问题域,既与学生在高校中所处的中心地位有关,其实也与 20 世纪 60 年代学生运动的"后遗症"影响有很大的关系。

第四节　质量保障运动

质量问题是高等教育的永恒主题,但这个问题在精英高等教育阶段并不突出,只有到了大众化、普及化阶段,其严重性才突显出来。因此,各国高等教育在经历了"黄金"与"危机"并存的 20 世纪 60 年代之后,从 70 年代开始都转向了质量主题。

---

① 胡建华.战后日本大学史[M].南京:南京大学出版社,2001:157-160.

一、反思热

20 世纪 60 年代席卷全球的学生运动,引发了全社会对高等教育质量的质疑。从高等教育内部到外部,从学生、教师,到学生家长乃至社会各界,都对高等教育质量表达了强烈的不满。在这个过程中,一些重要的高等教育质量反思报告纷纷登场,为后续的高等教育质量保障运动起到了理论先导的作用。

(一) 教科文组织的引领

联合国教科文组织在战后高等教育问题的反思中起到了引领的作用。1971 年教科文组织专门组建了"国际教育发展委员会",历时一年多对 23 个国家的教育状况进行实地考察和研究,并对 13 个国际组织进行访问。1972 年,题为《学会生存——教育世界的今天和明天》(*Learning To Be: The World Of Education Today And Tomorrow*),简称《学会生存》的研究报告正式出版。

《学会生存——教育世界的今天和明天》回顾了教育的历史遗产,针对战后世界教育的形势以及面临的挑战,从教育与社会的关系、与人的关系两个基本维度,阐释了新教育发展目标与政策的理论基础,论证了教育革新的政策取向和建设学习化社会的愿景。《学会生存——教育世界的今天和明天》指出:"社会体系中的各种矛盾和教育体系的相对无能这两方面是相互关联的","社会的主要目标和指定给教育的目的之间也是紧密关联的"。由此得出两个重要结论:"教育的改革要有社会的和经济的发展目标","社会的发展"必须有"教育的更新"。[1]《学会生存》的内容涉及战后世界教育的一系列

---

① 联合国教科文组织国际教育发展委员会.学会生存——教育世界的今天和明天[M].华东师范大学比较教育研究所,译.北京:教育科学出版社,1996:89.

重大问题,是战后世界教育发展的宣言书,也是对各国教育改革具有指导意义的行动纲领。在高等教育方面,《学会生存——教育世界的今天和明天》主要论述了"机会均等"、数量发展以及学生"激进主义"运动等问题,列举了战后高等教育数量增长的各种权威数据,并且提出了高等教育民主化、多样化的命题。① 这份报告对人们反思高等教育质量问题奏响了序曲。

1998 年 10 月,由教科文组织主办的首届世界高等教育大会在巴黎召开,来自全球 183 个国家和地区的一百多位部长和四千多名代表参加了这次大会。大会将高等教育的"质量"、"针对性"和"国际化"列为大会的主要议题。② 大会的政策性文件指出,在关注高等教育的针对性的同时,必须重视高等教育的质量,并将高等教育质量界定为"一个多维度"的概念,阐释了高等教育结果的质量与工作体系质量之间的关系,开拓了人们思考高等教育质量问题的思路。大会通过的宣言《21 世纪的高等教育:前瞻与行动》(*Higher Education in the Twenty-first Century: Vison and Action*),在"高等教育使命"部分再次强调高等教育质量的"多维性",倡导建立"多样化的国际高等教育质量标准",主张高等教育"自我评价"和"外部评价"相结合并保证质量评价的公开透明。③

2009 年 7 月,在巴黎召开了第二届世界高等教育大会。大会发布了题为《社会变革与发展中的高等教育与研究之新动力》的公报,仍然将高等教育质量作为重要议题。公报在要求"维持高等教育的质量","建立各种质量保障体系","形成多种评价模式"的同时,强调质量标准必须反映高等教育的整体目标,特别是在培养学生的批判性思维、独立思考和终身学习能力等方面,同

---

① 联合国教科文组织国际教育发展委员会.学会生存——教育世界的今天和明天[M].华东师范大学比较教育研究所,译.北京:教育科学出版社,1996:46-47.

② United Nations Educational, Scientific and Cultural Organization. Policy Paper for Change and Development in Higher Education[G]. Paris, 1995:1.

③ United Nations Educational, Scientific and Cultural Organization. Higher Education in the Twenty-first Century: Vison and Action[G]. Paris, 1998:7.

时强调需要在机构内部形成一种"质量文化"。①这次大会的公报将高等教育质量更多地聚焦于高等教育的结果，也就是学生的发展方面，突出了高等教育质量的核心价值。

（二）美国的反思

美国是战后高等教育数量增长速度最快的国家，也是对高等教育质量问题反思比较深入的国家。美国教育部自1979年恢复之后，先后搭建了"美国高质量教育委员会"及其"美国高质量高等教育研究小组"两套班子，专题研究美国的教育质量问题。这两套班子经过两三年的大规模调查研究，分别于1983年、1984年发表了题为《国家处在危险中，教育改革势在必行》和《投身学习：发挥美国高等教育的潜力》研究报告。

《国家处在危险中，教育改革势在必行》直接指出了教育质量问题的严重性："如果不友好的外国列强试图把目前存在的平庸的教育成绩强加于我们，我们可以把它视为一种战争的行动。"②这样的开篇语不无危言耸听之嫌，因为除了他们自己，谁也不会将"平庸的教育成绩"强加给他们，不过，把"教育成绩"提高到"战争"的层面，惊呼"国家处在危险中"，倒是反映出美国学界特有的思维方式和话语方式。报告对美国教育质量的各种"危险的指标"非但没有遮遮掩掩，反倒痛陈时弊，甚至还夹杂着不少渲染的成分，如"倒数第一"、"连续下降"、"一代人的教育水平甚至还达不到父辈的水平"之类的表述，确有触目惊心的效果。这份报告对"高质量教育"给出的界定是："一个学校或学院为全体学生规定了高标准和目标，然后想方设法协助学生达到这些目标。"报告进一步解释，高质量教育意味着每个学习者无论在学校或工作岗

①　赵叶珠.全球化背景下世界高等教育发展之新动力:《2009年世界高等教育大会公报》述评[J].江苏高教,2010(2):27.
②　美国高质量教育委员会.国家处在危险中,教育改革势在必行.杨维和,译.[M]//教育发展与政策研究中心.发达国家教育改革的动向和趋势.北京:人民教育出版社,1987:1.

位应在个人能力的极限上工作,从而可以考验本人的极限,并把这种极限推向更高。^① 这个明确的界定,为确定教育质量的目标和实践奠定了逻辑的前提。

《投身学习:发挥美国高等教育的潜力》是关于高等教育质量问题的专题报告,与前一份报告有逻辑上的关联。《投身学习:发挥美国高等教育的潜力》以同样的思维方式和话语方式,揭露了美国高等教育在数量大幅增长之后出现的种种"警告信号",诸如"学业成绩的下降"、"专业越来越窄"、"部分时间制教师越来越多"、"设备和教学条件急剧恶化"、"学校规模越大,官僚主义就越严重"等等。^② 但与前一份报告略有不同的是,这份报告在姿态上显然更积极,更富有建设性。报告在发出"警告信号"之后,阐释了提高美国高等教育质量尤其是本科教育质量的若干"条件",其中最主要的两条是,"学生投身学习",学校和教师对学生的"严格要求"。在此基础上,报告分别对学生"投身学习"和学校"实现严格要求"提出了具体、可操作的数十条建议,此外也对高校、政府及其他校外机构提出了改善管理、加大投入的建议。这份报告中这些具体建议提出,应该说内容比较全面了,出人意料的是,作者可能觉得言犹未尽,最后居然还有"致学生"一节。针对学生本科学习生活的主要方面,从择师、选课、参加课外活动,到合理开支、勤工俭学,以及大二结束、大三开始以及大三中期的基本能力自我观测点,这一节又给出了十多条具体的"忠告"。^③ 这实际上就是一封致美国大学生的公开信,也是一封出于"天下父母心"的公开信,其忠告之细致、语气之亲切、用心之良苦、期望之殷切,全都跃然在字里行间。

---

① 美国高质量教育委员会.国家处在危险中,教育改革势在必行.杨维和,译.[M]//教育发展与政策研究中心.发达国家教育改革的动向和趋势.北京:人民教育出版社,1987:8.

② 美国高质量高等教育研究小组. 投身学习:发挥美国高等教育的潜力.马宝兰,等译[M]//教育发展与政策研究中心.发达国家教育改革的动向和趋势.北京:人民教育出版社,1987:36-39.

③ 美国高质量高等教育研究小组. 投身学习:发挥美国高等教育的潜力. 马宝兰,等译[M]//教育发展与政策研究中心.发达国家教育改革的动向和趋势.北京:人民教育出版社,1987:85-88.

卡内基教学促进基金会在美国高等教育质量反思浪潮中依然发挥着不可替代的独特作用。特别是在欧内斯特·博耶（Ernest L. Boyer）担任会长期间（1979—1995），在他的亲自带领下，卡内基教学促进基金会先后发布了《学院：美国本科生就读经验》（1987）和《学术水平的反思：教授工作的重点领域》（1990）两份报告。其后，又以"博耶委员会"的名义发表了《重建本科教育：美国研究型大学发展蓝图》（1998）以及《重建本科教育：博耶报告三年回顾》（2001）两份报告。[①] 这些报告的主旨，全都围绕着高等教育质量这个核心主题。

（三）其他的反思

1985 年 5 月，英国教育与科学国务大臣向议会提交了题为《二十世纪九十年代英国高等教育的发展》的绿皮书。绿皮书指出了英国高等教育数量增长之后产生的各种问题，提出了保证英国高等教育质量的各种设想，并对高等院校教学质量进行外部评价给出了具体的建议。绿皮书指出，相对于外部评价，"保持和提高教学质量的主要责任还在于每一个高等院校本身"，在于学术人员的质量、课程的质量、"校外考官"的质量，从而明确了高校在教学质量保障方面的主体责任。绿皮书还建议，需要成立一个联合学术机构以保证"各大学之间类似活动的学术标准不致出现太大差别"。[②]

1991 年英国政府发布题为《高等教育：一个新的框架》的白皮书。白皮书明确了 2000 年英国高等教育的发展目标，并提出了一系列重要举措：健全高校内部的"质量监控机制"，加强外部对高校的"质量审核"，加强对高校的"质量评估"，严格规范高校课程开发与证书颁发的审批流程。白皮书提出了大学拨款制度的改革方针，拟将拨款与质量评估结果挂钩以"强化竞争机制"、

---

① 李政云，徐辉.卡内基教学促进基金会对美国高等教育的影响及其机制分析[J].高等教育研究，2007(6)：101－102.

② 教育与科学国务大臣.二十世纪九十年代英国高等教育的发展.钱大卫，译[M]//教育发展与政策研究中心.发达国家教育改革的动向和趋势.北京：人民教育出版社，1987：353－354.

提高"办学效益"。①

1988 年德国科学委员会发布题为《德国高等学校 90 年代展望》的报告，针对 70 年代德国高校扩展达到高峰以致"超负荷运转"的事实，明确指出，"大学教育的质量问题将更加突出地占主导地位"，②并就此对高校招生、培养、就业、科学研究、经费等具体事宜提出了政策性建议。

日本经中央教育临时审议会提议，于 1987 年成立了大学审议会。大学审议会为文部省的常设咨询机构，以调查和审议大学的问题为主要职责，对文部大臣有直接建议权。大学审议会在成立后的最初十年间，提出了《关于改善大学教育》《关于改善短期大学教育》《关于改善高等专门学校教育》《关于研究生教育的调整充实》《关于提高研究生教育质量的审议结果》和《关于修订大学设置基准及学位规则》等 22 份咨询报告。③ 所有这些报告的首要议题都是"高度化"问题，也就是高水平化、高质量化问题。

除此之外，其他的国际组织以及许多国家也都在此期间发布了一些有影响力的高等教育反思报告，对战后高等教育的发展进行反思，对 20 世纪后半叶以及 21 世纪初的高等教育质量保障进行部署。

二、质量保障与评估的推行

高等教育质量保障运动的主要标志，是各种外部保障机构的建立以及各种质量评估的推行。由于各国高等教育传统和体制的不同，各国的质量保障机构和评估方式也各有不同，但也有不少相似之处，有学者将其归纳为三种

---

① 张泰金.英国的高等教育历史·现状[M].上海:上海外语教育出版社,1995:127-129.

② 科学委员会.德国高等学校 90 年代展望.国家教育发展研究中心[M]//国家教育发展研究中心.发达国家教育改革的动向和趋势(第六集).北京:人民教育出版社,1999:508.

③ 胡建华.战后日本大学史[M].南京:南京大学出版社,2001:245-246.

主要模式。①

第一，法国、荷兰、瑞典、泰国等国主要是政府主导模式，其特点是高等教育质量保障机构隶属于政府部门，采取自上而下的方式，具有较大的行政权威。例如，法国的"国家评估委员会"（简称 CNE）和"大学评估委员会"（CEU），对法国所有的高等院校都有权进行评估，特别是法国"国家评估委员会"，不但独立于高等院校，而且独立于总理和教育部，直接隶属于法国总统，向总统负责。荷兰有非官方的"荷兰大学联合委员会"和"高等职业教育学院联合会"对高校进行质量评估，但另外又设有隶属于教育科学部的官方机构"高等教育视导团"（IHO），负责对上述两个机构进行元评估，②"高等教育视导团"实际上是上述两个评估机构的上级。

第二，以美国为代表的中介主导模式，高等教育质量评估主要由独立的、作为第三方的民间评估和认证机构进行。美国的高等教育认证早在 20 世纪初就已经开始出现，由自发组织的院校协会承担。20 世纪 30 年代初，美国中北北部院校协会建议以"院校使命"的实现程度为依据对院校进行定性认证，"奠定了美国高校区域性认证的哲学基础"。二战结束之后，美国成立了国家层面的"全国认证委员会"（NCA）以及"高等教育地区鉴定委员会联合会"（FRACHE），1975 年这两个机构合并成为"中学后教育鉴定委员会"（COPA）。③如今，美国已有六大区域性院校认证协会（新英格兰地区、南部、中部、中北部、西北部、西部）和近百个专业评估机构，形成了高校认证和学院评估的民间中介体系。

第三，政府与中介结合模式，英国、澳大利亚、新西兰、日本等国属于这一模式。其特点是质量保障与评估主要由中介机构负责，但这些中介机构并不

---

① 徐超富.国外高等教育质量保证体系的模式、特点及其启示(一)[J].湖南师范大学教育科学学报,2008(2):60-64.

② 杨晓江.国外高等教育评估中介机构发展轨迹试探[J].外国教育资料,2000(4):42.

③ 庄丽君,王山玲.美国高教区域性认证研究[J].高教发展与评估,2018,34(2):74-75.

独立,多由政府设立,具有官方的背景,因而评估工作大多体现了政府的意志。例如,英国的高等教育质量保障工作,原先主要由大学副校长委员会(CVCP)和高等教育基金委员会(HEFCS)负责,这两个机构虽非政府机构而是中介机构,但却有官方背景。1997年,英国成立了高等教育质量保障署(QAA),以取代高等教育基金委员会下属的教学质量评估委员会和大学副校长委员会下属的高等教育质量委员会,专职为英国高校提供质量保障服务。由于高等教育质量保障署主要由大学和学院的会费支持,并与高等教育基金委员会订有合同,①因此它的官方背景有所淡化,独立性得到加强。日本既有官方机构"大学设置审议会",也有民间机构"大学基准协会",还有兼具官方和民间成分的"大学审议会",它们都负有高等教育质量保证的责任,因而可以看作政府与中介结合型模式。

高等教育质量外部保障一般都在国家层面推动,但在20世纪末也出现了国际合作方式,"高等教育质量保障国际网络"(International Network for Quality Assurance Agency in Higher Education,简称INQAAHE)组织的成立就是一个积极的尝试。该网络组织于1991年在香港成立,其主要目的是:

在世界范围内收集与传播有关高等教育质量保障的信息与经验,探索与研究世界各国高等教育评估的理论与实践,促进与加强国际间教育质量保障机构的相互了解与沟通,为维持、改善并提高全球高等教育质量提供交流的服务平台。②

该网络成立时只有8个会员单位,到2008年已经发展到70多个国家和地区的185家会员单位,成为一个全球性的高等教育质量保障共同体。

---

① 金顶兵.英国高等教育评估与质量保障机制:经验与启示[J].教育研究,2005,26(1):77-78.
② 郭朝红.高等教育质量保障:总结经验、展望未来——高等教育质量保障机构国际网络组织(INQAAHE)第八届双年会综述[J].江苏高教,2008(2):5.

第五节　社会问责的兴起

高等教育在进入大众化、普及化阶段之后,以其庞大的规模成为"社会的轴心",不仅在社会发展过程中扮演着越来越重要的角色,而且也在社会的各个领域牵涉越来越多的利益相关者,因而成为种种社会问题和矛盾的焦点,于是出现了对高等教育广泛的社会问责。

一、政府问责

在西方高等教育发展史上,政府与高等院校的关系始终是一个敏感的话题,且不论大学高度自治的美国、加拿大、英国,即便如德国、法国、意大利那样实行集权模式的欧陆国家,政府在处理与大学的关系时,也不得不小心翼翼。但是从 20 世纪 70 年代开始,随着高等教育在国家发展和国际竞争中的重要性不断凸显,也随着强调效率效益的新管理主义思潮兴起,各国政府想方设法将那只"看得见的手"伸进高等教育领域,成为高等教育的重要问责方。

政府对高校的问责主要通过拨款的途径实施。政府用公共经费给高校拨款,当然也就有权监督和问责高校经费的使用效益和效果。虽然不能赤裸裸地"谁出钱谁点菜",但监督使用效益和效果也在情理之中。美国联邦政府对高等院校没有直接管辖权,但 1972 年《高等教育修正案》生效后,联邦政府的学生资助款改为直接发给学生本人,学生获得联邦资助后申请高校,于是联邦政府就与相关高校发生了间接的关系,要求高校统计报送受联邦资助的学生数据,也就顺理成章了。^① 田纳西州从 20 世纪 80 年代率先在美国开始实行绩效拨款政策,随后其他很多州也纷纷跟上。一般的做法是,政府在拨款总额中规定一个比例(大多在 5% 左右)与高校的绩效挂钩。最极端的州据称是南卡罗来纳州,竟将所有的拨款都与高校的绩效挂钩,力度之大,令人吃惊。^② 政府的绩效拨款制度当然主要适用于公立高等院校,因为只有公立高校主要依靠政府的拨款。但是,美国的绝大多数私立高校,也通过各种渠道从政府那里申请专项公共经费,尤其是科研经费,既然拿了政府拨下来的钱,政府当然也就拥有了对私立高校进行专项绩效问责的理由。英国、荷兰、加拿大、澳大利亚、日本等国,从 20 世纪 80 年代开始也先后改革财政拨款制度,实行绩效拨款、竞争性拨款,为政府的问责打通了道路。

与绩效拨款制度相配套的问责的形式,主要是要求公立高校提交年度报告,也就是高校的自我评估报告。在年度报告中,高校必须如实说明,花了多少钱,取得了哪些效果,不仅要有定性的说明,而且更主要的是拿出数据,以数据服人。例如 1991 年美国加州出台的《加州高等教育问责报告条例》,要求加州所有公立高校都必须向州政府提交年度报告,报告的数据需涵盖适龄入学人数、财政收支情况、申请入学人数、录取人数和按时毕业人数等五个方面。^③ 后来,加州公立高校的年度报告还增加了有关毕业生的数据要求,要求年度报告更全面地反映学校的办学效果和效益。这些年度报告不仅要提交给政府部门,还要向社会公开发布,以保障纳税人和利益相关者的知情权、问责权。有学者对《加州大学 2014 年问责报告》的分析表明,近些年来加州大学的年度报告主要聚焦于学生、教师和学校三个层面:在学生层面,需要重点报

① Marvin. w. Peterson. The Role of Institutional Research: From Improvement to Redesign[C]//J. F. Volkwein(ed.). What Is Institutional Research All About? New Directions For Institutional Research, No.104. San Francisco: Jossey-Bass, 1999: 87.
② 蔡国春.院校研究与现代大学管理:美国院校研究模式研究与借鉴[M].北京:教育科学出版社,2006:53.
③ 王硕旺,黄敏.公立大学如何回应社会问责——基于美国加州大学年度问责报告的比较研究[J].中国高教研究,2014(7):49-50.

告生源和学生发展状况；在教师层面，需要重点报告教学质量和教师队伍状况；在学校层面，则需重点报告为社区服务、多元融资及合理使用等情况。[①]总的趋向是要求年度报告更加聚焦于学校的使命和职能，更加体现以学生为中心的办学思想。

澳大利亚政府对高校的问责，原先主要也是通过高校提交和公布年度报告的方式，从 2004 年起，澳联邦政府与教育、科学和培训部合作开发了一套新的"院校问责框架"。这套新的框架重点在根据拨款评价高校"产出"质量和数量，尤其重在毕业生的成就数据（包括对毕业生的去向调查、课程经验调查、科研经历调查），[②]并以此来评估高校履行其"法定责任"的状况及其绩效表现，并将评价结果作为政府拨款的重要参考依据。

二、利益相关者问责

高等院校的利益相关者是一个历史的、动态的范畴。身处"象牙塔"时期的大学，利益相关者涉及的面十分有限，而且都是易于识别的，但是，到了高等教育的大众化、普及化阶段，高等院校成为社会的"轴心"，它的利益相关者也呈现出多样化、公众化的特点，数量众多、规模庞大，其中的很多不易识别，他们几乎就是整个社会，几乎无时无地无所不在。

高校内部的利益相关者包括高校的所有成员，学生、教师、管理人员、后勤服务人员，各色人等，都是学校的利益相关者，当然都对校务拥有问责的权利。虽然校内的利益相关者也很多样化，不同的学生群体，不同身份的教师，利益诉求往往不尽相同，但这种多样毕竟还是有限的，相比较而言，高校的外部利益相关者几乎就难计其数了。学生家长当然是利益相关者，而学生的

---

① 余平.公立大学回应社会问责的新思路——基于《加州大学 2014 年问责报告》的解析[J].高教探索,2015(9):33-35.

② 焦磊."三位一体"高等教育问责制探究[J].高教发展与评估,2012,28(5):25.

主要亲属如父母、兄弟姐妹,谁又能说他们与学校毫无利益相关。校友也是当然的利益相关者,他们对母校的问责热情和问责力度并不亚于校内的利益相关者,事实上在许多国家的高等教育体系中,校友们不仅拥有问责的权利,在很大程度上还拥有影响学校管理的种种权利。捐助人,当然也是学校的利益相关者,他们为学校捐了钱,自然也就对学校的某些事务有了发言权。再往外看,各种社会团体、高等教育中介机构、同类型竞争院校、生源中学乃至小学、用人单位、学校所在社区以及媒体,也都在某一方面或某些方面与高校有利益关联,自然也是高校的利益相关者。再扩展到所有纳税人乃至一般的社会公众,他们也都可能与高等院校发生某种关系,尽管这些关系很间接,但在很多情况下同样也不能否认他们与学校全无利益相关。当年威斯康星大学校长范海斯(C.V.Hise)宣称"大学的边界就是州的边界"①,这就等于宣称了本州所有公众都是这所州立大学的利益相关者,这也就意味着州内的所有公众都可以对威斯康星大学问责。

成为"社会轴心"的高等院校,如今都被利益相关者的汪洋大海包围着,一举一动都在利益相关者的眼皮下,一举一动都有可能成为他们问责的对象。2015年,美国德州贝勒大学(Baylor University)美式足球队一明星级学生球员性侵女生,校方在接到举报后竟将此事压下,让这个明星球员又打了几场重要的比赛。事发后在当地引起舆情不满,随后媒体进行曝光,以致最后校长不得不辞职以平息事态。② 公众问责的威力之大,由此亦可见一斑。

三、大学排名榜的影响

20世纪80年代以来,形形色色的大学排名榜和学科排名榜纷纷出世。

---

① 李凤玮,周川.大学为社会服务:范海斯的知与行[J].现代大学教育,2018(3):68.
② 王欣.校园性暴力与橄榄球丑闻:重新审视美国的高校管理和领导道德[J].苏州大学学报(教育科学版),2016(4):121-123.

它们像幽灵一样，游荡在高等教育领域乃至全社会。不管高校是爱还是恨，它们都自行其是、年复一年地发布着各种排名，实实在在地对高等教育产生着影响。

如今的大学排名榜，可谓多如牛毛，令人眼花缭乱。国际性的大学排名榜，旨在对全世界的大学或各洲的大学进行排名，如《美国新闻与世界报道》(*US News and World Report*)的世界大学排名(简称 US News)、英国《泰晤士高等教育增刊》(*Times Higher Education Supplement*)的世界大学排名(简称 THE)、英国教育市场咨询公司(Quacquarelli Symonds)的世界大学排名(简称 QS)，中国软科的世界大学排名(简称 ARWU)。至于各国国内的大学排名榜和学科排名榜，数量就更多，有学者对三十多个国家的大学排名榜进行统计(截至 2006 年 11 月)，发现在这些国家，大学排名榜少则一个，多则五六个，①而且这还是不完全统计。

现代的高等院校大多是复杂无比的机构，规模庞大，形式多样，职能和使命多样，实际上很难用最简单的几个指标对如此多样、如此复杂的高等院校一一排出名次，各类排行榜的问题也正是在这里。所有的大学排行榜，无一不是用最简单的几个指标，如被引论文数、诺贝尔奖得主数、科研经费数等，企图给多样、复杂的大学排名，势必避免不了盲人摸象、以偏概全，因此一些大学排名榜曾遭到很多著名大学的抵制，也是势所必然。然而，大学排名一经发布，在社会上产生的影响却是实实在在的，不仅会影响到社会公众对高等教育的认知，更主要的是还可能会影响到高等教育本身，影响到高等院校的办学目标和行为。大学对各种排名榜也怀有比较复杂的情感：一些著名大学可以对排名榜不屑一顾，你排你的，我干我的，两不相干，但这样的大学毕竟是少数；还有相当一部分大学，对排名榜虽然不喜欢，但是不愿意冒险得罪它们，因此对排名榜索要数据的要求，也不得不配合应付；然而也有一些大

---

① 刘念才,程莹,Jan Sadlak.大学排名:国际化与多元化[M].上海:上海交通大学出版社,2009:32-34.

学,不仅在意本校在排名榜上的名次,甚至对提高排名趋之若鹜,不惜将办学目标直接绑在排名榜的战车上,办学行为的偏颇和迷失也就难以避免了。总的来看,无论是恨它也好,爱它也好,各类大学排行榜和学科排行榜对高校来说都是一个客观的存在,也是对高校的一种特殊的"问责"方式。

总之,20 世纪的科学管理运动、高等教育大众化普及化、学生运动、高等教育的质量保障和社会问责,以及其他各种社会因素的影响,对高校的管理和治理提出了前所未有的挑战,这些都是催生院校研究萌芽和发展的重要外部动因。

第四章　院校研究的校本需求

　　校本需求是院校研究的直接动因。现代高校办学环境复杂,校务繁重,自治权力与责任并联,校长如履薄冰,这些内部因素直接激发了院校研究的校本需求。

　　院校研究是学校行为,发展动因归根结底在院校自身,在高校的校本需求——以校为本的需求。复杂的办学环境、繁难的校务、权力的制约等因素,共同促成了这种校本需求。

第一节　大有大的难处

　　克拉克·克尔(Clark Kerr)把古典大学比作"僧侣的村庄",把洪堡时代的大学比作"知识分子垄断的工业城镇",把20世纪中叶出现的"多元化巨型大学"(multiversity)比作"一座充满无穷变化的城市"。[①] 这座变化无穷的城市,最直观的特征就是规模庞大、人员众多、关系复杂。与此相应,校务管理的难度也明显加大。

---

　　① Clark Kerr.大学的功用[M].陈学飞,陈恢钦,周京,译.南昌:江西教育出版社,1993:26.

一、人满为忧

20 世纪中叶以来,随着高等教育的大众化、普及化,绝大多数高校的在校生数量迅速增长,甚至达到超饱和状态。

(一) 在校生数量

据统计,1940 年美国高校的校均在校生为 879 人,其中大约有 525 所私立院校、85 所公立院校,校均在校生少于 500 人;而半个世纪之后的 1998 年,校均在校生上升到 4 034 人,是 1940 年的 4.6 倍。① 在美国虽说高等教育大众化、普及化的主要承载者是各类新型高等院校,如社区学院、短期大学、远程大学,还有各类公立高等院校,但是,在铺天盖地的高等教育大众化、普及化洪流之中,完全不受其影响的院校毕竟少之又少,即便是私立精英大学,它们的规模在二战前后的变化也很显著。有统计表明,哈佛大学的本科生数在战前约为 3 500 人,而在战后的 1946 年就猛增到 5 500 人;②麻省理工学院 1939 年的学生数为 3 100 人,至 1945 年 8 月上升到 6 200 人,增长了一倍。③这种情况并非美国独有,而是一个全球性的现象,20 世纪中叶以后,高等院校的校均规模普遍扩大,所不同的只是幅度大小而已。

虽然在世界著名的精英大学之林,人们仍然还可以看到若干不为大众化潮流所动且坚持"小的就是好的"小型大学,例如巴黎高等师范学校、加州理工学院、普林斯顿大学等,不过大多数精英大学都已膨胀到相当可观的规模。

---

① 弗兰克·H.T.罗德斯.创造未来:美国大学的作用[M].王晓阳,译.北京:清华大学出版社,2007:21.

② 莫顿·凯勒,菲利斯·凯勒.哈佛走向现代:美国大学的崛起[M].史静寰,钟周,赵琳,译.北京:清华大学出版社,2007:46.

③ 亨利·埃兹科维茨.麻省理工学院与创业科学的兴起[M].王孙禺,袁本涛,等译.北京:清华大学出版社,2007:72.

表4-1是从百度百科及其他网络搜索的十所世界著名大学的在校生数据,全都在万人以上,尤其是公立大学,如加州大学的两所分校、德州农工大学、多伦多大学、悉尼大学等,学生数都超过了4万。

表 4-1　十所著名大学学生数一览

学校	年份/年	总数/万人	本科生数/万人	研究生数/万人
哈佛大学	2018	1.98	0.67	1.31
耶鲁大学	2018	1.35	0.60	0.75
霍普金斯大学	2020	2.09	0.60	1.49
加州大学伯克利分校	2019	4.32	3.13	1.19
加州大学洛杉矶分校	2014	4.18	2.96	1.22
德州农工大学	2019	6.34	4.89	1.45
多伦多大学	2015	8.67	6.98	1.69
剑桥大学	2019	2.32	1.23	1.09
爱丁堡大学	2019	2.52	1.87	0.65
悉尼大学	2019	4.24	3.59	0.65

(二) 生师比与管师比

在校生人数是基础变量,它的大幅增长势必带动教师数量和管理人员数量的增长。

但是,教师数量很难与在校生数量同比例增长,这是因为合格教师数量的增长,尤其是优质教师数量的增长,比之学生数量的增长要难得多。高校教师的专业发展,是一个需要持续积累和提升的过程,相对比较缓慢,合格教师特别是优质教师数量的增长跟不上学生数量的增长速度,是一个很正常的现象。由于教师数量的增长速度一般都跟不上学生数量的增长速度,后果便是"生师比"从小到大不断增加。

以美国为例,20世纪中叶美国多数院校的生师比很少有超过10∶1的,但是到了 21 世纪初,绝大多数高校的生师比都超过 10：1,而依旧保持在个位数的,除了少数私立的顶尖研究型大学外,其他高校都已经十分少见了。有学者对 2009 年《美国新闻与世界报道》排名榜上的 1 419 所美国高校的生师比进行统计分析,其结果如表 4－2 所示,历来以小型精英教育为傲的 84 所私立文理学院,平均生师比为 10.0：1,而另外两类大学的平均生师比则高达 15.1：1 和 14.3：1。[1] 从最新网络资料可以发现,美国许多公立高校,包括那些著名的公立研究型大学,生师比大多超过 20：1,例如加州大学系统,伯克利分校为 20：1,圣迭戈分校、圣塔克鲁兹分校、河滨分校、尔湾分校等都在 24：1 左右;其他如佛罗里达州立大学约为 25：1,亚利桑那州立大学为 23：1,威斯康星大学麦迪逊分校为 22：1。生师比的不断攀升,意味着一个教师在同等工作时间内用在每个学生身上的精力和时间在减少,这种减少势必对学生的就学经验产生负面的影响,不仅导致他们的学习满意度降低,也会直接影响到教学质量。

表 4－2　美国不同类型高校生师比

院校类型	院校数量/所	平均生师比
全国性大学	128	15.1：1
文理学院	84	10.0：1
授予学士学位大学	142	14.3：1
合计	354	13.6：1

然而,与教师数量增长的滞后相比,高校中各类管理人员的数量增长却相对较快,这既满足在校生数量大幅增长的需要,也说明管理人员的职业要求相对比较简单,其数量增长相对较易实现。20 世纪 70 年代有研究表明,当时美国高校的平均"管师比"约为 1：4,即 1 个管理人员对应 4 个教师,管理

---

① 吕菊芳,何仁龙,黄清云.美国高校"生师比"的实证分析及思考:基于 2009 年《美国新闻与世界报道》排行榜院校的研究[J].现代教育科学,2011(5):119.

人员数远少于教师数。但是到 21 世纪初,有学者对美国 9 所一流研究型大学的管师比做了统计分析,结果完全颠倒了过来,管理人员数已经大大超过了教师数,具体见表 4-3。① 在这 9 所研究型大学里,管师比最低的是耶鲁大学,为 2.45∶1;最高的是加州大学伯克利分校,竟高达 9.54∶1,也就是说管理人员数量是教师数量的 9.54 倍。当然,美国高校的"管理人员"是一个广义的概念,不仅仅是指行政管理者,也包括了大量的一般事务管理人员(如仪器设备管理员、图书管理员)、"执行人员"以及辅助性职员等,但即便如此,一校之中管理人员的数量竟然数倍于甚至近十倍于教师,还是超出了许多人的想象。唯一的解释就是,学生多了,事也多了,管理性工作、辅助性工作、服务性工作,工作的强度和数量也随之大大增加了。数以万计的在校生,数以千计的专兼任教师,再加上过万的各类管理人员,这样的大学已经是一座规模不算太小的城市。

表 4-3 美国 9 所研究型大学 2006 年管师比　　　　单位:人

院校	管理人员数/教师数	管师比
哈佛大学	12 131/2 497	4.86∶1
耶鲁大学	8 169/3 333	2.45∶1
哥伦比亚大学	10 428/3 401	3.07∶1
加州大学伯克利分校	18 623/1 953	9.54∶1
密歇根大学安娜堡分校	12 818/4 780	2.68∶1
明尼苏达大学双子城分校	19 113/3 169	6.03∶1
得克萨斯大学奥斯汀分校	14 165/2 734	5.18∶1
威斯康星大学麦迪逊分校	13 071/2 210	5.91∶1
弗吉尼亚大学	13 185/3 346	3.94∶1

① 陈超.美国一流研究型大学教师管理人员结构的纵向研究——基于 9 所一流研究型大学的统计分析[J].高校文摘,2015(6):38-41.

二、异质性

无论是中世纪"僧侣村庄",还是洪堡时代"知识分子垄断的工业城镇",每所大学基本是同质的:大学的使命和职能比较单一,教师和学生的目标追求比较一致,教师和学生属于"同质性群体"①。加之当时的大学都是精英型,师生们置身在象牙塔之中自成一统,过着"知识贵族"式的精神生活,②不管社会如何看待他们,至少他们都很自信地认为自己是社会上"最有教养的"、"最优秀的"或者即将成为"最有教养的"、"最优秀的"那一群人,他们在社会上具有易于被识别的共同身份标签。

到了高等教育大众化、普及化阶段,多样化取代了单一性,异质性也就在很大程度上取代了同质性。从大的方面看,这种异质性首先体现在高等教育的体系之中,例如精英性、大众性、普及性高等教育并存,性质不同、形式不同的各类高等教育机构林立,以致"高等教育"概念都面临着瓦解的危险,而在每一所高校之中,早先的同质性也在发生分裂,异质性成为一种常态。

首先是学生群体的异质性。不同性质、不同类型的高等院校,学校的培养目标不同,学生的来源不同,因此不同学校学生的特点也不同,这是可以理解的。然而在一校之内,学生的差异也很大,整个学生群体分层、分化,因而形成了很多"成分复杂"、"各有特性"的"异质性群体"。③ 学生群体的异质性不单单表现在种族、阶层、身份(在职或非在职)、年龄(传统年龄和非传统年龄)等方面,学生群体异质性的深层表现是他们的就学动机和目标,有的是为学术而来,有的是为专业技能而来,有的是为就业而来,有的是为社交而

---

① 古斯塔夫·勒庞.乌合之众:大众心理研究[M].张波,杨忠谷,译.武汉:华中科技大学出版社,2015:128.
② 卡尔·雅斯贝尔斯.大学之理念[M].邱立波,译.上海:上海人民出版社,2007:183.
③ Clark Kerr.大学的功用[M].陈学飞,陈恢钦,周京,译.南昌:江西教育出版社,1993:27-28.

来,也有的是为体育运动而来,或者是为玩而来。学生的异质性也反映在他们的学习方式方面,是否全日制、是否住校、是否贷款等。在一校之中,学生的异质性越大,教育教学以及管理的难度势必随之加大。

高校内部的异质性也反映在教师方面。高校教师的异质性主要不是他们种族、国别和阶层的不同,而在于他们职业属性和职业取向的不同。一校之中,既有"教员"和"非教员"的区别,有"富教授"和"穷教授"的区别,①又有全职教师、兼职教师、终身制教师、合同制教师的区别,还有"双肩挑教师"与"一肩挑教师"、"有帽子教师"与"无帽子教师"等名目繁多的身份区别。

与学生异质化、教师异质化相辅相成的是高校本身的异质化,表现为高校原本统一的属性及其使命发生了分化,由原先单纯的属性和单一的使命,也就是学术的属性和使命,分化成多重属性和多重使命,这多重属性和使命居于一校之中,相互之间的矛盾和冲突就不可避免。牛津大学校长科林·卢卡斯不无担忧地说过:"我们可能面临着严重的问题,对大学是要发现真理这个作为大学所必须遵循的共同认识从内部发生了分歧和分裂。"②这种"共同认识"的分歧和分裂,正是大学学术使命的分歧和分裂。使命的分裂必然导致高校属性发生变化,使高校从原先纯粹的学术机构而演变成"社会的轴心",或者"社会的加油站",抑或是知识的"超级市场",它除了学术的使命之外,还承担了各种附加的社会使命,诸如政治使命、经济使命,地方和社区使命,乃至商业使命和军事使命。虽然这些附加的使命不一定都是高校自加的,而是身不由己被外部因素强加上去的,但附加使命的增加却是一个不争的事实。附加的使命不断增多,相互之间的张力不断增大,导致高校异质化。

① Clark Kerr.大学的功用[M].陈学飞,陈恢钦,周京,译.南昌:江西教育出版社,1993:27-28.

② 科林·卢卡斯.21世纪的大学.蒋凯,译[C]//教育部中外大学校长论坛领导小组.中外大学校长论坛文集.北京:高等教育出版社,2003:87.

在"多元化巨型大学","巨型"只是规模,"多元"才是实质。"元"者,"首要"者也。"多元化巨型大学"之"元",实质就是大学的根本属性和使命;"多元化"实际意味着,大学由原先"一元"的属性和使命分化成了"多元"的属性和使命。在一校之中,多元的属性和使命有可能相互交融、相互促进,也有可能各行其是,但也完全有可能相互抵牾、相互冲突。一旦处理不好,"多元化巨型大学"就有可能蜕变为爱德华·希尔斯(Edward Shils)所说的那种"分崩离析的大学"或"人心涣散的大学",在那里充斥着各种"自我中心主义"的冲突和"信心危机",成为一个"各种相互冲突的利益群体的混合体"。① "多元化巨型大学"是这样,其他异质化的各种院校又何尝不是如此。

学生异质化和教师异质化,与高校的异质化是相互影响、互为因果的。学生的异质化和教师的异质化必然会导致高校的异质化;而高校的异质化也同样会加速学生的异质化和教师的异质化。

三、复杂性

随着规模的扩大、异质化程度的加深,校务管理的复杂性、艰巨性自然随之增大。

首先是教学过程越来越复杂,教学工作的难度加大。早期的大学,教师在教学过程中面对的学生,数量很少,加之师生的目标基本同质,因此教学过程中教与学的双边关系相对比较简单、清晰,易于把握。然而到了大众化、普及化阶段,教师在教学过程中面对的学生,往往数以十计,甚至数以百计,加之学生的学习基础和背景参差不齐,就学动机和目标更是五花八门,因此在其他条件相当的情况下,教学过程中教与学双边关系的复杂性大大增加,

① 爱德华·希尔斯.教师的道与德[M].徐弢,译.北京:北京大学出版社,2010:31-32.

至少教师要对数量如此之多、类型如此多样的学生因材施教,其难度之大不言而喻。

学生管理的难度同样剧增。学生多了,事情就会增多,突发事件也会增多。更何况由于办学资源的限制,高校的办学条件满足不了学生数量增长上的需求,教师、教室、实验室、仪器设备、学生宿舍和生活设施、活动设施,在学生数量大幅增长之后总是捉襟见肘。办学条件的问题,看似小事,实则不小,事事都关系到学生的切身利益,关系到他们的就学经验。20世纪60年代许多对抗激烈的学生运动,最初都是以意料不到的小事为导火索而爆发的,这就说明学生那里无小事。

教师管理的难度同样会增加。既然教师之间有名目繁多的身份区别,教师管理的难度也远甚于以往。所谓"人心涣散的大学",最要害的是教师的人心涣散。剑桥大学副校长E.阿什比(Eric Ashby)认为大学教师具有"两种忠诚",即"专业忠诚"和"大学忠诚",他很乐观地认为这两种忠诚"大体上是一致的",不过在"人心涣散的大学",最先受伤的一定是"大学忠诚"而非"专业忠诚",这是因为导致教师人心涣散的原因,几乎全都源于大学管理的不当。所以阿什比也不得不承认,既然是"两种忠诚"而不是"单一忠诚",这本身就"使大学领导者促使大学完成目标的任务复杂化了"。①

就高校中数量众多的管理人员而言,无论是管人的还是管事的,他们都掌握着某种职权,管理着学校的人、财、物。校长握有学校的最高行政权,院长握有学院的行政权,处长握有某一职能的行政权,图书管理员握有图书资料借或不借的管理权,门卫握有让不让你进门的决定权。权力是一把双刃剑,既可以用来服务于学校的使命和目标,也可能用于达到其他的目的;不受制约的权力是一种腐蚀剂,会使人权欲熏心、任性妄为。如何对数量庞大的管理人员群体进行管理,有效规制他们的管理行为,在任何高校都是一个非

---

①　阿什比.科技发达时代的大学教育[M].滕大春,滕大生,译.北京:人民教育出版社,1983:101.

常复杂的问题。

再从高校与外部环境的关系看,复杂性同样大为增加。高校从象牙塔进入社会中心之后,学校便与自己所处的社会形成了千丝万缕的外部关系。这些外部关系可能发生在学校的层面上,也可能发生在院系层面上,甚至发生在学校任何一个成员的个体身上。高校外部关系错综复杂的程度,其实远胜于校内的关系。这一方面是由于高校所面对的外部世界无限宽广,各行各业,各色人等,汪洋大海之中或者波涛汹涌,或者暗流险滩,利弊相连,祸福相依;另一方面是由于社会各界都有自身的运行逻辑,比如行政逻辑、经济逻辑、商业逻辑,甚至还有种种潜规则,而所有这些逻辑和规则,与高校所奉行的学术逻辑和教育逻辑很难相容,高校进入社会之后犹如在汪洋大海里行船,如何保持平衡、行稳致远,既不迷航又不湿身,风险和难度都极大。这一点其实也适用于那些规模较小的高校,因为现代高校无论规模大小,都需要与自己所处的环境建立联系,都需要与社会相关的方面发生各种关系,蜷缩在象牙塔中的时代毕竟已经远去了。

20世纪30年代,弗莱克斯纳猛烈抨击美国大学迷失于社会的乱象,指责"美国的大学正变得越来越喧闹",认为这恰恰是大学"变得廉价、庸俗和机械"的表现。① 弗莱克斯纳虽然"主张大学与现实世界保持接触",但反对大学成为社会的"风向标":"大学不是风向标,不能什么流行就迎合什么。大学应不断地满足社会的需求,而不是它的欲望";他主张大学在与社会接触时必须保持"适量的、基于价值判断的批判性阻力",只有这样才能"使大学免犯荒唐的乃至是灾难性的错误"。② 弗莱克斯纳把美国大学的处境称为社会汪洋中迷航、湿身的尖锐批判,反映出来的恰是现代高校处理外部关系时的艰难。

---

① 亚伯拉罕·弗莱克斯纳.现代大学论[M].徐辉,陈晓菲,译.杭州:浙江教育出版社,2001:35.
② 亚伯拉罕·弗莱克斯纳.现代大学论[M].徐辉,陈晓菲,译.杭州:浙江教育出版社,2001:2-3.

第二节　自治:权力与责任

院校研究与高校的自治程度有较大的关联性。因为高校自治、办学都由自己做主,在办学活动日益复杂、繁难的情况下,高校就需要进行自我研究,需要院校研究来辅助。

一、自治的传统

自治是欧洲中世纪大学的一个传统,这个传统是大学在与教会和皇室的长期斗争中形成的。13 世纪初,整个欧洲笼罩在教会的绝对权威之下,教学活动处处受到教会的掣肘。巴黎教师行会以谈判、抗议、迁徙等形式与教会进行抗争,终于迫使教皇在 1230 年前后颁布了《大学大宪章》,教师行会获得了"所能有的全部特许权",包括聘用教师权、自定章程权、自选官员权、自制机构印章权等。① 巴黎大学作为一个独立的高等教育机构,就在这个过程中正式诞生。当时在波隆那,以学生为主体的"社团"经过与教会及其他世俗机构的斗争,除了获得办学权之外,还获得了直到今天都不可思议的更多自治特权,诸如迁校权、司法特许权、教士俸禄权、免除税赋及兵役权、同城待遇权等。波隆那大学也是在这个过程中组合成形。

从此自治成为西方大学的一个传统而代代延续。自治也被视为大学的生命,大学的自治一旦受到威胁,就等于大学的生命受到威胁;大学如果不能自治,就意味着大学的生命已经终结了,大学也就不为大学。在高等教育发

---

①　雅克·韦尔热.中世纪大学[M].王晓辉,译.上海:上海人民出版社,2007:27.

展的历史进程中,大学自治并不是一帆风顺的,它在斗争中孕育,也在斗争中得以捍卫和传承。大学所拥有的各种自治权,常常会成为某些掌权者或强势群体的眼中钉、肉中刺,因为对于这些掌权者来说,享有自治权和特权的大学,天然地隐含着一种异己倾向,这种异己倾向就有可能成为一种异己的力量,甚至是一种反对的力量。这些掌权者可能是至高无上的教会,也可能是世俗皇帝或政府,也可能是其他的行会或社团。因此,一方面是大学像维护生命一样,不遗余力地维护和捍卫自治权;另一方面则是外部强权和强势群体,千方百计企图削弱、剥夺大学的自治权,于是在近千年的西方高等教育史上,大学自治权的维护和削弱,始终是一个争论不休、斗争不断的议题。

进入现代社会,大学自治权在很多国家受到宪法和法律的保护。美国宪法将教育的管辖权交给了各州,虽然没有直接规定大学的自治权,但通过案例的判决确定了大学的自治地位。1819 年美国联邦最高法院对"达特茅斯学院案"做出终审判决:英王颁发给达特茅斯学院的特许状明文确定学院是"私立团体",这一特许状受美国宪法的保护,不经学院理事会同意,州政府无权更改特许状的条款。① 这一判决的直接效果是保护了达特茅斯学院,更深远的意义则是承认了宪法对大学自治权的保护。1919 年德国魏玛宪法规定大学拥有与宗教团体一样的"法人资格",因而享有其"基本权利主体之地位"。20 世纪中叶以后,大学自治作为高等教育制度的基本原则在更多的国家相继入宪。例如联邦德国基本法确认大学作为法人可以享有那些与其自身性质相符的基本权利,并且具有"直接拘束立法、行政及司法"的效力。在亚洲,阿富汗 2004 年宪法、巴勒斯坦 2003 年基本法、巴林 2002 年宪法、斯里兰卡 1978 年宪法、土耳其 1982 年宪法以及印度 1949 年宪法,也都明确了大学自治的原则。②

---

① 王廷芳.美国高等教育史[M]. 福州:福建教育出版社,1995:124 - 128.
② 王建学,朱福惠.论大学自治的宪法保障[J].高等教育研究,2012(11):106.

高等院校是学术机构,探索未知、创造和传承新知是高校的根本使命。对于高等院校的本质属性和根本使命来说,自治本身并不是目的,而是手段;这一手段的直接目的,是保持高校的独立性和学术自由,使得高校能够独立自由地探索未知,创造和传承新知,实现学校的根本使命。正是在这个意义上,高校的自治关系到高校的本质属性,关系到高校根本使命的实现,因而它被看作高校的生命线。

二、管理模式及其改革

进入现代社会以后,由于各民族国家的国情不同,各国高等教育管理体制也有很大的差异。伯顿·克拉克等人通过对发达国家高等教育管理体制的比较研究,将高等教育管理体制归纳为四种主要模式,即欧陆模式、英国模式、美国模式和日本模式。①

传统的欧陆模式以德国和法国为代表,是"教授行会和国家官僚结合"的模式,这与德国、法国的高等教育机构以公立为主有很大的关系。这种模式的特点是呈哑铃形状,管理权力两头大、中间小。两头是指高层的政府与基层高校的讲座及其教授,权力都很大;中间是指学校层面,校级的行政权力相对较小。德国和法国的高等院校以公立为主。

英国模式比较复杂,是"教授行会与院校董事及行政人员的适度影响"的结合体。在英国模式中,政府(主要通过高等教育基金委员会)、学校、学院学部、教授都具有一定的权力,权力分散,没有特别集中的层级,所以英国模式比较复杂。

美国模式的突出特点是中间大、两头小,呈橄榄形状。管理权力的重心落在校级层面,政府权力和基层教授个人权力相对较小,而在这两小之中,政

① 伯顿·R.克拉克.高等教育系统:学术组织的跨国研究[M].王承绪,等译.杭州:杭州大学出版社,1994:138-142.

府部门比之基层教授,权力更是小之又小。

日本模式是欧陆模式和美国模式的组合版,日本国立大学的管理仿照了欧陆模式,政府控制较多,而私立大学则如同美国的模式,自治权较多,因而,日本模式也被称为"相互对立的组织与权威形式的组合"。

当然,这四种模式中所谓权力的或大或小、或多或少,都是在这几种模式之间相对而言的。如果超越这几种模式,放到更大的背景中,或者放到全球的背景中去考察,权力的或大或小那就完全另当别论了。而且,各种模式也不是一成不变的,都会随着历史的发展而有所变革。尤其是近几十年来,随着高等教育大众化、普及化、国际化时代的到来,很多国家都加快了改革高等教育管理模式的步伐,改革的主要趋向就是进一步理顺政府与高校的关系,扩大高校的自主权。

欧陆模式的改革方向主要是政府放权,增加校级管理权力。在德国,一方面通过设立大学理事会,加强大学管理的"外部调控";另一方面则将原先由州政府掌控的许多权力,如制定学校发展规划的权力,执行预决算的权力,给院系分配职位和经费的权力,任命教授的权力等,在很多州现在都已下放到高校由校级掌握。与此同时也扩大了学院的部分权限,如学院的预算权和人事决定权等。与此相配套,很多德国大学也改革了校长、院长的任期制,将原先过短的任期适当延长至数年。①

日本的国立大学系统原先采用欧陆模式,但 2003 年启动的国立大学法人化改革,确立了国立大学的法人地位,使国立大学的自主权在原有的基础上得到实质性的扩大。例如关于办学经费,国立大学原先只能"制订预算计划向国家当局提出申请",改革后变成有权"决定"各种办学经费的预算。又如校内组织一项,由原先的"向国家当局申请组织新设、改组、废止",也改为有权"决定"。改革后,诸如决定教师薪酬和工作时间的权力,决定教师以外职

---

① 郭婧.新公共管理视域下德国大学治理机制改革的内涵与特征[J].德国研究,2019(3):122.

员的聘用及役员薪酬的权力,决定本校会计制度的权力等,也都下放给了国立大学。① 经过这次改革,日本国立大学基本摆脱了原先受命于"国家当局"的境况,实现了办学自主,这在日本高等教育史上是一次重大的转折。

英国模式的改革在宏观层面主要是改革高等教育基金委员会的构成和拨款方式,以图加强对高校的引导,同时根据不同高校的特点,改变高校的治理结构。有学者把英国模式分成了五个次级模式:"牛桥模式"以学者自治为基本特征,"城市大学模式"是学者主导的模式,"联合大学模式"是"双重领导"体制下的"联邦制","新大学模式"则以"共同治理"为特征,"92 后大学模式"则采用"两会制"模式。② 这五个各有特点的次级模式反映了英国高校管理改革的进展。

美国模式虽然比较稳定地保持着原有的特征,但是也易于导致过度分散化、过度市场化,以致质量较难控制。为此,半个多世纪以来政府力图通过立法、拨款等手段以加强对高校的引导和调控。但总的来看,在美国这样一个高度分权化、市场化的国家里,任何意欲对高等院校加强统一调控的改革,均非易事,所以美国高校的自主性和独立性,目前仍然是很突出的。

三、自治的权限

高校自治作为高等教育的一条基本原则,在绝大多数国家都是共同的,但由于各国高等教育管理体制不同,实际的自治权也有一定差异。

美国的私立院校随着"达特茅斯学院案"的判决生效而完全成为"独立于州政府管辖的机构"。至于公立院校,虽然由于各州法律规定不同而有所不同,但总的来看也都"有自己的管理委员会和特许的自治权"。③ 据卡内基

① 陆一. 日本国立大学的新秩序——"法人化"前后的权力迁移[J]. 复旦教育论坛,2011(4):66.
② 甘永涛.英国大学治理结构的演变[J].高等教育研究,2007,28(9):89-91.
③ 伯顿·R.克拉克.高等教育系统:学术组织的跨国研究[M].王承绪,等译.杭州:杭州大学出版社,1994:141.

教学促进基金会 1982 年的报告称,美国大学的自治权主要包括学生录取、教师遴选与晋升、课程和教学内容的决定、学术研究与公共服务营运、学生成绩评分和学位资格认定、行政人员聘任、学术自由政策制订、院系组织设置等。① 归纳起来主要体现在三个方面:一是用人自主权,董事、校长的聘任,教职工的聘用,都属于高校自主权的范围;二是财务自主权,学校经费的预算,各项经费的收入和支出以及资产、负债、投资等事宜,都由学校自主;三是治事自主权,包括教学、研究方面的各项学术事务以及计划、组织、协调等各项管理事务。② 美国高校的自主权不仅很大,而且有宪法及其众多的法律判例作为"尚方宝剑"。还有很重要的一点,相较于其他国家,美国高校的自治权相对集中在校级层面,权力重心在校级,这一点对于以"本校"为研究对象的院校研究来说至关重要。

英国大学的自治程度也很突出。牛津大学和剑桥大学八百多年来雄踞世界高等教育之林,靠的就是其特立独行的自主权。虽然英国皇室和政府时不时地也想干预两校的事务,如组织"皇家委员会"对两校进行调查,但受到的抵制一直都很大。据欧洲大学协会(European University Association)2011 年公布的一份自主权研究报告显示,"在国家干预方面,与欧洲其他国家的大学相比,英国大学享有最大的自主权"③。英国的大学有权聘用、任命副校长(校长为荣誉性)和理事会,有权决定教职工的聘用和薪金,有财务管理权以及新课程开设权。

德国和法国的高等教育管理体制经过改革,高校的自主权已有一定扩大。法国 1983 年《高等教育法》规定:"公共高等教育事业是中立的,不受任何政治、经济、宗教或意识形态的支配";"公立高等学校是享有法人资格,在教学、科学、行政及财务方面享有自主权的国立高等教育和科研机构";"它们是

---

① 郭为藩.转变中的大学:传统、议题与前景[M].北京:北京大学出版社,2006:60.
② 黄建伟.美国"府学关系"问题研究:以权力边界为切入点[M].广州:广东高等教育出版社,2017:97-98.
③ 黄喆.英国大学享有最高自主权[J].比较教育研究,2012(2):94.

独立的,在履行由法律所赋予的使命的过程中,可以在国家规定的范围内,在遵守自己条约义务的前提下,确定自己的教学、科研及文献资料活动的各项政策"①。法国高校的主要权限包括:决定本校的章程和内部机构,选举产生校长,决定经费的预算和决算,聘用教师,与各国高校签订合同进行交流等。

德国的高等教育由各州分管,有标志意义的是北莱茵威斯特法伦州在2018 年底通过了一项新的大学法草案,旨在保证高校享有自主权。该法案要求重新调整"州与大学的关系",取消原先由教育部制定和颁布的、具有约束力的州立高校发展规划,改由高校和教育部门共同协商决定学校的战略目标。该法案还提出了高等教育建设的"可选模式",使高校"成为自己的建设者"。② 总的方向也是政府放权,给高校松绑。

各国高校的自治权限因各国国情的不同而有所不同,也因高校的性质、类型的不同而有所差异,但在大多数国家,高校的自治权限有共同之处,例如校长选任、教师聘用和晋升、专业和课程设置、招生录取、授予学位、经费使用、校内机构设置与变更、学校规划等。这种共同性也可以看作高校自治的国际惯例。

四、权力就是责任

权力与责任是一体之两面,有多大的权力就有多大的责任,行使好权力是履责,未能行使好权力是失责,因而就要问责和追责。高校获得了多大的自治权,同样也就负有了多大的责任,自治的权力越大,责任也就越大。联合国教科文组织1995 年的政策文件在确认院校自治和学术自由两大原则的同时特别指出,学术自由和院校自治的原则不能作为职业懈怠和院机构涣散的

① 国民议会.高等教育法.高如峰,等译[M]//国家教育发展与政策研究中心.发达国家教育改革的动向和趋势.北京:人民教育出版社,1986:255 - 267.
② 韩冬升.德国通过新大学法草案促进大学享有更多自主权[J]. 世界教育信息,2019(2):72 - 73.

借口。文件还强调,这两条原则恰恰意味着院校在学术工作中负有更大的责任,包括学术伦理的责任,筹款的责任,研究与教学的自我评估责任,以及注重成本—效益和效率的责任①。教科文组织的这一主张是有所指的,因为在高等教育的历史上,特别是 20 世纪 60 年代高等教育出现各种危机之后,确实出现过一些高校滥用自治自由而无视责任的现象,也出现过一些高校将自身管理不善而推诿给自治自由的倾向。

权力与责任比配,关键在于掌权者,谁掌有权力,谁就是责任人,就必须对后果负责。高校有权自主选任校长,如果高校董事会选错了校长,给学校管理带来了负面效应,责任当然在董事会。学校有权使用经费,如果经费使用不当,造成浪费和损失,责任当然也必须由当事人承担,损失要由学校自己来承担。学校有权聘用教师,有权录取学生,如果用不好这两种权力,聘用了不该聘之人,录取了不符合标准的学生,由此而产生的消极后果当然也必须由当事人来承担;如果当事人以权谋私,利用潜规则录用了不合格的教师或是录取了不合格的学生,那么"丑闻"一旦曝光,当事人当然要受到惩处。

自治的责任不是抽象的,它有责任主体,特别是掌权者掌有什么样的权力,就是什么样的责任人。校董事会掌有选任校长的权力,当然要对选任出来的校长负责;校长掌有学校的最高行政权力,当然要对学校的教育、管理状况负全责;处长掌有某一条职能线的审批权力,当然也要对审批的后果负责;教授掌有评定学生学业成绩、决定学生能否毕业以及何时毕业的权力,当然也必须为这种权力负责。权力是一把双刃剑,掌权者可以正当行使权力做该做的事、做好事,也可以用权力做不该做的事,甚至做坏事。对于掌权者来说,毁誉之间、荣辱之间、天堂与地狱之间,全取决于他如何对待、如何行使他手中的权力。

---

① United Nations Educational, Scientific and Cultural Organization. Policy Paper for Change and Development in Higher Education[G]. Paris, 1995: 26.

第三节　权力的结构与制约

高校的自治权就是"学校的"的自治权,属于整个学校,而不是专属学校的某一个人(比如校长或"一把手")或某几个人。因此,高校自治权需要通过某种特定的权力结构来实现。在这个结构中,权力得到合理、合法的分配,既能够有效、顺畅地行使,又受到必要的监督和制约。正是在这样的权力结构中,掌权者才有可能需要院校研究来辅助。

一、校内权力结构

在伯顿·克拉克归纳的高等教育管理模式中,美国是校级管理权力最大的国家,其高校管理权力的重心落在校级层面。但即便如此,美国高校的校级权力结构,也并非集中于某一方面,更非集中于某一个人,而是采取了"三驾马车"的结构,①即董事会、校长行政体系和教授会三位一体的结构,这"三驾马车"分别行使决策权、行政权、学术权,共同管理学校。美国高校的董事会主要由校外的社会人士组成,"代表社会"决定学校的重大事项,如制定校章、选任校长、预算决算等;校长是学校的最高行政领导、首席执行官,领导行政团队负责学校的日常运作和管理;而教授会与校长行政团队是平行的关系,负责具体学术事务的管理和评价。当然,美国高校的权力结构也由于各州法律的不同以及各类高校性质的不同而有所不同,但中间大、两头小的体系是很确定的。

---

①　别敦荣.美国大学治理理念、结构和功能[J].高等教育研究,2019(12):96.

日本国立大学经过法人化改革，虽然在校内"形成了一个以校长为领导核心的、自上而下的管理系统"①，但学校的权力结构也很清晰：一是设立理事会作为学校的最高决策机构，取代原先的评议会；二是设立经营协议会，该会由校外的文部省官员、社会名流、校友代表以及校内的主要管理人员组成，负责处理大学运转、经营中的重要事务；三是设立教育研究评议会，该会由校内教师、学者代表组成，专门审议与大学教育教学、研究有关的事务。改革后的国立大学，虽然强化了校长的职权，但同时也将校长的职权嵌入"三会"结构之中。

英国的大学的权力原本就分散，体现了现代治理的特点，但也可能导致管理不力、效率低下。剑桥大学教授 G. R. 艾雯思(G. R. Evans)2004 年出版了《现代世界中的剑桥大学》一书，书中抨击学校"财务混乱"、"机构臃肿"、"寡头统治"、"暗箱操作"等管理弊端，②言辞虽有过激之处，但也确实反映了英国大学管理实际存在的某些痼疾。所以，英国新建的许多"新大学"以及"92 后大学"为避免重蹈覆辙，在权力结构上多有改进。如华威大学设立"战略核心委员会"收拢了分散在许多部门的管理权力，意在提高管理的效率和学校适应社会变化的反应能力；"92 后大学"则将原先的"三会制"改为董事会和学术委员会的"两会制"，同样也是为了精简机构、提高效率。至于英国的古典大学，在内部矛盾和外部问责的双重压力下，实际上也在改善校内的权力结构，牛津大学在 21 世纪初先后出台了《牛津大学治理结构绿皮书》《治理讨论书》《牛津大学治理白皮书》等，③旨在改革学校决策的"双轨制"，加强学校治理的整体性，精简机构提高效率。

---

① 贾德永，王晓燕.日本国立大学法人化改革后的大学治理结构[J].高等教育研究，2011(5)：101.

② G. R. Evans. Inside the University of Cambridge in the Modern World[M]. New York Edwin Mellen Press，2004：180 - 193.

③ 吴合文，张强.牛津大学治理改革构想述评[J].比较教育研究，2007(3)：56.

二、对权力的制约

高校是学术机构,需要最大限度的思想自由和精神独立,任何专权行为与高校的本质属性都方枘圆凿、格格不入,因此与其他任何机构相比,高校就需要对权力最大限度地制约,防止任何个人专权,防止一权独大。高校的权力只有受到最严格的制约,才能在它应该在的框架内行使,不逾矩、不任性、不滥用,才能为高校的学术工作营造适宜的环境和氛围,才能使教学和科研独立自主地高效进行。

美国高校的管理体制原本就是"三驾马车"的结构,英国大学的管理原本以权力分散为特征,在改革后的欧陆模式中,高校的自治权虽然加大,但有了权就有制约,校内的权力结构也都在逐渐完善。就各种模式的一般情况看,实现决策权、行政权和学术权的分立,是共同的趋势,其目的在于使各项权力既有明确分工又能相互制约。决策机构一般是学校董事会或理事会,其职权在不同的模式中略有不同,但比较共同的有三项:一是选任校长,二是经费预算,三是制定学校章程以及其他重要规章制度。董事会是学校的最高权力机构,对学校治理来说,这三项权力是最大的决策权,但董事会的权力一般也都仅限于此,并不能干预学校的具体事务。

校长是学校的行政首长,负责学校具体的运作和日常管理,但是校长的行政权力同样受到很多掣肘。对上,他必须遵守董事会的各项决议,实际上他只是董事会决议的执行者、首席执行官;在同级,他要受到校级教授会、学术委员会等学术组织的监督制约,许多学术事务的决定权在教授会、学术委员会手中而不在行政部门;对下,他可以指挥职能行政部门,可以对管理团队和院长人选提出建议,也可以对院系工作提出建议,但一般不能直接指挥院系,更不可能直接指挥或干预教师个人的本职工作,不仅不能指挥和干预教师的学术工作,反而还可能时时处处受到教师的监督和问责。

在不同的管理模式中,高校校长手中的权力大有区别,但无论哪种模式中的校长,似乎都比较普遍地认为自己权力有限。一项对二十多所世界顶尖研究型大学校长的访谈研究表明,"大多数英国校长都抱怨",他们的权力"远不如美国同行"。[①] 然而,被认为权力最大的美国校长,他们却不认为自己的权力有多大。担任哈佛大学校长二十年之久的德里克·博克(Derik Bok)说,大学校长"虽拥有重要的权力,但也是很有限的";[②]斯坦福大学校长杰拉德·卡斯帕尔(Gerhard Casper)说得更加直接,大学校长这个"首席执行官"远不如商业领域的首席执行官,因为后者既有决策权又有执行权,而"大学校长并不拥有这两种权力",他还强调"至少在美国是这样"。[③] 这种认知的差异,是由于他们的角度不同、参照系不同而造成的,都反映出校长的权力是有限度的。

不管校长自我感觉如何,事实上在一校之中,校长作为行政首长总是拥有某些权力的,而且相比于董事会、教授会的那种集体权力,校长的行政权力主要是由他个人掌握的,这种权力对学校的日常运转和管理总归具有某种支配力。因此,对校长"一把手"的行政权力加以制约也就显得格外重要。在欧陆体系中,校长的权力虽说较小,但制约的力量也不可小觑,上有政府制约,同级也有评议会、学术委员之类的组织,下面还有权高势重的讲座教授。连公认为权力最大的美国校长也诉苦说没有多大权力,只能说他们手中虽然握有较大的权力,但却不能随心所欲地行使手中的权力,这是权力受到多重制约的结果。

美国大学校长的权力被认为是最大的,但美国大学校长受到的制约可能

① 吉多尔.世界一流大学:校长必须是科学家吗? [M].孙蕾,沈悦青,译.上海:上海交通大学出版社,2011:18.
② 德里克·博克.走出象牙塔——现代大学的社会责任[M].徐小洲,陈军,译.杭州:浙江教育出版社,2001:97.
③ 杰拉德·卡斯帕尔.成功的研究密集型大学必备的四种特性[C]//教育部中外大学校长论坛领导小组.中外大学校长论坛文集,北京:高等教育出版社,2003:117.

也是最多的,在校级受到董事会、教授会之类的组织制约,在下级还要受到各种正式或非正式团体的制约,包括教师团体、学生团体、校友团体、工会等,甚至可以说受到每一位师生员工的监督和制约。2005 年,哈佛大学校长 L.萨默斯(L. Summers)在全美经济学家年会上回答"大学里为什么女教师偏少"的提问时,随口说这是因为"男女先天有别"。谁知这话传到哈佛之后,首先是哈佛女教师协会群起抗议(抗议校长的性别歧视),随后抗议活动扩大到全校,再后引起全美舆论哗然。学校董事会为平息事态,只能要求萨默斯辞职。① 萨默斯因一言不合而下台,哈佛教师制约的威力之大,也就可见一斑了。

克拉克·克尔把"多元化巨型大学"比喻成"联合国"的形式,他说在这个"联合国"里,有学生"国"、教职员"国"、校友"国"、董事"国",还有各种公共团体"国";这些"国"都可以对别的"国"开战,还有否决权。② 这是克尔在加州大学担任多年校长的亲身体会,也是他的夫子之道。克尔 1967 年因学生运动而被董事会解除了校长职务很沮丧地离开了加州大学。美国大学校长权力虽大,可也近乎是"高危职业",真不好当。

伯顿·R.克拉克指出:"过于集中的权力成了高等教育系统运转过程中的最大危险。"③权力是一把锋利的双刃剑,对于高校来说尤为如此。无论从哪个角度看,对所有权力都加以更加严格的制约,是高校本质属性的内在需要;任何不受制约的权力,对高校的本质和使命都是更致命的威胁。

三、"有组织的无政府状态"

20 世纪 70 年代初,M. 科恩(M. Cohen)和 J. 玛奇(J. March)提出了"有

---

① 路透社.哈佛校长萨默斯宣布辞职[N].参考消息,2006 - 02 - 23(3).
② Clark Kerr.大学的功用[M].陈学飞,陈恢钦,周京,译.南昌:江西教育出版社,1993:23.
③ 伯顿·R.克拉克.高等教育系统:学术组织的跨国研究[M].王承绪,等译.杭州:杭州大学出版社,1994:301.

组织的无政府状态"概念。① 其意是指,大学虽然是一个有形的"组织",但它的内部却显得结构松散、权力分散,基层的各种组织机构和成员也都各行其是,全校很难形成一个强有力的中枢,师生的教学和研究更无法统一步调、统一行动,因而大多都处于"无政府状态"。这个概念当时主要是基于对美国大学的研究提出的,但是它却反映了高等院校一种比较普遍的状态,因此这个概念具有广泛的影响并被广泛引用。

"有组织的无政府状态",直观地看与高校的管理方式有关,它实际上就是一种分权的状态。由于各种权力分散,任何权力都有限度,不太可能产生定于一尊的绝对权力,再加之对权力的各种制度制约以及群众制约,没有绝对的权力,不可能归于一统,"有组织的无政府状态"就自然而然地形成了。

"有组织的无政府状态"归根结底是由高校作为探索和传授高深知识的机构性质决定的。高深知识的探索,包括高深知识的教与学,是一个艰苦卓绝的、充满了不确定性的精神探险和思想创新过程,它最大限度地依赖探索者的独立性和自主性,依赖他们的精神独立和思想的自由。按照爱因斯坦的理解,这种自由它一方面是"一种社会条件,一个人不会因为他发表了关于知识的一般和特殊问题的意见和主张而遭受危险或者严重的损害";另一方面它还是一种"内心的自由",表现在"思想上不受权威和社会偏见的束缚,也不受一般违背哲理的常规和习俗的束缚"。② 特立独行、标新立异、独辟蹊径、与众不同,是高深知识探索者的工作方式,也就可能成为他们的言行方式。而这种工作方式和言行方式,是"有组织的无政府状态"的基石。

所以对于高校来说,"有组织的无政府状态"不是一种消极的混乱状态,而是一种符合高校本质属性、充满了精神和思想活力的积极状态,是高校实

① Michael D. Cohen, James G. March. Leadership and Ambiguity: The American College President[M]. New York: McGraw-Hill Book Company, 1974: 3.

② 爱因斯坦. 爱因斯坦文集:第三卷[M].许良英,赵中立,张宜三,译.北京:商务印书馆,1979: 179-180.

现自身的根本使命所需要的一种状态。伯顿·R.克拉克认为："结构松散的大学模式"也许看上去比较混乱、不够完美，对于管理者来说也许不是一种好的状态，最起码增加了管理的难度。但是，伯顿·R.克拉克指出，"高等教育系统的最大需求莫过于这样一种看似混乱的局面"，因而"结构松散的大学模式不失为一种有效的办学方针"。① 因为这种松散的结构和状态，对于高等院校实现自己的根本使命，对于探索和传授高深知识的工作是一种理想的状态。

第四节　校长的自知之明

　　无论是外部的动因还是校本的需求，能否在一校之中转化为对院校研究的有效需求并付诸实践，还取决于学校领导者尤其是"一把手"的认知：一是对个人能力经验局限性的自知之明；二是对院校研究独特作用的认知。

一、校长角色的演变

　　高校校长的角色也是一个历史范畴，随着高等教育的发展而变化发展。早期的大学由于规模小、职能单一，内外部关系都很简单，校务并不繁杂，因此校长的角色也比较单纯，他们只要忠于职守，凭自己的个人能力和经验一般都能把学校管理得井井有条。早期的大学往往选择"博学首领"当校长，一定程度上也有学术象征的意义。在校内，他是教师们的学术领袖和榜样，可以为师生以身作则；在校外，他是大学学术水平的代表，大学可以通过博学的校长向社会展现精神生活的高度，又通过其个人威望保持大学对于社会的影响力。

　　① 伯顿·R.克拉克.高等教育系统:学术组织的跨国研究[M].王承绪,等译.杭州:杭州大学出版社,1994:302.

进入现代社会之后,随着高校规模的日益扩大、职能的日益拓展、内外关系的日益复杂,校长的角色开始发生变化,他是不是一位"博学首领"已经不再像早先那样重要,而他是不是一位有管理能力的领导者却愈来愈重要。现代高校管理的繁难程度,不亚于一座城市甚至不亚于一个国家的管理程度,面对千头万绪、繁难无比的校务,校长首先必须是一位具有管理能力的领导者。在这种情况下,校长的领导管理能力上升为最重要的条件,至于他的学术水平相应也就退居其次了。

当然,这并不意味着学术水平对于高校校长不重要,尤其是在研究型大学,学术水平仍然被认为是"在研究型大学担任领导的先决条件",[①]但这只是必要条件、基础性条件,而不是充分条件,首要的条件还是管理能力。其实就现代高等院校来说,无论是研究型大学还是其他类型的院校,高校的管理本身已然成为一个专业,学术水平在一定条件下也许可以迁移为管理能力,或者可以提高校长在管理工作中的威望,但毕竟不能代替管理能力,因为学校管理和学术研究是两种完全不同的行为逻辑,两种完全不同的思维方式。

1945年,50岁刚出头的著名物理学家约瑟·康普顿出任华盛顿大学校长,阿什比对此曾发表过一个很中肯的评论:"一位卓越的科学家改变一生养成的思想方法去做大学校长,这是一种牺牲,也要冒一定的风险。"[②]学者当校长,角色发生根本变化,他的首要角色是校长而不是学者;只要他忠于职守,他就必须全力以赴、不遗余力地处理校务,因此他在学术上就必须做出牺牲,不过即使他在学术上做出牺牲,全力以赴投入学校管理,也不一定就保证他能胜任校长这个职位,因为大学管理的工作性质完全不同于学术研究,正如阿什比所说,"行政工作中的可变量"要比科学研究中的可变量多得多。

克拉克·克尔曾经对美国高等教育史上的大学校长进行分析,他认为,

① 吉多尔.世界一流大学:校长必须是科学家吗?[M].孙蕾,沈悦青,译.上海:上海交通大学出版社,2011:5.
② 阿什比.科技发达时代的大学教育[M].滕大春,滕大生,译.北京:人民教育出版社,1983:91.

从 1870 年到 1920 年是"巨人式"大学校长的时代,而 1920 年以后则是"行政管理者"校长取代"巨人式"校长的时代。[①] 所谓"巨人式"校长,他们一般都是"博学首领",但关键是大权在握,正是这些"巨人式"校长引领了当时美国高等教育的"戏剧性变革",在这些"巨人式"校长之中,有哈佛大学校长埃利奥特和洛厄尔、霍普金斯大学校长吉尔曼、密歇根大学校长塔潘、克拉克大学校长霍尔、哥伦比亚大学校长巴纳德这些闪亮的名字。克拉克·克尔认为,20 世纪30 年代出任芝加哥大学校长的赫钦斯,"是真正力图从根本上变革他的学校和高等教育的最后一位大学校长"[②],也就是最后一位"巨人式"校长。在克拉克·克尔看来,20 世纪 20 年代之后,尽管从校长的个人素养来说仍有可能产生"巨人式"校长,但由于客观条件的限制,"行政管理者"式的校长全都埋头于繁杂无比的校务,即便有心实际也无力引领高等教育的"戏剧性变革"了。

弗莱克斯纳在 20 世纪 30 年代也敏锐地观察到这一现象,他主要观察了美国大学校长权力的变化,他认为,在当时的美国大学里,学者和教师在校务决策方面的影响力正在上升,而校长的权力却相对有所下降,弗莱克斯纳因此认为,在美国"校长独揽大权的时代已经过去"。[③] 校长的权力有所下降,受到的制约越来越多,他即使有心当"巨人",现实却已经不需要他成为"巨人"而且也没有可以使他扮演"巨人"的外部条件了。

二、贵有自知之明

权力是一把锋利的双刃剑,如果掌权者对权力的双刃剑效应缺乏正确的认识和起码的警觉,那么不仅会导致权力行使的失控、失范,也会导致"权力行使

---

① Clark Kerr.大学的功用[M].陈学飞,陈恢钦,周京,译.南昌:江西教育出版社,1993:92.
② Clark Kerr.大学的功用[M].陈学飞,陈恢钦,周京,译.南昌:江西教育出版社,1993:21.
③ 亚伯拉罕·弗莱克斯纳.现代大学论——美英德大学研究[M].徐辉,陈晓菲,译.杭州:浙江教育出版社,2001:162.

者自身的异化"，使掌权者"最终被权力所奴役，成为权力的奴隶"。① 掌权者"自身的异化"有各种各样的表现，最常见的异化现象是致幻效应和膨胀效应。生活在权力带来的幻觉之中，自我膨胀、自我放大，觉得自己无所不知、无所不能，以致不自量力、忘乎所以。在这种情况下，不要说自知之明，掌权者实际上连自己是谁都弄不清楚，彻彻底底地迷失在权力造成的幻觉之中。

因此对于掌权者来说，最难有自知之明，最可贵的也是自知之明。高校的校长或高校的"一把手"，是一校之中握有最高行政权力的掌权者，尽管在不同的治理模式中，校长的权力有大有小，但不可否认的是他们手中或多或少都握有一定的权力，而且不同于董事会、教授会的集体权力，这种权力主要由校长个人掌握。因此对于校长来说，是否具有自知之明，是否能够正确认识、把握好权力与个人的关系，在高等院校这个特殊的学术机构之中就显得格外的重要。

历史上许多著名的大学校长，包括那些"巨人式"的校长，他们对这个问题大多都是有清醒认识的，这在很大程度上也正是他们成为名垂青史校长的原因之一。

克拉克·克尔就通过对历史上许多著名大学校长的考察，再加之他自己的亲身体验，将"多元化巨型大学"校长的角色描绘为：

> 多元化巨型大学的校长是领导者、教育家、创新者、教导者、信息灵通人士；他又是官员、管理人、继承人、寻求一致的人，劝说者、瓶颈口，但他主要是个调解者。②

克尔意在说明，"多元化巨型大学"的校长是一个多样性的角色，但这个角色的基本轮廓，却是"调解者"。既然校长主要是个"调解者"，那么很显然，

---

① 彭定光,周师.论马克思的权力异化观[J].伦理学研究,2015(4):127.
② Clark Kerr.大学的功用[M].陈学飞,陈恢钦,周京,译.南昌:江西教育出版社,1993:23.

校长首先必须依靠的就不是权力,而是"说服":"权力相当于责任,对于校长而言,说服机会应等同于责任。"①20 世纪 80 年代,克尔早已离开校长岗位,但他在很多场合仍然坚持此说:

> "我仍持这一观点,即大学校长几乎普遍地部分地是某种类型的调解人。校长就是而且必须是调解人。"所以,校长必须"依靠说服而不是依靠强力,寻找一致而不是依靠命令来统治"。②

也许是为了证明自己的这一观点,克拉克·克尔率领研究团队在 20 世纪 80 年代初对大学校长的角色做过一项系统的质性研究,研究方法主要是文献分析以及对多位校长的深度访谈,研究结果最终以题为《大学校长的多重生活》一书出版。这部著作呈现了大量原汁原味的校长访谈记录,反映了这些校长对大学校长角色的实际看法。③ 从这些访谈材料中可以看出,这些校长对自己的角色认知是很清醒的。

19 世纪末、20 世纪初任芝加哥大学校长的 W. 哈珀(W. Harper)说:

"'最不明智的'校长是这样的人,他自认为校长可以迫使一个由思想领袖组成的教师队伍去执行他的意志。"

20 世纪初任哈佛大学校长的 A. 洛厄尔(A. Lowell)认为:

> "人们感觉校长是一位独裁者,在院校里,他其实没有权力决定任何事或命令任何人";"实际上他只对行政人员——审计长和其他行政部门主管们有些权力",但"对于大学教授和教师来说,校长没有任何权力"。

---

① Clark Kerr.大学的功用[M].陈学飞,陈恢钦,周京,译.南昌:江西教育出版社,1993:25.
② Clark Kerr.大学的功用[M].陈学飞,陈恢钦,周京,译.南昌:江西教育出版社,1993:99-100.
③ 克拉克·科尔,玛丽安·盖德.大学校长的多重生活:时间、地点与性格[M].赵炬明,译.桂林:广西师范大学出版社,2008:136-161.

20 世纪 30 年代至 50 年代先后担任劳伦斯学院和布朗大学校长的 H. 里斯顿(H. Wriston)承认校长确实需有多种才能,但是他认为:

"很少有人具备所有这些才能——少之又少",所以"没有一个人能够做到人们期望大学校长所应做的一切,并能把所有这些都做得很好"。

1958 至 1964 年任纽约皇后学院校长的 H. 斯托克(H. Stoke)认为:

"权力越大,自由越少""大学校长都会很快学会做一个谨言慎行的人"。

1933 至 1957 年任普林斯顿大学校长的 H. 多兹(H. Dodds)认为:

"校长不是一个随叫随到的万事通,需要校长周围所有人的共同努力";"实际上,在任何领域里,校长都不能一个人包到底,他必须懂得放权"。

在圣母大学校长任上已经三十年的 T. 赫斯伯格(T. Hesburgh)认为:

"不要以为少了你地球就不转了";"或独断专行,或仅凭直觉办事",都不是好校长。"大学里不存在领导关系",因此"在有教师参与的大学领导模式当中,说服是最好的领导方式"。

曾任马萨诸塞州东南大学校长,时任加州格罗斯芒学院院长的 D. 沃克(D. Walker)认为:

　　"距离问题最近的人通常有最好的解决办法,要首先向他们请教","当问题变得复杂时,缩短管理线,让屋里所有人一起来关注这个问题"。

　　1937至1962年任印第安纳大学校长的H.韦尔斯(H.Wells)赠给年轻大学校长的箴言是:

　　"每天提醒自己,行政管理必须永远是学术群体的仆人而不是主人。""管理本身不是目的,管理之所以存在是为了推动学术事业",因此在大学里,"最少的管理可能是最好的管理"。

　　除了克拉克·克尔本人的论述以及他在研究中呈现的校长言论之外,其他许许多多的校长都发表过类似的经验之谈。

　　剑桥大学副校长阿什比认为:

　　"优秀的领导者不是群众的上司,而是群众的说服者。"①

　　中国近代清华大学校长梅贻琦,自比作京戏里的"王帽"角色,而真正的好戏都是围绕在"王帽"身边的角色唱的。②

　　2002年在北京举办的中外大学校长论坛上,曾任哈佛大学校长的陆登庭(Rudenstine)在论及大学的战略规划时指出:

　　"事实又一次使我信服,尽管最终的决策是大学学术领导团体和理事会的责任,但是只有得到教师的配合,战略计划才能得到最好的贯彻

---

① 阿什比.科技发达时代的大学教育[M].滕大春,滕大生,译.北京:人民教育出版社,1983:92.
② 梅贻琦.梅贻琦教育论著选[M].北京:人民教育出版社,1993:91.

执行。""不向教师咨询,一个人很有可能做出错误的选择。"①

古今中外那些真正有所作为的著名大学校长,大多持有类似的观点和主张,也可以说他们大多具有自知之明,至少对大学校长应有的自知之明有比较清醒的认识。校长的个人能力和经验必定都是有限的,再怎么三头六臂、智慧过人、能力超群,他仅凭一己之力都难以把握和应对现代大学的复杂性,难以在千头万绪的校务中都做出正确的决策和选择。

总之,面对着日益紧迫的外部压力和日益繁难的校务,面对着"学富五车"的教授以及形形色色的异质群体,高校领导者虽然握有一定权力,但权力又受到多重制约,在这种情况下,高校领导者形成自知之明应该是常态(当然,权力毫无制约的某些情况除外)。也只有当高校的领导者形成了这样一种自知之明,他才有可能切实感觉到需要借助于一个"手杖"或者一个"外脑"来支撑学校的管理和决策,才有可能将外部的压力、内部的需要转化为现实的有效需求,才有可能在捉襟见肘的学校经费中拨出专款来设置专门机构、招募专职人员以开展院校研究。

综上所述,高校对院校研究的校本需求,主要来源于:第一,由于现代高校办学的复杂和繁难,学校领导者清醒地意识到无论自己怎样智慧过人、能力经验超群,他都不可能凭一己之力完全了解学校的全面情况、因而不足以对所有校务做出准确的判断和决策。第二,由于治理体系的制约,高校的领导者清醒地认识到不借助于院校研究的支撑就不能、也不敢随心所欲地拍脑袋对所有校务做决策,因为一旦决策失误,将会受到严厉问责或惩罚。在这种情况下,高校对院校研究的有效需求才可能真切地形成。

---

① 陆登庭.一流大学的特征及成功的领导与管理要素:哈佛的经验[C]//教育部中外大学校长论坛领导小组. 中外大学校长论坛文集.北京:高等教育出版社,2002:13.

第五章　院校研究机构和人员

院校研究机构属于学校的管理部门，是具有专业性的管理机构，具体形式因校而异；对专职院校研究人员的专业能力要求，是院校研究专业性的重要体现。

一所高校设置什么形式的院校研究机构，聘用多少名专职研究人员，都是学校的自主行为，由各校根据自己的实际需要来确定；院校研究机构的具体形式和规模因校而异，但又异中有同。

第一节　院校研究机构的特点

院校研究机构有所谓"分散型"和"集中型"的区别，前者是指院校研究职能分散在校内若干管理部门之中，分别由这些管理部门中的相关人员来承担，如学生事务管理部门承担学生事务的研究，教学管理部门承担教学事务的研究等；后者则是将院校研究集中于一个专门的院校研究机构，主要由专职的院校研究人员承担。这里所称的院校研究机构，主要是指"集中型"机构。"集中型"院校研究机构的共同性在于它们都是从事院校研究的专门机构，多样性则表现在它们的名称、规模、隶属关系往往因校而异，这是校本需求与外部动因综合作用的结果。

一、名称多样

院校研究机构名称的多样化,在一定程度上既反映了各校对院校研究的理解和实际需求不同,也反映了院校研究机构职能的侧重点不同。

院校研究机构取名"院校研究办公室"(Office of Institutional Research)或者带有"院校研究"字样的较为常见。这个名称突出了机构的"院校研究"性质和职能,表明机构的研究对象是本校这个特定的"机构",目的是研究本校这个特定"机构"的特有问题,并且通过这种研究服务于本校这个特定的"机构"。

当前美国高校的院校研究机构大多数都采用"院校研究办公室"一名,例如普度大学、哈佛大学、哥伦比亚大学、马里兰大学、田纳西大学、明尼苏达大学、特拉华大学、克利夫兰大学、圣克劳德大学、俄勒冈大学、南达科他大学、玻陵格林州立大学、密苏里大学、加州米多塞克斯学院等。

也有很多高校的院校研究机构,虽未直接用"院校研究办公室"一名,但都带有"院校研究"一词,由"院校研究"与其他名称组合而成,如加州大学的"院校研究与学术规划办公室",斯坦福大学的"院校研究与决策支持办公室",俄亥俄大学、波特兰大学的"院校研究与规划办公室",密苏里科技大学的"院校研究与评估办公室",北阿拉巴马大学的"院校研究、规划和评估办公室"等。

至于没有"院校研究"之名而有院校研究之实的机构,名称更是多样化,例如美国加州大学洛杉矶分校的"学术规划与预算办公室",西密歇根大学的"学术规划与院校数据中心",加州卡布里奥学院的"计划与研究办公室"。这种情况在美国以外的其他国家更加普遍,如日本金泽工业大学的"企划委员会",泰国朱拉隆功大学的"转化与规划处",德国多特蒙德大学的"教学研究中心",英国华威大学的"学习与发展中心",南非斯泰陵布什大学的"院校规划与研究处"等。机构的名称不同,反映了其工作职能和研究侧重点的某种差别。

宾夕法尼亚大学的研究者于 2008 年对美国 1 100 个院校研究机构进行

了为期两年的调查,调查结果显示,其中39％的院校研究机构用的是"传统的名称",都含有"院校研究"以及"分析"、"信息"、"研究"等字样;35％的机构用的是"评估"、"问责"、"认证"、"评价"、"效能"、"绩效"等名称;还有30％左右则涉及"规划"、"预算"、"招生管理"、"政策分析"乃至"信息技术"、"注册"等字样。① 机构名称多样化由此可见一斑。

小林雅之等人对2013年至2014年日本的院校研究机构也做过类似的调查,结果显示,在数据有效的552所日本高校中,40.9％的国立大学、9.8％的公立大学、24.2％的私立大学,均设有院校研究机构,其中"有院校研究名称"的占9.9％,"没有院校研究名称但有担当部门"的占15.4％。② 院校研究机构名称的多样化,在各国都很常见。

院校研究机构的名称不仅因校而异,即便是在一校之中,也可能因时、因人而变。例如,加州大学的院校研究办公室早先只有2名专职研究人员,2009年校方将分散在其他职能部门的院校研究人员并入了院校研究办公室,使得院校研究从"分散型"变为"集中型";2013年校方又将院校研究办公室与学术规划办公室合并,于是将新机构改名为"院校研究与学术规划办公室"。③卡布里奥学院的院校研究办公室设于1989年,在校务管理中较好地发挥了作用,有为所以有位,校方遂于1998年"把管理规划大权"交给了办公室,并将机构改名为"计划与研究办公室",④这里的"研究"当然还是院校研究,但办公室增加了计划的职能。院校机构名称的变更,反映出院校研究机构定位的某种变化以及研究职能的某种变化;按需设置、按需取名,说明院校研究是随着本校的发展、随着校本需求的变化而发展变化的。

---

① J.弗雷德里克斯·沃克温,等.院校研究办公室的结构与功能[M]//理查德·D.霍华德,杰拉尔德·W.麦克劳林,威廉·E.奈特.院校研究手册.蔡三发,等译,上海:同济大学出版社,2021:23.
② 刘文君.日本院校研究的状况及其发挥的作用[J].中国高教研究,2016(3):87.
③ 常桐善.大学院校研究组织机构[J].复旦教育论坛,2016,14(5):32.
④ 栾晶.卡布里奥学院院校研究办公室.李颖,译[M]//程星,周川.院校研究与美国高校管理.长沙:湖南人民出版社,2003:33.

二、规模不一

院校研究机构的规模主要是指全职人员的数量。各校院校研究机构规模差别也很大,少则一二人,多则十数人或者数十人。2008 年对美国的 1 100 所院校研究机构的调查显示(见表 5-1),除去数据不详的 4% 机构之外,其他所有院校研究机构的全职专业人员数大多在 1 人到 11 人,其中仅有 1 人的机构占 28%,有 2 人的机构占到 22%,有 10 人的机构占到 1%,有 11 人以上的占到 2%,最多的达到 22 人,平均约为 3 至 4 人。[①]

表 5-1　美国 1 100 个院校研究机构的全职专业人员数(2009 年)

单位:%

人数	1	2	3	4	5	6	7	8	9	10	11 及以上
占比	28	22	15	10	7	4	4	2	1	1	2

美国私立大学的院校研究,相对于公立大学来说起步都比较晚,规模也都不大,这是由私立大学惯于精打细算的特性所决定的。哈佛大学的院校研究原先为"分散型",分散在预算办公室和其他职能部门。2007 年,校方将院校研究职能从各职能部门抽出,合并设置了"集中型"的院校研究办公室。2009 年该办公室共有全职人员 8 人,其中主任、执行助理各 1 人,研究人员 6 人,在这 6 名研究人员中,"数据与报告分析师"和"项目分析师"各 3 人。[②]斯坦福大学的"院校研究与决策支持办公室"设于 2012 年,2016 年该室的全职人员有 16 人,在这样一所只有 1.7 万名学生的著名私立大学里,配置一个16 人的院校研究机构,这"在 10 年甚至 5 年前可能都是难以想象的事情"。[③]

---

① 　J.弗雷德里克斯·沃克温,等.院校研究办公室的结构与功能[M]//理查德·D.霍华德,杰拉尔德·W.麦克劳林,威廉·E.奈特.院校研究手册.蔡三发,等译.上海:同济大学出版社,2021:23.

② 　陈廷柱,姜川.哈佛大学院校研究述评[J].西南交通大学学报(社会科学版),2010(6):2.

③ 　常桐善.大学院校研究组织机构[J].复旦教育论坛,2016,14(5):33.

相对来说,美国公立高校的院校研究机构规模都较大。如加州大学的院校研究办公室,早先只有 2 名专职人员,而分散在其他职能部门从事院校研究的全职人员却有二十多人。2009 年该办公室改为"集中型"之后,专职人员有 15 人。2013 年改名为"院校研究与学术规划办公室"之后,人员不断增加,到 2016 年已多达 28 人,其中"项目专案主任"有 7 人,"项目协理人员"有 10 人,"数据分析员"有 7 人。[①] 另外,在加州大学各分校,还有各自的院校研究机构,例如洛杉矶分校的"学术规划与预算办公室",全职工作人员也都保持在 20 人以上。

非洲的院校研究虽然起步很晚,各高校的院校研究机构大多数是近十年内成立的,但根据"中东与北非院校研究协会"2011 年的统计,该区域内各高校的院校研究机构平均拥有 4.4 名工作人员。[②] 这个数字比美国 2009 年院校研究机构的平均人数还要多,可见中东和北非院校研究的发展速度之快。

三、隶属关系

高等院校的组织体系,可以分为学术系列和管理系列两大类型,前者由学院、学系、研究所等学术机构组成,后者由各种职能性的管理处、室、组等管理机构组成。院校研究是直接服务于本校办学的一种咨询性研究,因此院校研究机构都属于学校的管理系列,是学校管理部门的一部分。1948 年明尼苏达大学将教育研究委员会改制为"院校研究处",当时校方明确将"院校研究处"设置在校内管理系列中,把它当作管理机构使用,目前各校的情况基本都是如此。

---

① 常桐善.院校研究的发展与应用[M].上海:同济大学出版社,2016:114-115.

② J.弗雷德里克斯·沃克温,等.院校研究办公室的结构与功能[M]//理查德·D.霍华德,杰拉尔德·W.麦克劳林,威廉·E.奈特.院校研究手册.蔡三发,等译,上海:同济大学出版社,2021:30.

院校研究机构在学校管理系列中的隶属关系,同样因校而异,有的直接隶属于校长、副校长,也有的隶属于学校的某个管理部门,如规划部门、预算部门等。

哈佛大学院校研究办公室 2007 年单独设立时,校长共有一正七副,七位副校长分管行政、校友、财务、法律、外事、人力资源、政策等事务,院校研究办公室则直接由政策副校长分管。① 美国高校里的所谓"政策事务",多指学术规划以及涉及全校的管理政策制定,因此院校研究办公室由政策副校长分管也顺理成章。

在克利夫兰州立大学,校长之下也有七位副校长,分管学生事务、财务、人事、教务、信息技术、外事、法律等;教务副校长兼教务长,其下有四位副教务长,分管招生、教学、科研、计划信息,院校研究办公室则隶属于"计划信息"副教务长。②

加州大学院校研究办公室原先直接由校长主管,2013 年扩展、改名为"院校研究与学术规划办公室"后,主管领导也改为执行副校长(兼教务长)。③

我国有学者在 2012 年对美国院校研究机构进行问卷调查,结果显示,在九百多所被调查高校中,院校研究机构由校长主管的约占 17%,由教务长主管的约占 41%,由副校长主管的约占 30%。④ 在美国的高校中,教务长是一个重要的领导职位,分管学校的教学和学术事务,其地位往往列在副校长之前,因此可以看出,美国有将近 90% 的院校研究机构都是由校一级的领导直接主管的。

泰国是亚洲较早开展院校研究的国家,泰国院校研究机构在校内的隶属关系也是不尽相同。朱拉隆功大学在校长之下有 9 位副校长和 18 位助理

① 陈廷柱,姜川.哈佛大学院校研究述评[J].西南交通大学学报(社会科学版),2010(6):2.
② 陈宏宇.克利夫兰州立大学院校研究办公室.苏力,译[M]//程星,周川.院校研究与美国高校管理.长沙:湖南人民出版社,2003:41.
③ 常桐善.大学院校研究组织机构[J].复旦教育论坛,2016,14(5):32.
④ 魏署光.美国院校研究决策支持功能探析[M].北京:中国社会科学出版社,2016:55.

校长。该校的院校研究职能原先分散在学校的"学术行政处"和"规划与财政处",2013 年整合了两个处的相关职能改为"策略与预算管理处",2018 年更名为"转化与规划处",成为主责院校研究的核心机构。"转化与规划处"直接由"策略、系统发展与组织品质保障"助理校长分管,再上由"策略、计划与预算"副校长督导。① 素罗娜丽科技大学是泰国第一所"自治大学",它的院校研究主要由"院校研究组"和"院校资讯研究组"承担,而这两个"组"均隶属于规划处,而规划处又隶属于校长办公室。在这两个小组之外,还有一个"大数据资料库办公室"也具有院校研究的职能,则直接隶属于校长办公室。② 所以素罗娜丽科技大学的院校研究,直接主管部门实际上是校长办公室。

院校研究机构隶属于学校的管理系列,院校研究本身的性质是一个重要的原因,另一个很重要的原因在于很多院校研究项目,事实上很难由院校研究机构单独完成,而是每每需要由院校研究机构与其他管理部门合作完成,关于学生事务的研究需要与学生事务管理部门合作,教学事务研究需要与教务管理部门合作,教师事务研究则需要与人力资源管理部门合作,如此等等,因此院校研究机构作为学校管理系列的一部分,便于它与学校各职能部门的联系、沟通和业务合作。

第二节 院校研究机构的职能

虽然院校研究机构的具体名称和规模因校而异,但它们的主要职能是共通的,那就是进行本校问题的研究,为校方的管理决策提供支撑。然而,由于

---

① 陈怡如.泰国校务研究之实施与发展及对台湾之启示[M]//杨莹.各国大学品质保证与校务研究.台北:高等教育文化事业有限公司,2019:212－213.

② 陈怡如.泰国校务研究之实施与发展及对台湾之启示[M]//杨莹.各国大学品质保证与校务研究.台北:高等教育文化事业有限公司,2019:218.

各校对院校研究的实际需求各不相同,也由于院校研究机构本身的研究力量和条件存在差别,因此院校研究机构的具体职能层次也会有所不同,从基本的数据收集、监测到办学实际问题的研究论证,有一个从低到高的职能阶梯。有些院校研究机构可能主要在基础阶段上,有些院校研究机构则可能覆盖了从低到高的所有阶段。

一、职能层次

院校研究机构应学校的需要而设置,它在设立之时,校方对它的职能、使命一般都会有明确的规定,这些规定大多可以在院校研究机构的网页或者其他文件中反映出来。

波特兰州立大学院校研究与规划办公室的"任务声明":

> 从事信息收集和数据分析工作,同时负责向学校及校内的有关部门提供研究报告。主要任务是收集、保存、阐释和发布该大学的重要信息。这些信息主要用于以下目的:1. 向学校的主管部门提供报告;2. 提供决策咨询和政策建议;3. 学术评估;4. 学校发展规划;5. 向社会和公众发布信息。[①]

玻陵格林州立大学院校研究办公室的"任务声明":

> 为校内外各需求方提供广泛的决策咨询研究和服务。主要目标是帮助收集、分析和解释大学运作的相关数据,以及为制定规划和决策咨

---

① 蔡国春.院校研究与现代大学管理:美国院校研究模式研究与借鉴[M].北京:教育科学出版社,2006:63.

询提供信息。①

哈佛大学院校研究办公室的"使命":

收集、整理和分析学校有关数据;完成规定的报告任务;为学校决策提供支持。机构的主要任务有四项:1. 为学校提供第一手的数据与信息,完成规定的报告任务;2. 对学校关注的重大问题进行研究;3. 支持校级各核心委员会的工作;4. 参与校内、校际数据交换与信息交流。②

斯坦福大学的"院校研究与决策支持办公室"成立的时间虽然较晚,但却将"决策支持"直接挂在办公室的名称里,其主要职能和具体任务为:

1. 提供学校决策制定者整合分析及研究需求;2. 出版报告以提供对于本校表现的理解;3. 评估校内学术及共同课程;4. 资料收集及服务,并提供训练和工具;5. 传播及促进资料收集、使用及解释的最佳实务;6. 倡导资料的品质及公平完整。③

加州大学院校研究与学术规划办公室的主要职能有五项:数据系统建设,常规数据分析报告,决策问题导向研究,内部自选问题研究,外部数据需求运作。这五项职能的具体关系如图5-1所示。④

① 蔡国春.院校研究与现代大学管理:美国院校研究模式研究与借鉴[M].北京:教育科学出版社,2006:62.
② 陈廷柱,姜川.哈佛大学院校研究述评[J].西南交通大学学报(社会科学版),2010(6):2.
③ 林劭仁,池俊吉.高等教育品质保证与校务研究[M]//杨莹.各国大学品质保证与校务研究.台北:高等教育文化事业有限公司,2019:10-11.
④ 常桐善.大学院校研究组织机构[J].复旦教育论坛,2016,14(5):119.

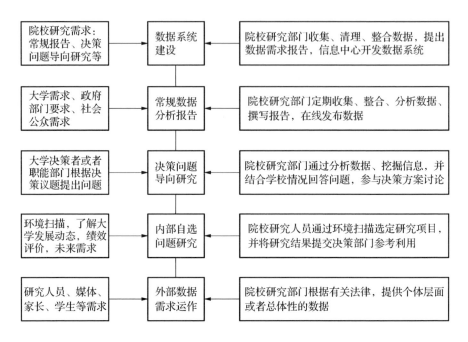

图5-1 加州大学院校研究与学术规划办公室职能框架图

泰国宋卡王子大学的院校研究机构是"规划处",其主要任务被表述为：

    提供大学主管机构所需信息，协调并给予各院系和行政单位政策与策略规划和资源使用的建议，并评估结果。主要职责为：1. 整合并规划工作方案；2. 整合并准备方案，包含计划与预算，并预估收益；3. 收集、分析并处理资料，有助于大学学术决策者与相关单位的学校管理。①

美国根据2009年对院校研究机构的调查，将院校研究机构的职能按照研究工作的复杂性和技术性分为高、中、低三个层次。高层次职能主要是指

---

① 陈怡如.泰国校务研究之实施与发展及对台湾之启示[M]//杨莹.各国大学品质保证与校务研究.台北：高等教育文化事业有限公司,2019:215-216.

分析和研究职能,诸如学术事务的研究分析、行政管理和财务分析、战略规模和招生方案模拟分析,以及评估、绩效、问责的研究;较低层次职能主要是数据、信息的收集和报告职能,诸如编制学校年度手册、数据库管理,回应政府的数据要求等。调查显示,在 1 100 多所被调查高校的院校研究机构中,有77%承担全美调查数据收集任务,有 73%承担学校手册编制任务,有 67%负责向联邦和州政府报告数据,90%以上都承担或参与本校的"自我研究",80%以上独立或合作开展学生追踪、学业表现、学习满意度等学生事务研究,约有 70%承担过政策和环境扫描的研究,还有 62%的机构参与了参与学校规划、招生方案制定(以上均为多选)。① 可见美国高校的院校研究机构,大多数都覆盖了院校研究从低到高的各项主要职能,至少是有能力承担高层次的职能。程星认为:

> 院校研究办公室既要成为学校的信息中心,又要承担以辅助决策为目的的研究任务。这两方面的功能缺一不可。假如一个院校研究办公室只有前者而无后者的话,它的功能很快就会被其他办公室所取代,而它自己则在任何一个小小的机构变动或改革中消失得无影无踪!②

从美国目前的情况看,绝大多数院校研究机构基本都覆盖了从低到高的各个职能层次,这正是美国院校研究实力的表现。

日本的调查也显示出类似的结果,在被调查的 552 所高校的院校研究机构中,承担"教育改革成果验证"职能和"大学达标评估"职能的均超过 60%,承担"大学经营必要性"的达 57.1%,承担"学生支援"的占 48%,承担"履行大

---

① J.弗雷德里克斯·沃克温.院校研究办公室的结构与功能[M]//理查德·D.霍华德,杰拉尔德·W.麦克劳林,威廉·E.奈特.院校研究手册.蔡三发,等译,上海:同济大学出版社,2021:32-33.
② 程星.院校研究办公室[M]//程星,周川.院校研究与美国高校管理.长沙:湖南人民出版社,2003:25.

学问责"的占 38.5％。[①] 日本高校的院校研究机构,职能的侧重点主要在教育质量保证和评估等方面。

二、数据职能

数据收集、监测以及报告职能是院校研究机构最基础的职能。尽管这一职能常常被看作低层次职能,但这并不意味着这个职能不重要,相反,这个职能是院校研究的基础职能,因为这个职能不仅是所有院校研究机构的基本职责所在,它本身也具有支撑学校管理决策的作用,同时也是其他所有高级研究职能的基础,没有这个可靠而坚实的基础,所谓高层次的研究、论证,其可靠性和可信度都是难以保证的。

(一) 数据收集与监测

大多数高校,院校研究机构同时也是学校的数据中心,负有收集、建设学校数据系统并对办学数据进行监测的任务。学校的数据系统,一般分为业务处理数据系统和分析性数据系统两类。[②] 业务处理数据系统是校内各部门在自己的业务工作中产生的数据系统,是工作数据系统;分析性数据系统是建立在业务处理数据系统之上,用于分析和研究的数据系统。院校研究数据系统主要是分析性数据系统。

分析性数据系统都建立在校内各部门的业务处理数据系统基础之上,但是由于业务处理数据系统一般都是各个部门的数据,如学生事务处有全部学生的数据,人力资源处有所有教师的数据,而院校研究机构由于研究的需要,必须掌握本校所有方面和所有环节的数据,因此,院校研究机构建立的分析

① 刘文君.日本院校研究的状况及其发挥的作用[J].中国高教研究,2016(3):87.
② 沈士吉.院校研究数据系统的建立.谢竹艳,译[M]//程星,周川.院校研究与美国高校管理.长沙:湖南人民出版社,2003:202.

性数据系统,具有不同于业务处理数据系统的特点。第一,分析性数据系统一般都是校内各业务处理数据系统的集成,汇集了全校最全面的数据,院校研究机构也因此成为全校的数据中心;第二,分析性数据系统主要用于分析研究,大多有自己的储存形式和提取方式,不同于各个业务处理数据系统;第三,分析性数据系统不仅是横向的数据系统,也是纵向的数据系统,因为数据的历史变化常常是院校研究的重要视角。

美国《院校研究手册》罗列了美国院校研究机构的数据类别,涉及高校办学的所有重要方面和环节。例如在"院校研究对教务长和学术副校长的支持"大类,包括"对教学的支持"和"学术的支持"两部分,其中"对教学的支持"里面又分为"学术支持的问责制和产出数据"、"促进质量保证和改进的信息"以及"确定和支持新建议"三项;在"学术支持的问责制和产出数据"中又有"院校数据"、"项目数据"、"教职员工数据"、"学生数据"和"学术支持数据"五个系列。"项目数据"是"院校数据"的次级数据,其中属于"重要的""项目数据"又有 14 项之多,[①]具体为:申请与注册入学趋势,所要求最低学分内的学位授予比例,专业数,六年或三年毕业比例,课程数据(包括课程障碍、课程有用性、平均班级规模以及选课数据),各级、各学科学位授予数量,FTE 资金,学生与教职员工的比例,项目排名全美的数量,教职员工薪酬,学生形成的总学分,学生和教职员工的保持率,毕业后获得高级学位的学生数及比例,每个教职员工的科研经费及总和。

伊利诺伊州立大学(Illinois State University)的院校研究者曾展示了该校院校研究中心数据库中教师事务和学生事务的有关数据,涵盖了本校学生注册人数及获得学位人数、教职工数量、学校的收入和开支等各个方面的基本数据。[②] 如教师事务数据,既有教师事务的历史数据,也有现状数据,现状

① 詹姆斯・T.波西,等.对教务长和学术副校长的支持[M]//理查德・D.霍华德,杰拉尔德・W.麦克劳林,威廉・E.奈特.院校研究手册.蔡三发,等译.上海:同济大学出版社,2021:138.

② 林曾.信息与决策:美国伊利诺伊州立大学的院校研究[J].清华大学教育研究,2013,34(6):79-80.

数据不仅显示了当时该校师资队伍的基本情况（教授占比、副教授占比、助理教授占比、其他占比）；数据也显示了 2010 年教师的薪酬情况（全职教师每年只有 9 个月的工资），教授 9 个月的平均工资为 89 236 美元，副教授的平均工资为 67 812 美元，助理教授的平均工资为 62 981 美元。根据这些数据，院校研究人员可以比较全国同类院校的教师结构和工资结构，从而为评估本校教师队伍的状态和校方进行工资调整决策提供参考。再如学生事务数据，储存了该校自 1945 年以来所有本科生和研究生的注册数据，绘制了数十年来本科生和研究生的注册趋势曲线。通过这条曲线，可以清晰地看出该校的注册高峰出现在 20 世纪 60 年代，同时还可以看出本科注册人数高峰一直持续到 90 年代，随后便处于平稳状态，而研究生教育的规模尚有一定的扩大余地。根据院校研究中心当时提供的注册数据，该校在 2013—2018 年的五年发展计划中，为了保持学生注册率，有针对性地将"提升科研能力"和"扩大国际教育"作为规划重点，并且对扩大研究生教育规模做出了规划。

数据库的建设是院校研究机构的基础工作，虽然是一个技术性的工作，但也需要有效的制度和机制来保障。面对海量的学校数据，建设数据库的工作量很大，形成数据工作机制就显得十分重要。普度大学（Purdue University）院校研究办公室的数据工作机制很有代表性。该校在 1999 年成立了学校数据联络小组，小组 40 多位成员来自学校 20 多个部门。这个小组的具体任务是向校内外提供或发布学校的各项数据信息，同时维护学校数据的一致性和准确性。2000 年 8 月普度大学新任校长到任，这位新校长"表现出以数据为基准的决策风格"，决定进一步加强学校的数据管理，于是成立院校研究办公室作为学校数据工作的归口机构。院校研究办公室成立之后，第一项工作就是从 2001 年起编制并发布学校的《数据汇编》，《数据汇编》涵盖了本校学生、教学、教职工、科研和设备等方面的历史数据和现状数据。《数据汇编》中的数据来源仍是数据联络小组的成员，但小组成员提供的数据最后都归口到院校研究办公室，由院校研究办公室进行核实、编辑并正式发布。"普度大学在数据方面不仅具有一个权威性的来源,学校上下还形成了一种尊重标准、依赖可靠数据和专业数据人员的良好氛围。"①

　　数据既是院校研究的最重要资源,也是院校研究的主要优势所在。由于大多数院校研究机构都是本校数据中心,承担着学校数据管理的职能,不仅负责数据的收集、整理、发布,还必须对各种数据进行监测、分析从而发现办学中的问题,因此确保数据的准确性就十分重要。确保数据的准确性既是院校研究的职业道德,也是院校研究自身的要求,因为院校研究绝大多数项目都是以数据为基础的量化研究,只有数据准确,基础才牢靠,所以由此得出的研究结果才可能更可靠、更可信,被管理部门采纳的概率才更大,向校内外发布后获得的认可度也才能更高。

(二) 数据报告

　　院校研究机构提交的数据报告分为校内报告和校外报告。提交给校内的报告,提交的对象和范围主要根据报告的内容及其服务对象来确定,有直接提交给校长的,有直接提交给教务长、副校长的,有提交给职能管理部门的,也有提交给院系负责人的,还有的是全校公开的。

　　提交给校外的报告,一般都是应政府部门的要求或社会问责方的要求而提交的。在美国,联邦层面的数据库主要有"高等教育综合数据系统"(Integrated Postsecondary Education Data System,IPEDS)、国家教育统计中心(The National Center for Education Statistics,NCES)以及国家科学基金会(NSF),它们都是联邦政府的所属机构,各高校都有责任向它们报告本校的数据和信息。② 在州以及社会的层面上,要求高校报告数据信息的部门和团

　　① 詹尼·布兰克特.收集与报告战略规划相关数据的策略及方法.宁斌,等译[M]//程星,周川.美国院校研究实例.苏州:苏州大学出版社,2008:49-50.
　　② 盖尔·M.芬克,等.联邦高等教育报告中的数据库和工具[M]//理查德·D.霍华德,杰拉尔德·W.麦克劳林,威廉·E.奈特.院校研究手册.蔡三发,等译,上海:同济大学出版社,2021:310-312.

体因各州的具体要求而多种多样,一般的有:州政府或州议会;教育团体和协会,如六大区域高校认证协会、大学理事会等,大学排名机构和发布大学指南的媒体,如《美国新闻与世界报道》《普林斯顿评论》《彼德逊指南》等,此外还有各种基金会、商业机构乃至普通公众。

面对校内外广泛的数据报告要求,各校的院校研究机构当然责无旁贷。在负责收集、监测本校办学数据的同时,向校内外发布各种数据和信息报告,是院校研究机构常规性的任务。虽是常规性,但工作并不轻松。例如克利夫兰州立大学院校研究办公室,常规的"周期性"报告就包括五类:一是呈递给国家教育统计中心的报告;二是呈递给州政府的报告——由于州政府是州立大学的"主管部门",提交给州政府的报告是"院校研究办公室承担任务中最冗长、最耗时的项目",因为这个报告"与学校的切身利益最为直接";三是回应社会各方的报告,诸如中北部大学中学协会,各种大学排名机构,各种基金会乃至兄弟院校等;四是对外公布的"校情报告",包括"在校生注册报告""每日注册一览表"和《大学手册》三项;五是为校内有关部门提供的各类"即时性"专项报告。[①] 由于公立高校的办学经费主要来源于财政拨款,也就是来源于纳税人,因此对于办学的公平和效率,对于办学经费的投入和产出,学校负有更大的"说明责任",会受到更广泛的社会问责,所以公立院校比之私立院校,在办学数据的对外报告方面,责任更大,任务也更繁重。

三、研究论证职能

按照科学的程式和方法对本校在办学过程中遇到的各种实际问题进行研究论证,对问题做出解释并对校方提出有针对性的对策建议,是院校研究

---

① 陈宏宇.克利夫兰州立大学院校研究办公室.苏力,译[M]//程星,周川.院校研究与美国高校管理.长沙:湖南人民出版社,2003:43-44.

机构的高层次职能。既然是高层次的职能,当然未必所有的院校研究机构都能承担,也未必仅仅由院校研究机构单独承担,只有具备了一定研究力量的院校研究机构才能胜任这一高层次职能,但是随着院校研究的发展,越来越多的院校研究机构已具备承担这种高级职能的能力,这从美国2009年、日本2014年对本国院校研究机构的调查结果中也可以看出来。因为假如某一院校研究机构只是囿于数据工作而不能进行问题研究,那么"它的功能很快就会被其他办公室所取代",甚至消失在"任何一个小小的机构变动或改革中"。

院校研究机构在问题研究能力上的提高,与以下三个因素有重要关系:一是院校研究机构招聘的专职研究人员学术素质越来越高,他们大多数都是博士学位获得者,都受到过系统的学术训练,可以比较顺利地将已有的学术研究能力迁移到院校工作中来。二是各国、各地区的院校研究协会通过举办形式多样的各种培训活动,促进了院校研究人员的专业发展,提高了他们的研究能力,这些活动包括研究方法的培训、年会论坛和各种研讨会的交流研讨、出版院校研究的辅导手册和刊物、协会网页提供的各种研究资源、举办工作坊和兴趣小组等。例如美国院校协会出版的《院校研究新从业人员备忘录》以及《院校研究手册》;又如欧洲院校研究协会2012年年会论坛举办了两个专门面向院校研究新手的特别兴趣小组活动,一个为"变革环境中的高校领导",另一个为"院校研究实践入门"。[①] 这些培训活动有效地帮助了新入门的院校研究者。三是院校研究人员在院校研究实践中的自我学习,他们通过实践反思不断积累研究经验,提高研究能力,成为有胜任力的院校研究专业工作者。

由于研究水平的提高,很多院校研究机构都有一些做得很科学、很出彩的研究项目,这些项目不仅达到了很高的研究水平,而且也被各校的管理决

---

① 刘皓.欧洲院校研究协会新动向——《欧洲院校研究会2012—2017年战略规划》解读[J].现代教育管理,2016(1):122.

策层所采用,产生了实际的效果。在美国,比较典型的案例有:加州大学洛杉矶分校关于本校"绩效指标"的研究;哥伦比亚大学关于本校学生"就学经验"和"校区意识"的研究;加州大学关于本校系统"教师教学工作量改进"的研究;南达科他州立大学关于本校"一年持续注册率"和"毕业生六个月内去向"的研究;鲍林格林大学关于本校"成人大学生流动数据模型"以及"教师流动模型的开发和利用"研究;圣约翰大学关于本校"本科教学质量监控指标开发"的研究;托马斯·阿奎那学院关于本校"'新生入门'课程评估与教学改进"的研究;新泽西肯恩大学关于本校"教室利用率和新课程表设计"的研究;怀恩郡社区学院关于本校"补习课功能及其成效"的研究;密歇根州立大学关于本校"学情"的调查研究。哈佛大学的院校研究虽然起步较晚,但其院校研究办公室完成的本校"教师满意状况调查"、"教师发展与多元化实施方案"、"提升学生著述水平研究"、"教师教学效能分析"、"留学生招生与注册政策研究"[①]也都达到了较高的研究水平。

此外,英国华威大学关于本校"非正式入学管道的学生之学习表现"的研究,德国弗赖堡大学关于本校"新任教师专业发展状况及辅导策略"的研究,日本金泽工业大学关于本校学生"报到率","四年毕业率"以及"延毕生和退学生原因分析"的研究,泰国素罗娜丽科技大学关于本校"大班教学模式","影响本校学生学习成效之因素","学生摩托车意外事故的相关因素"等多项研究,也都是有示范性的研究案例。

为了更有效地履行研究职能,院校研究表现出对科学研究程式和方法的自觉追求,特别是表现出对量化方法的强烈偏好。究其原因,一是科学精神和方法已经深入人心,二是院校研究是提高被引率和采用率的必然选择。

一个多世纪以来,科学精神已经深入人心,科学的理性力量在人类认识

---

① 陈廷柱,姜川.哈佛大学院校研究述评[J].西南交通大学学报(社会科学版),2010(6):3.

世界的过程中已经得到全面而充分的展现,科学研究的程式和方法已经被证明是认识世界、探索未知的一种最客观、最严谨、最有效的方式,严格按照这样的方式进行研究,才有可能更有效地解决问题、获得最客观、最可靠的研究结果。高等院校本身就是学术机构,崇尚科学是其与生俱来的本性。院校研究的研究对象虽然是单个的院校,也就是研究者所在的本校,但它的性质也是一种探索未知、创造新知——关于本校的未知和新知的认识活动,因此,科学精神以及科学研究的一般程式和方法理所当然地适用于这种特殊的研究活动。

院校研究对科学程式和科学方法尤其是量化方法的偏好,也与院校研究本身的特性有关。其一,由于院校研究机构大多是学校的数据中心,收集、整理、发布学校的办学数据和信息本来就是院校研究机构的基本职能,也是院校研究者最基本的专业技能,数据的便利加上研究者的特长,量化研究的偏好可谓水到渠成。其二,院校研究作为一种咨询性研究,研究结果的最大成功,就是被校方引用或采纳,从而将研究结果转化为实际的政策和措施,而要达到提高被引用率和采用率的效果,只有使用严格的科学方法进行研究,只有用数据来说话才是最有力量、最有说服力的方式,别无二途。其三,院校研究还承担着校内外的报告职能,同样的道理,通过科学方法得出的结论,用数据来说话,也有助于提高各界对报告的信任度和认可度,为学校树立严谨、求实的社会形象。

第三节　院校研究人员

专职院校研究人员在高等院校中是一个比较特殊的职业群体,既有其特定的职业属性,也有特定的职业能力和职业伦理要求。

一、身份的双重性

专职院校研究人员是高校中的职员(staff),属于管理人员系列,不是教师、学者(faculty)系列。把院校研究人员的身份定位为职员,对院校研究这项特殊的研究工作很有必要。第一,可以明确院校研究人员的本职,那就是专事院校研究,专门研究本校问题,为解决本校问题而研究;第二,由于是职员系列,他们没有专业职称压力,也没有论文发表的要求,没有"不出版就出局"的紧箍咒,这使得他们能够安心本职做院校研究;第三,院校研究工作也具有一定的管理性质,比如本校的数据管理、对校内外的报告发布,在一些项目的研究论证中也需要协调其他管理部门和院系的有关人员。

但是,院校研究人员在高校中又不是一般的管理人员,而是性质比较特殊的管理人员,是以本校问题研究为本职工作的管理人员,因而他们是专业化程度较高的管理人员。院校研究虽然研究的是本校问题,但它也是一种科学取向的研究,这种研究很自觉地追求运用科学的程式和方法对本校问题进行描述、解释并论证解决问题的对策,符合科学研究的基本要求,因此专职院校研究人员也可以看作管理人员中的专业人员,是以本校问题研究为本职工作的专业研究人员。S. 索斯罗(S. Suslow)为了强调院校研究的专业性,曾经理直气壮地说:"院校研究者就其本质而言不是行政人员,而是一名研究人员。"①从院校研究的科学取向以及对量化方法的追求来看,索斯罗这样说也不是没有道理。院校研究人员的专业能力和专业素养明显不同于其他一般管理人员,这些要求主要体现在他们的研究方法、研究态度和职业伦理方面。

因此,专职院校研究人员的身份具有双重性,他们既是管理人员,又是研

---

① 蔡国春.院校研究与现代大学管理:美国院校研究模式研究与借鉴[M].北京:教育科学出版社,2006:101.

究人员；他们是以科学的方式，以本校问题研究为本职的管理人员，他们是服务于本校管理决策，具有专业性的研究人员。

由于具有专业性，因此院校研究人员的学历层次大多比较高，以博士和硕士为主，都受到过相当系统的学术训练，至于他们毕业的学科专业，也很多样化，几乎遍布各个主要学科和专业。W. E. 奈特（W. E. Knight）等人于1994年对美国院校研究协会601位会员进行调查，在这601位成员中，67%为院校研究机构的主任、副主任或主任助理，22%为一般研究人员，还有11%为其他人员；他们中的26%任职于两年制院校，14%任职于本科文理学院，24%任职于可培养硕士的大学，13%任职于可培养博士的大学，18%任职于研究型大学，另有5%任职于大学系统总校；他们从事院校研究工作的年限平均已达7年。调查结果表明，这601位会员的最高学位：博士占46%，硕士占41%，学士占10%，其他的仅占3%；他们所获最高学位的学科：34%为社会科学，31%为教育学，16%为商科，13%为数学或自然科学，另6%为其他学科。[①]

院校研究人员虽然不属于教师系列，但招聘的程序与教师的招聘也没有太大区别。校方发布招聘广告，在众多的申请者材料中进行初选，从中选出若干人到校面试，最后根据面试情况确定正式人选。招聘同样都是公开的，甚至是全球范围的招聘，竞争也十分激烈，百里挑一是常态。

曾有研究者对1970年至1985年美国高校招聘院校研究人员的广告进行内容分析，其中一项是分析招聘广告中对应聘者所学专业的要求，结果发现各校对应聘者的专业要求非常多样，几乎应有尽有，但在多样性之中也有相对比较集中的专业。按照从多到少的次序，这些相对比较集中的专业分别是：教育（管理、研究）、商务、高等教育、社会科学与研究、研究方法与评估、计算机科学、数学与统计学、运行分析与研究、经济学、管理学、公共事务管理、规划学等；除此之外，还有会计学、系统分析、心理学，以及物理学、实验设计、

---

① W. E. Knight. et al. Institutional Research: Knowledge, Skills and Perceptions of Effectiveness[J]. Research in Higher Education，1997(4)：421-424.

文学艺术、健康科学等其他专业。① 这些仅仅是招聘广告所要求的专业,已经很多样了,至于实际招聘到位的院校研究人员,他们的专业分布势必比广告要求的更广。

二、职业能力要求

院校研究人员的高学历化,意味着他们大多都接受过系统的学术训练,掌握了一般的科学研究方法,这是他们共同的职业基础,也是他们从事院校研究的基本职业能力。

1993 年,P. T. 特伦兹尼(P. T. Terenzini)通过对美国院校研究人员的系统调查,归纳与概括了院校研究人员所应具备的三种"组织化智能",或者说是院校研究者的三种基本专业技能。② 一是"技术和分析智能"(technical and analytical intelligence),包括事实认知、方法论知识、数据计算和处理能力,以及对本校数据的熟悉程度。这一智能实质上就是问题研究的能力和数据分析能力,也就是运用科学方法的能力,这是院校研究者最基本的专业能力。二是"问题智能"(issues intelligence),包括对高等院校特别是本校办学过程中各种重要问题的理解和熟知程度,如招生目标、教师工作量、办学资源的分配、设施使用规则和管理、学费定价规则、教职员薪酬规则、教师考核、项目评估、经费预算规则;对本校运转和决策制定过程的理解和熟知程度,如学校运转的主要方面和环节、正式和非正式的决策过程;与人沟通、合作的能力,如对教师解释教学评价的结果并给出教学法的建议,与管理人员的沟通协调。"问题智能"可以看作院校研究者的实践性知识,是他对高等教育实践尤其是

① 蔡国春.院校研究与现代大学管理:美国院校研究模式研究与借鉴[M].北京:教育科学出版社,2006:95.

② P. T. Terenzini. On the Nature of Institutional Research and the Knowledge and Skills it requires[J]. Research in Higher Education,Vol.34, 1993(1): 3-8.

对本校办学实践的理解和熟知程度。三是"背景智能"（contextual intelligence），包括对高等教育性质和文化的理解；对本校历史和文化的理解；对本校特殊性的了解，如人脉关系、关键人物、关键流程和环节；以及对本校所处环境的了解，政府、社区、媒体、竞争对手等。所谓"背景智能"，其实也就是院校研究者应具备的理论基础、知识面以及理论的修养，这个知识面既包含了理论的方面，比如高等教育的理论与知识、管理学的理论与知识，也包含了本校的特殊性方面，比如对本校历史渊源和故事，对本校社会背景和现实环境的了解程度。在"背景智能"中，高等教育理论是极为重要的一个方面，既包括高等教育的理论知识，也包括对本国乃至世界高等教育发展状况和趋势的了解。规范的院校研究一般都需要以某一理论作为研究的分析框架，以使问题研究能够奠定在比较坚实的理论基础之上，这其中高等教育的理论是应用得最多的。因此所谓"背景智能"，实际上就是对院校研究者的理论基础、知识面和学术素养的综合要求，是对他们研究基础广度和深度的综合要求。特伦兹尼的这三种"组织化智能"，非常简明地概括了院校研究者需要具备的基本"智能"，在美国的院校研究领域具有重要的影响，至今仍被院校研究者奉为自己专业能力的基本标准。

W. E. 奈特等人在 1994 年的调查中，也曾要求 601 位被调查者根据自己的经验指认院校研究所需要的知识技能，调查显示，被调查者主要指认了十项知识技能：数据处理的知识与技能，书面交流技能，与他人成功合作的能力，对组织管理的一般性认识，对本校资料和文献的熟悉程度，与决策者沟通的能力，口头交流的技能，对本校行政人员职业标准和态度的了解，对本校历史和特殊性的认识，量化研究方法的知识与技术等。[①] 可见奈特将这十项知识技能表达得更加具体，与特伦兹尼的研究结果基本一致，也可以说奈特的调查结果是特伦兹尼"三种智能"说的具体化。

---

① W. E. Knight, et al. Institutional Research: Knowledge, Skills and Perceptions of Effectiveness[J]. Research in Higher Education, 1997(4): 425 - 429.

综上所述,院校研究人员的基本职业能力可以分为四项:一是数据处理和分析能力;二是问题研究能力,也就是运用科学程式和方法研究本校实际问题的能力;三是组织和协调能力,能够有效组织和协调相关人员、师生配合或参与研究;四是沟通和说服能力,也就是向相关人员解释研究结果并且说服他们引用或采用的能力。

如果将这四项基本能力简单做一个归类,正好分为两类:一类是研究能力,另一类是管理能力,正好应对了专职院校研究人员兼有的研究者和管理者双重身份。作为这两类能力的基础,是他们的理论知识以及实践经验,对于任何职业来说,理论知识的积累以及实践经验的积累,当然是越多越好,越丰富越好,这一点也适用于院校研究人员。

数据分析和量化研究是院校研究的突出特点,因而数据分析能力和量化研究能力被院校研究人员高度重视和强调,既有必然性,也有必要性。然而在院校研究领域,特别是在美国的院校研究领域,确实也存在着数据迷信,量化过度的偏向,一些研究人员几乎到了无量化不研究、无量化不被认为是研究的地步,这就有失偏颇。在具体的院校研究过程中,是运用量化的方法还是质性的方法,抑或是混合的方法以及其他的方法,都必须根据问题本身的性质来决定,有些问题需要用量化的方法,有些问题却需要用质性的方法,还有些问题可能需要用混合方法或是其他的方法。如果不考虑问题本身的定义和性质,不分青红皂白地一味量化,也有可能弄巧成拙、事与愿违。院校研究领域存在的过度量化偏向,有多方面的原因,其中一个原因或许与一些院校研究人员的自我身份认同有关,他们更倾向于认同这个职业的"研究者"身份,更认同它的"专业性",而不那么认同这个职业的"管理者"身份和"服务性",为了强调和突出自己的"研究者"身份和"专业性",过度量化也就事出有因。其实在美国院校研究领域,对过度量化的偏向也有很多批评的声音,甚至把那些执迷于数据和量化的研究者称之为"数据虫"。在这方面,D. G. 特克拉(D. G. Tekla)2008 年出版的《院校研究:不只是数据》(*Institutional*

Research：More Than Just Data）一书很有影响，特克拉在书中指出：院校研究人员不只是"工于计算的人"（bean counter），[1]而且是有着宽广知识背景和研究素养的人。他的用意也很明显，既希望高等教育界全面地认识院校研究人员，也希望院校研究有更开阔的方法视野。

四、职业伦理

任何行业都有自己的职业伦理，院校研究当然也不能例外。对院校研究人员的职业伦理要求，一方面由院校研究的性质、院校研究人员的双重身份所决定，另一方面也是院校研究在长期的实践过程中约定俗成。对于院校研究这个特殊的职业岗位来说，明确的职业伦理要求与职业能力一样至关重要，不可或缺。

科学研究的伦理准则全都适用于院校研究。院校研究既然追求科学的研究程式和方法，对科学伦理同样必须自觉追求，将诚实、客观、公正等基本规范奉为最高的准则。1949 年国际科学协会联合理事会制定的《科学家宪章》，第一条第一款就是"诚实、高尚、合作"，[2]昭示了科学研究工作三个最重要的伦理规范。1915 年美国大学教授协会的《原则宣言》确立了大学教师"学术自由"的原则；1970 年通过的宣言修订稿在继续强调"学术自由"原则的同时，增加了"学术责任"的要求，倡导"教师与管理者通力合作"。[3] 这些具有重要意义的原则，也都是院校研究机构和研究者的行为指南。

20 世纪 80 年代后期，美国院校研究协会鉴于当时院校研究的实际情况，意识到有必要为会员提供一些类似的原则性伦理条文，以此来指导会员的职

---

① 唐纳德・J.莱卡德.院校研究的历史[M]//理查德・D.霍华德,杰拉尔德・W.麦克劳林,威廉・E.奈特.院校研究手册.蔡三发,等译.上海：同济大学出版社,2021：14.

② 国际科学协会联合理事会.科学家宪章[M]//徐少锦.西方科技伦理思想史.南京：江苏教育出版社,1995：529.

③ 生云龙.美国大学教授协会（AAUP）与终身教职[J].清华大学教育研究,2003（1）：79-82.

业生涯,并作为判断一些实践难题的基本准则①。院校研究协会根据院校研究的特点,拟定了院校研究的职业标准,即《院校研究的伦理和标准》(Ethics and Standards in Institutional Research)。这份标准于1992年经院校研究协会会员讨论通过并正式出台,与此同时,在院校研究协会之下还成立了"标准和伦理委员会"。

2001年,美国院校研究协会对《院校研究的伦理和标准》进行了修订,修订后的文件主要规范了院校研究人员的五项行为准则:一是"能力准则",实际为"入职准则",要求院校研究职位的申请者"不得在申请职位时宣称或暗示自己具备哪些能力而实际上并不具备这些能力";二是研究的"实践准则",要求院校研究者"必须保持客观公正无偏见并避免发生个人利益冲突",并且"始终确保所用的数据是正确的,报告应当表述清晰、精确并且行文恰当";三是"保密准则",要求"数据应当妥善存储和传递,而且需要书面的标准",此外"还应当注意保护隐私";四是"社区准则",也可以看作"关系准则",要求处理好院校研究者与校内、校外各种关系,"所有的员工都应当被公平地对待","院校研究办公室及其职能应当被恰当评价","所有的信息和报告应当安全、准确并恰当地汇报";五是"技术准则",要求"院校研究的技术应当得到诚实品质的支持",院校研究人员对于自己掌握的本校数据和信息及其相应观点"应当与学校的管理者及其他同事分享"。② 这份《院校研究的伦理和标准》不仅是美国院校研究领域权威的职业伦理准则,对其他国家的院校研究产生了重要的影响,而且也成为所有院校研究者共同认可的职业行为指南。

首先,院校研究者也存在着"两种忠诚"③问题,既要忠诚于研究,也要"忠

---

① M. E. Schiltz. An Introduction to the Draft Code of Ethics. Ethics and Standards in Institutional Research[M]//New Directions for Institutional Research. San Francisco: Jossey-Bass, 1992: 3-9.

② 马迪·T.艾默斯,等.院校研究实践[M]//理查德·D.霍华德,杰拉尔德·W.麦克劳林,威廉·E.奈特.院校研究手册.蔡三发,等译,上海:同济大学出版社,2021:40-41.

③ 蔡国春.院校研究与现代大学管理:美国院校研究模式研究与借鉴[M].北京:教育科学出版社,2006:101.

诚于院校",既然是两种忠诚,那两者可能是和谐的,也有可能是不太和谐、甚至是矛盾的。但与大学教师"两种忠诚"矛盾多发的情况不同,院校研究人员的"两种忠诚"在总体上相对比较和谐,矛盾并不突出。主要原因在于,院校研究者研究的对象就是"本校",因此,他的研究对象与自己身处其中的"本校",二者实为一体。院校研究者在研究本校问题的过程中,如果他是忠诚于本职"研究"的,那也就意味着他忠诚于自己的"本校";如果他是忠诚于自己的"本校"的,那么他就必须也忠诚于本职的"研究",于是他的"两重忠诚"就在院校研究的过程中得到了统一。其次,申请者在应聘院校研究这一职位时,学校和申请者对这个岗位的本职工作,双方都是明确的,信息基本对称,被聘者从上岗的第一天起,做院校研究就是他的本职工作。忠于职守,是任何职业从业者最基本的职业操守,对于院校研究者来说,他只要忠于职守,那么就意味着他既忠诚于"研究",也忠诚于"本校"。当然,这并不等于院校研究人员就不会出现"两种忠诚"冲突的现象,因为现实总是复杂的。好在《院校研究的伦理和标准》已被广大的院校研究人员所接受和认同,职业伦理准则对维持院校研究人员的"两种忠诚"毕竟能起到一定的约束作用。

第六章　院校研究的问题域

院校研究的具体问题来源于校方的实际需求，基本都是"命题作文"。通过院校研究的实际案例，可以更直观地了解院校研究的问题域及其研究的方式方法。

院校研究是高等院校的自我研究，因此研究的问题只能来源于本校，来源于本校的办学实践。院校研究的问题具有校本性、多样性的特点，但归纳起来也有一些共同的问题域。

第一节　问题的校本性

院校研究所研究的具体问题都是校本性问题，是本校办学过程中特有的问题，各校的具体问题因校而异。正因为学校在办学过程中出现了这些特有的问题，也就是困难和矛盾，所以才需要借助于院校研究来寻求这些问题的可能答案。

一、需求定向

"学校需要什么，我们就研究什么。"这是院校研究者的口头禅。更直白的说法是："校长(或教务长)需要什么,我们就研究什么。"这是院校研究需求定向的真实写照,也是咨询性研究的必然要求。院校研究者具体的研究问题,具体的研究课题,不能凭自己的研究兴趣来确定,基本上没有选择性,而是要根据本校办学实践的实际需求,根据校方的具体要求来确定。学校办学过程中出现的实际问题以及学校领导者的实际需要,是院校研究的问题来源。因此,院校研究实际上都是在做"命题作文",即校方命题,院校研究者根据既定的题目进行研究,寻找解决问题的答案并定期交卷。

由于高等院校的规模越来越庞大,职能越来越多样,异质性越来越突出,内外部关系越来越复杂,因此任何一所高校在办学过程中出现的大大小小的问题,多如牛毛,问题无所不在、无所不包,甚至是无奇不有。"校方需要什么,我们就研究什么",所以院校研究者实际研究的问题极为多样,这就要求院校研究人员是多面手,要具备特伦兹尼所说的那种"问题智能",以便能够应付校方的各种命题。

泰国素罗娜丽科技大学既是 1990 年新建的一所国立大学,也是泰国高等教育体制改革后的第一所"自治大学"。在建校之初的十多年内,素罗娜丽科技大学所开展的院校研究课题如表 6-1 所示,①研究的问题之多样,几乎涉及本校办学的各个主要层面和主要方面。

表 6-1　泰国素罗娜丽科技大学承担的院校研究项目

> **课程、教学与学习:**
> 　　管理硕士课程评价研究;重新入学的大学生学习成效研究;大学农场教学与实务研究;大班教学模式研究;毕业生雇主满意度以及影响就业人口因素研究;影响第一年医学系学生表现之因素分析;影响网络学习发展研究;1998 级学生英文能力研究;研究生工作督导与学术督导的满意度研究;影响学生学习成效之因素研究;影响学生特定课程学习成效研究;管理专业毕业生需求趋势研究;应对学生留级的策略与管理研究;生物医学课程需求趋势研究;影响信息科技课程发展趋势与情境因素研究;运动科学课程的发展趋势研究;基础工程课程混成学习模式研究;第一期与第二期合作教育计划实施成果研究

---

① 　陈怡如.泰国校务研究之实施与发展及对台湾之启示[M]//杨莹.各国大学品质保证与校务研究.台北:高等教育文化事业有限公司,2019:220-221.

续　表

招生：

　　参加农业园游会高中生、家长及高中教师对于选读农学专业之态度研究；社区、学生及家长、辅导人员对于本校形象的研究；1997 至 2000 年高中生学习成就、大学入学分数与大学学习表现的关系研究

学生事务：

　　大学生喝酒行为研究；1996 年毕业生追踪分析；学生摩托车意外事故的相关因素研究；1998 级学生校内活动研究；宿舍管理委员会潜力研究

研发：

　　外部研究辅助机构对于本校研究人员与研究产出之满意度研究

图书馆：

　　图书资源与教育媒体中心服务品质评估研究；历年限额分发与入学考试的学生学习比较研究；教师对图书资源与教育媒体中心所建网络资料库需求与使用分析；2003 年和 2006 年教师推荐购买的书籍数量与使用状态评估研究；跨校借书服务使用者经验调查

信息服务：

　　计算机服务中心使用者满意度研究；学生与教师对信息资源及其服务的满意度调查；教师与学生对网络信息资源使用经验调查；学生大型网络数据库使用状况研究

会计及总务等：

　　财务与会计客户满意度研究；宿舍开支与收入比较研究；电脑计划的学生贷款分析与评估研究；综合固体废弃物分类工厂的成本效益研究；院校研究人事行为的影响因素研究；学生与员工对运动和健康中心服务满意度之研究

其他：

　　三学期制与两学期制的教育管理比较研究；本校外包服务的效率效能研究；卓越中心适当管理模式之研究；本校作为泰国第一所"自治大学"的第一个十年之研究；设立公共卫生系所的可行性分析

　　万事开头难，新建大学需要研究的问题本来就可能比一般高校多；改制为自治大学后，办学自主权加大，责任也同步加大，对学校管理决策的正确性、科学性要求也同步提高，因而对院校研究的需求更为旺盛。素罗娜丽科技大学在建校初期十多年里的院校研究项目，既有全校性的全局性、综合性问题，例如"本校作为泰国第一所'自治大学'的第一个十年研究"，所要研究的问题实质上是对学校改制后的整体发展进行的分析和评估，事关学校的全局和发展趋向；也有具体工作条线上的微观问题，例如"影响第一年医学系学生表现之因素分析"，"大学生喝酒行为研究"，"学生摩托车意外事故的相关因素研究"。这些大大小小的问题能够成为院校研究的课题，说明校方对这些问题很重视，说明这些问题比较棘手，不是凭个人经验就能把握的，因此

校方需要借助于院校研究的手段作为学校管理的支撑。虽是一所新建的大学,但开展了涉及面如此之广的院校研究项目,一方面证明素罗娜丽科技大学校方对院校研究的重视,另一方面也多少可以证明素罗娜丽科技大学的院校研究力量非同一般,没有很强的研究力量显然不足以承担性质如此不同、口径如此悬殊的各种本校问题的研究工作。

在高等教育成为社会轴心的时代,任何一所高等院校,无论是巨型大学还是袖珍大学,办学过程中的各种矛盾和困难势必都层出不穷、难计其数,各有各的难处。而校方需要院校研究者所研究的问题,院校研究者应校方需要所承担的实际研究课题,事实上都只是学校所有实际问题的冰山之一角。在任何一所高校里,面对多如牛毛的各种问题,全都交由院校研究者来研究,不管院校研究机构的规模有多大、力量有多强,这既不现实,也没有必要,因为有很多的实际工作问题,管理者和领导者是完全有可能凭着个人的能力和经验去解决的,也有可能"开个会研究研究"就能达到"三个臭皮匠顶个诸葛亮"的效果。一般来说,只有学校办学过程中那些比较重要的、矛盾比较突出的、比较棘手的、管理者和领导者仅凭个人能力和经验还难以做出决断的问题,才更易于成为校方的"命题",因而成为院校研究者的"作业"。而且,对"比较重要的、矛盾比较突出的、比较棘手的"问题的判断,当然不是取决于院校研究者,而是取决于校方;只有当校方尤其是学校领导层认为问题"重要"、"突出"、"棘手",而且凭一己之力难以把握时,才会产生对院校研究的实际需求。

二、能不能自选

院校研究的问题一般都由校方提出,院校研究者主要是做"命题作文",这是院校研究问题来源的最基本特征。但是这并不意味着院校研究者在研究的问题上就没有丝毫的自主性,也不意味着院校研究没有丝毫的选择可能。

在某些特定的情况下,院校研究者也有可能自主选择问题进行研究。这种特定的情况,以院校研究者已经完成了校方所指定的所有研究任务为前提,以院校研究者确实发现了本校存在的某些比较重要的、而校方尚未意识到或尚未重视的问题为原则。作为前提,院校研究者首先必须完成校方交给的研究任务,这是院校研究者最基本的职业操守,一点也不能含糊。如果在尚未完成校方给定的研究任务的情况下,就自说自话地另选问题进行研究,很可能吃力不讨好,甚至还有不安心本职工作、有违职业操守之嫌。因此,完成校方指定的所有研究任务,至少不干扰校方指定的研究任务,是自选研究问题的基本前提。

在满足这个基本前提的情况下,院校研究者也有可能自主选择本校的问题进行研究,不仅有可能,有时候甚至还很必要。重要原因之一是院校研究机构大多承担着本校数据库的职能,这个数据库不仅数据齐全,而且是一个包含了横向数据和纵向数据的分析性数据系统,院校研究者几乎每天都在与这个数据系统打交道,都在监测数据的各种变化,因此他们也就最有可能从这些数据中发现本校的问题,或者是问题的苗头,从而启动对这个问题的分析和研究。

在亚利桑那州立大学和纽约州立大学宾汉顿分校多年从事院校研究的约翰·伯特(J. D. Porter)曾经举过这样一个很典型的案例:某州州政府长期采用"按全日制当量学生总数"办法给州立大学系统中的各高校拨款,其中某校的院校研究人员在完成本职工作之余,自行对本校的教学成本进行分析,发现"开设低年级课程和高年级课程之间存在着巨大的成本差异",最大差异甚至达到"两倍以上",而州政府"按全日制当量学生总数"办法只计本科课程与研究生课程的成本差。由于该校大多数学生都是从社区学院完成低年级课程后转入该校本科高年级就读的学生,因而就产生了该校本科高年级课程和低年级课程比例严重失调这一独特问题,也显现出"按全日制当量学生总数"拨款办法对该校的明显不利。经过反复核算和分析之后,这位院校研究人员准备了一份简略的图表及其说明,求见分管院校研究的校长助理。当这位校长助理看了这份图表之后,"二话不说带着他进了校长室"。结果便是校方以确凿的研究结果"成功地说服了州立法机构修订拨款办法",从而较大幅度地增加了对该校的拨款。[①] 这是院校研究者自己发现问题、自选问题进行研究从而使本校获得重要成果的一个比较典型的案例,这个案例说明,院校研究者自选问题进行研究不仅完全可能,而且在某些情况下还非常必要。院校研究作为学校管理决策的一个手段和工具,它并不完全是一个被动的手段和工具,而是一个可以自主、能动的手段和工具,在某些特定情况下完全可以成为主动作为。

相比较而言,院校研究者自选问题、主动作为,难度往往比做"命题作文"大很多。完成校方指定的"命题作文",院校研究者的工作重点在于根据既定的命题设计合理的研究思路和技术路线,然后予以实施,在其研究过程中,当然也需要"问题智能"和"背景智能",但"技术和分析智能"显然是最重要的,这对研究思路和技术路线的合理性、可行性具有直接的作用。当院校研究者自选问题进行研究时,同样也需要凭借"技术和分析智能",这是任何研究都必不可少的"智能",但是,自选问题研究与"命题作文"研究的不同之处,是自选问题研究有两个重要环节是特有的,一是发现校本问题并且将其确定为值得研究的问题;二是确认了这一问题之后,或者是研究得出基本结论之后,还需要将这个问题由"自己的问题"转变成为校方认可并接受的问题,也就是需要转化为"校方的问题"。而要能够成功地将"自己的问题"转变成"校方的问题",对院校研究者"问题智能"和"背景智能"的要求就明显提高了,这两项智能的重要性因而也就大大突显出来了。

在约翰·伯特所举的案例中,院校研究者之所以能够成功地将"自己的问题"转变成"校方的问题"并且获得最佳的结果,既取决于他的"技术和分析

① 约翰·伯特,等.政策分析.蔡国春,译[M]//程星,周川.院校研究与美国高校管理.长沙:湖南人民出版社,2003:69-70.

智能",更取决于他的"问题智能"和"背景智能",包括对本州拨款政策的熟知、对本校本科生来源及其构成的熟知,对拨款政策与本校"利害关系"的敏锐判断,对本校和本州高等教育决策过程及其机制的熟知,对这一问题及其可能结果的准确预判和自信,甚至也包括说服校方的责任感和勇气,还包括对高等教育发展大势的理解。

因此,院校研究者自选校本问题进行研究,不仅首先要处理好"命题作文"和自选问题的关系,摆正两者的位置,而且要对自选问题研究的难度有充分的估计,对自选问题研究所需要的主客观条件要有准确的判断。

三、重点问题域

任何一所高等院校办学实践中的问题层出不穷、形形色色,大大小小的问题多如牛毛,而且由于各校的校情不同,同样的问题在不同的学校之中可能有不同的原因和表现形式。即便在一校之中,同一问题在不同时期也可能有不同的特殊性,因此院校研究的实际问题因校而异,呈现出多样化特点。然而,虽然院校研究的具体问题多样而繁杂,但毕竟都是高等院校的问题,既然是高等院校,它们就有共性,就是这种共性,决定了院校研究在主要问题领域的共同性和优先性,从而形成了院校研究相对比较稳定的一些问题域——各校研究得比较多、比较集中的问题。

有学者对美国院校研究协会《院校研究新动向》1974 年至 2017 年的主题词进行统计分析,归纳出问题域的 7 个一级分类和 63 个二级分类。① 7个一级分类是:"入学管理与学生事务"、"教师与学术"、"资源管理"、"学院效益、评估、问责及改进"、"政策、规划与治理"以及"理论、实践与伦理"、"技术、工具和技能"。在这 7 个一级分类中,后两类其实是院校研究本身的

---

① 庞颖.美国院校研究问题域的范畴及其更迭——基于《院校研究新动向》(1974—2017 年)的批判话语分析[J].高等教育研究,2018,39(9):38.

理论和方法问题,而院校研究人员实际研究的校本问题,主要是前 5 类,分别关于学生、教师、资源、评估、规划等,这 5 类是美国院校研究的 5 个主要问题域。日本对各类高校院校研究机构的调查显示,院校研究排在前五的问题"群类"分别是:"学生状况把握·分析"、"外部评估的对应"、"教育成果分析"、"政策·改革动向分析"和"财务·经营分析"。① 这 5 个问题"群类"与美国的情况基本相同,关于学生、评估、教育的问题是重点问题域。

素罗娜丽科技大学的院校研究如表 6-1 所示,主要问题域有"课程、教学与学习"、"招生"、"学生事务"、"图书与信息服务"、"会计和总务"等方面,其中与"教学"和"学生"相关的问题又是重中之重。

总体上看,院校研究的具体问题虽然因校、因时而有不同,但比较共同的问题域主要有 5 个,分别是学生事务、教师事务、教学事务、资源管理、政策规划,其中又以前三个最为普遍。本章以下各节,将围绕这 5 个问题域介绍相关的研究案例,通过实际的研究案例可以直观展现问题域的特点以及院校研究的程式和方法。

第二节　学生事务研究

耶鲁大学校长贝诺·施密德特(Benno·Schmidt)认为:"学生就是大学!"②加州大学校长克拉克·克尔也曾指出:"学生是一所大学存在的主要原因。"③只要承认高等院校是培养人的教育机构,那么学生就必然是学校的中

---

① 刘文君.日本院校研究的状况及其发挥的作用[J].中国高教研究,2016(3):88.
② 陈宏薇.耶鲁大学[M].长沙:湖南教育出版社,1990:4.
③ 眭依凡.学府之魂:美国著名大学校长演讲录[M].北京:教育科学出版社,2013:15.

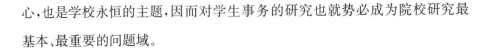

心,也是学校永恒的主题,因而对学生事务的研究也就势必成为院校研究最基本、最重要的问题域。

一、主要问题来源

美国学者概括了学生事务研究的四个"导向性的问题",也就是共同的前提性问题:当今大学生有什么特点? 学生如何经历大学生活? 学生在大学学习什么,将来成为什么样的人? 大学对学生的学习与未来有什么影响?[①] 这四个基本的问题,是所有学生事务研究都会涉及的前提性问题,也是学生事务研究的主要逻辑起点。

在这四个导向性前提问题之下,学生事务的具体问题分布在从入学,到就学,再到毕业乃至毕业之后的全过程之中。首先是招生入学问题研究。能招到多少学生,招到什么样的学生? 面对激烈的生源竞争,这些问题是关系到学校是否能够生存的根本问题,在这个意义上说"学生就是大学"一点也不过分。因此,招生录取问题研究、生源的监测,自然而然成为学生事务研究的重要内容。与此相应的问题,是学生招进来之后,如何留住这些学生,使他们愿意在本校持续注册,最大限度地减少中途转学或辍学的人数。这个问题对很多院校来说其重要性不亚于招生,也是学生事务研究的重要内容。

其次是学生的学习和发展情况研究。学生入学之后是以什么态度、什么方式投入学习的? 他们的学习态度和方式在不同的年级、不同的学院有什么特点? 他们的课内学习和课外学习是如何进行、如何相互影响的? 他们从与教师的交往中、与同学的交往中受到了多少影响? 他们学到了什么,学到了多少,他们的发展是否达到了其潜能所允许的最大值? 学习问题无疑是学生事务研究最重要的部分,但也不局限于此。事实上,学生在校期间的课外活

---

① 盖瑞·汉森.学生事务研究.万力维,译[M]//程星,周川.院校研究与美国高校管理.长沙:湖南人民出版社,2003:148-149.

动、社团、社交、校园生活乃至安全等各个方面的情况，也都在学生事务研究的范围之内。学生事务研究是对学生学习、发展所有方面的研究，涵盖了学生在校学习、生活、发展的全过程。而且，学生在校的学习和发展情况，与学校的教育教学情况和学生管理服务的状况是密切相关的。如何针对学生组织教育教学、因材施教，使他们学有所得、学有所获，都能获得比较充分的发展；如何对学生进行有效的管理和全面的服务，使他们过有意义的校园生活、健康成长。如果再考虑到学生之间的个别差异，考虑到要把每个学生都当作一个"独一无二的个体"，并且在此基础上因材施教并提供服务，那么可供院校研究者研究的"学情"或"学生事务"，可以研究的问题几乎是无穷无尽的，学生事务问题是院校研究的一个永无止境的问题域。

另外，在学生毕业进入社会之后，或者是在他们中途转学、辍学离开学校之后，对于他们离校后的情况，也都是学生事务研究的重要内容。因为通过对学生毕业后发展情况的研究，对他们中途离校原因的分析，有助于发现学校教育教学和管理服务工作中的成败得失、经验教训，从而为改善学校的学生事务提供参考依据。

学者们在对美国《院校研究新动向》1974 年至 2017 年的主题词的归纳研究中发现，在一级问题域"入学管理与学生事务"之中，共有 12 个二级问题分类，分别是"入学人数预测"、"保留、消耗、坚持和学生跟踪"、"研究生保持与获得学位的时长"、"财政资助"、"学生全面发展"、"学生学习"、"学生品格教育"、"STEM 教育"、"学生成就/就业"、"大一新生"、"学生转学"、"退伍学生"。在其他的一级问题域中，事关学生事务的还有："各院学生特点与氛围"、"研究生教育与研究"、"运动员学生"等。[①] 这些具体问题基本上反映了美国院校研究在学生事务方面的研究重点。另外，2000 年美国印第安纳大学高等教育研究中心推出了"大学生学习投入度全国调查"(NSSE)，这项调查

---

① 庞颖.美国院校研究问题域的范畴及其更迭——基于《院校研究新动向》(1974—2017 年)的批判话语分析[J].高等教育研究,2018,39(9):39.

主要涵盖了"学业挑战度"、"同学效应"、"与教师的交往"、"校园环境"四个维度及其十多个次级指标。[①] 这项调查推出之后,很快被美国和加拿大以及世界上很多国家的高等院校借用,成为院校研究人员监测和分析本校学生"学情"的基本工具,促进了各校学生事务研究的发展。

小林雅之等人对于日本院校研究情况的调查结果表明,在关于"学生"的调查分析一类中,各院校研究的重点问题包括"学生评教结果分析"、"学生完成度调查"、"学生成绩或 GPA 分析"、"学生生活调查"、"学生生活状况调查"、"休学、留级、退学原因分析"、"就业状况调查"、"报考学生调查"、"毕业生调查"、"学生入学前调查"、"学费设定标准的分析"等十余类。[②] 这些问题也反映了日本学生事务研究的重点与各国学生事务研究的问题都大体相似。

虽然学生事务研究的问题在类别上大同小异,但每一个问题在不同的院校、不同的学生群体乃至不同的学生个体那里,问题的成因以及具体表现形式都千差万别、因校因人而异,因而实际进入院校研究、被确立为研究课题的问题,在性质上都是校本性的特殊问题。例如素罗娜丽科技大学关于学生事务的研究,"重新入学的大学生学习成效研究","参加农业园游会高中生、家长及高中教师对于选读农学专业之态度研究","学生摩托车意外事故的相关因素研究"等,都是同一问题域之中该校所特有的具体问题形式,是这所特定的学校当时最亟须解决的特定问题。

二、研究案例

学生事务研究的案例十分丰富,通过以下五个研究案例,可以更具体地了解学生事务研究的实际问题及其研究方法。

---

① 傅远志,林静慧,许雅涵.标杆比较在美国大学校务研究的应用[M]//杨莹.各国大学品质保证与校务研究.台北:高等教育文化事业有限公司,2019:60.

② 刘文君.日本院校研究的状况及其发挥的作用[J].中国高教研究,2016(3):88.

（一）南达科他州立大学"本科生第一年持续注册率研究"

南达科他州立大学是美国的一所公立博士型大学,位于南达科他州布鲁金斯。由于是公立大学,如何保留学生、如何提高他们的持续注册率,始终是校方关注的大问题。根据校方要求,该校的院校研究人员于 2004 年进行了关于本校"本科生第一年持续注册率"问题的研究。①

研究人员在明确了问题的定义之后,首先进行文献梳理,了解当时美国高校一年级学生辍学率和转学率的基本数据,同时以 F. 沃尔科温(F. Volkwein)的"组织结构与功能"理论以及 A. 阿斯汀(A. Astin)的"学生与学校吻合"理论作为分析框架。在此基础上,明确了三个具体的研究问题:第一,本校一年级新生的基本情况;第二,哪些变量对第一年持续注册率有影响;第三,通过逻辑回归分析找出预示第二年持续注册的因素。研究目的就是一个:提高本校学生第一年持续注册率。

研究主要运用文献研究法,研究人员以本校 1998 年至 2002 年五年秋季入学全日制 4 593 名本科新生作为样本,以这些学生个人的数据作为基本资料,通过对这些资料的分析,确定了 19 个变量。

> 性别,年龄,户籍(州内或州外),是否住校,是否"优秀班学生",是否上过"补习"课,"补习"课成绩是否合格,高中时是否取得"大学预置课程"学分,是否有"大学课程考试"学分,家庭到学校的距离,入学年份,第一学年末学业表现情况,高考 ACT 分数,就读学院,高中学习成绩,第一学期平均成绩,奖学金数量,家庭年收入,教育费用缺额(学费＋住宿费＋交通费－家庭支付－奖/助学金总数)。

---

① 张彪.大学本科生第一年持续注册率研究[M]//程星,周川.美国院校研究实例.苏州:苏州大学出版社,2008:83－97.

经过统计分析,研究人员算出了这 19 个因素影响第一年持续注册率的相关系数,依次排列为:

第一学年末学业表现(0.53),第一学期平均成绩(0.26),高中平均成绩(0.24),ACT 标准化测试分数(0.17),"补习"课成绩(0.17),是否"优秀生班"(0.13),是否上过"补习"课(0.12),年龄(0.11),"大学预置课程"学分(0.11),种族(0.10),是否住校(0.09),"大学课程考试"学分(0.08),家庭年收入(0.08),户籍(州内/外)(0.08),就读学院(0.08),入学年份(0.03),性别(0.02),家庭到校的距离(0.02),奖学金(−0.09),教育费用缺额(−0.13)。

然而,研究的目的是提高第一年持续注册率,等到知道学生"第一学年末学业表现"的结果时,再采取补救措施为时已晚。因此为了提高该研究的预测性,研究人员排除了"第一学年末学业表现"变量,然后再排除"第一学期平均成绩"变量,将其他因素再次进行二元逻辑回归分析,影响最大的 6 个因素依次为:"大学课程考试"学分、"大学预置课程"学分、种族、户籍、高中平均成绩、教育费用缺额。

根据这个结果,院校研究人员提出了"第一学期末"和"新生入学时"两个预测模型,并且向校方提出了相应的建议,包括加强对少数族裔新生和外州新生的指导、关心,录取新生时适当提高高中成绩门槛和 ACT 分数要求等。

(二) 哥伦比亚大学"学生的校区意识研究"

哥伦比亚大学位于繁华的纽约曼哈顿,学生的校区意识不强是该校一个由来已久的问题。根据校方需要,哥伦比亚大学的院校研究人员对本校学生的"校区意识"问题进行了专门研究。①

研究人员在明确问题的基础上综述了多位学者的"校园意识"研究成果，特别引用了 E.博耶的校园"六特征"学说作为研究的分析框架。博耶认为，理想的校区具有 6 个主要特征，它是一个以教学为中心的社区，开放的社区，公平的社区，有纪律约束的社区，注重人道主义关怀的社区，具有令人骄傲的历史和传统的社区。研究主要运用问卷法，研究人员以 S. 杰诺思克（S. Janosik）1991 年发表的"校区量表"为基础，针对本校学生校园生活的不同方面设计了 26 个题干的封闭式问卷，按照"四点量表"形式进行编排（从"很不赞同"到"很赞同"）。问卷调查对象为哥伦比亚大学文理学院和工学院的本科生，共计 1 457 人。

研究人员对回收的问卷在 3 个层面上进行统计分析，描述性分析结果：揭示了该校学生在 26 个项目上的感受及满意度；因素分析结果揭示了影响学生校区意识的 7 个组合变量："教与学"、"住校生活经验"、"文化与种族社团间的交流"、"友谊"、"校史与传统"、"孤独与压力"和"跨文化的人际交往"；多元回归分析的结果揭示了相关组合变量与学生校区意识之间的规律性联系，建立了 4 个模型。

这 4 个模型分别显示：1. 学生个人情况（性别、种族、家庭收入等），对其校园意识没有太大的影响；2. 学生的学业情况与种族、年级以及辅导中心的服务状况显著相关；3. 课外活动和社团活动对校区意识的影响并不如预期的那么大，有些社团甚至对校区意识有负面影响（如"兄弟会"、"姐妹会"之类）；4. 对校区意识具有显著影响的 5 个变量依次为"教与学"、"住校生活经验"、"文化与种族社团间的交流"、"校史与传统"以及"孤独与压力"。

据此，院校研究人员提出了提高学生校园意识的若干建议。

"让学生在学校里感受到关怀和尊重"，特别是要关怀高年级学生（他们

---

① 程星.哥伦比亚大学学生的校区意识研究.丁为东，译[M]//程星，周川.院校研究与美国高校管理.长沙：湖南人民出版社，2003：167－181.

的校区意识弱于新生);通过有效的组织和安排丰富的校区活动,提高课外活动的质量;营造"以教学为中心的学习氛围",促进师生间的交流;进一步加强年级辅导中心的建设,提高学生服务及住校生活质量;引导和改善学生社团组织,增进不同种族和文化背景社团的交流与合作。

(三) A 大学"本科生入学前背景情况对就读决定的影响"研究

A 大学是美国的一所私立高校,属于硕士(Ⅰ)型大学,本科生在校人数千人左右,以文理教育为中心,师范教育专业很强。由于是私立高校,学校的办学经费主要靠学费,加之该校位于大城市的中心,四周有多所著名的公私立高校,招生竞争十分激烈。对于 A 大学来说,在"不降低招生标准的情况下"扩大招生规模,无疑是关系到学校生存发展的命脉,学校上下对此都十分重视。21 世纪之初,院校研究人员按照校方的要求承担了"本科生入学前背景情况对就读决定的影响"研究。①

研究人员在明确了问题之后,调取了该校 20 世纪 90 年代末至 21 世纪初 7 年内积累的 1 151 位申请入学考生的数据,这些数据涵盖了每一位考生多方面的信息,确定将考生最终"入学"作为因变量,而将其他信息都作为自变量。研究人员将这些数据输入 SPSS 系统进行分析,首先对考生的综合背景进行描述性分析,然后通过相关变量分析和回归分析,确定各种自变量与因变量之间的关系,同时确定对申请考生是否入学的预测模型。在回归分析过程中,自变量被归纳为 4 个变量集,分别为"社会经济背景"(包含申请费支付情况、财政资助申请情况、是否自立、家庭财政资助、家庭收入、是否需要奖/助学金、住宿选择),"人文背景"(年龄、种族、性别、婚姻状况),"自我准备情况"(招生人员直观评估、申请日期、高中成绩)和"其他情况"。

描述分析结果显示,在这 1 151 位申请考生中,只有将近三分之一的人最

---

① 宁斌.本科生入学前背景情况对就读决定的影响[M]//程星,周川.美国院校研究实例.苏州:苏州大学出版社,2008:72-82.

终"入学"A 大学;申请考生的家庭收入普遍较低,大部分是女性,少数民族裔尤其是非裔居多。相关变量分析结果显示,与因变量相关的自变量主要有:"在本校是否申请了财政资助","是否需要财政资助","修课是否以白天为主","招生人员的直觉评估","是否为黑人","早期申请","年龄","申请费支付情况","家庭收入","种族不详"。

在"早期申请"方面的一个有趣发现是越早申请,最终"入学"的可能性就越低。这与 A 大学的学校声望及地理位置有关。

二元逻辑回归分析结果显示,11 个自变量与因变量有统计意义上的重要相关关系,其中 5 个自变量可以作为"入学"因变量的"重大预测因素",它们分别是:"在本校是否申请了财政资助","是否需要财政资助","种族情况未填报","早期申请","修课以白天为主"。

这份研究报告提交给校方之后,成为招生人员的重要工作参考。在招生过程中,他们会特别关注那些"在本校申请了财政资助"的申请人、"需要财政资助"的申请人以及"种族情况未填报"的申请人和"修课以白天为主"的申请人,并且根据实际情况针对每位申请人调整招生策略。

(四) B 大学"勤工俭学对大学就学经历的影响"研究

大学生的勤工俭学对学习和发展有哪些影响? 什么类型的勤工俭学更有利于学生的学习和发展? 如何引导和促进大学生勤工俭学? 这些问题是高校普遍关注的学生事务。B 大学是美国著名的私立研究型大学,位于大都市,生活费用很高,几乎所有本科生都住校,虽然学习很忙且压力很大,但很多学生都有勤工俭学经历。根据这一实际情况,院校研究人员在 2003 年对该校本科生进行了"勤工俭学对大学就学经历的影响"的研究,旨在探索本校学生"勤工俭学作为一种就学经验究竟如何影响学生的学习和成长过程"。[①]

研究人员在综述"勤工俭学"文献的基础上,按照扎根理论的方法要求,在研究之初不带任何研究预设,通过开放式小组访谈法收集质性数据进行分析。小组访谈的具体问题有三个:具体描述自己的勤工俭学工作,描述勤工俭学工作的动机、期望及个人感受,描述勤工俭学对个人大学学业和课外生活的影响。

访谈对象的确定采用了严格的随机抽样方法。首先选定该校本科生年度问卷中回答"有勤工俭学经历"的学生为该项研究的总体,随后从明确表示"愿意参加访谈"的学生中随机抽样选出 14 人作为访谈对象。实际访谈将 14 位学生分为两个小组进行。在征得被访谈学生的同意后,研究人员对小组访谈的全过程进行录音,并且严格按照小组访谈的规范进行提问、讨论、记录,并保密。

访谈结束后,研究人员将两个小组的录音和现场记录逐字逐句进行比对、补充,然后整理成文,合成为一份文件,在对这份文件反复研读的基础上,再运用 NVivo 质性数据分析软件进行归类和分析,特别注重对文件中重复出现的主题词及各主题词之间的关系进行分析,同时对文件中雷同和不同的观点进行主题甄别以发现其中的新含义。

研究发现,这些学生的勤工俭学工作既有校内的也有校外的,具体工作五花八门,每周大约工作 13 个小时,个别学生同时兼两份工作。

这些学生的工作动机多种多样,个人感受也因具体工种的不同而有所不同,但从他们感受中,研究人员归纳出以下共同点。

第一,通过勤工俭学增加了收入并在经济上独立自主;第二,学到了求职技巧并对就业市场有了感性的了解;第三,打开了校外世界的大门,有助于提高在职场中的人际交往能力;第四,学会了管理时间、安排日程;第五,有助于

---

① 程星.勤工俭学对大学就学经历的影响[M]//程星,周川.美国院校研究实例.苏州:苏州大学出版社,2008:365-378.

发现并发展自己的学术兴趣和未来的职业选择;第六,提高了自信心。

根据研究结果,院校研究人员对校方提出了两条建议:一是将勤工俭学纳入有组织、有计划的课外活动之中,使之成为一种自觉的、有组织的"课外教育过程",使学生在经济和学业方面收获更多;二是在校内增加更多的勤工俭学岗位和机会,特别是要采取措施鼓励教授吸收本科生担任研究助理或实验助手,因为这些工作将学业目标和工作目标最大限度地融为一体,因而被学生看作是"最有意义的"勤工俭学工作。

(五) 托马斯·阿奎那学院"检测在校学习效果"的应届毕业生调查

对应届毕业生进行"学习效果"或"学习满意度"问卷调查是很多高校的通行做法,也是很多高校院校研究的常规项目。托马斯·阿奎那学院(St. Thomas Aquinas College)位于纽约,是一所注重博雅教育的教会学校,连续多年进行应届毕业生"学习效果"问卷调查。① 该校的使命和宗旨全部以学生的发展来标识。

以真理启发学生的思想,致力于培养学生的工作和进取能力。为此,要求学生在人文和科学方面打下广博的知识基础;学生通过某一专业的深入学习和培训达到职业目的或得到继续深造的机会;学校营造一种友好、宽松但具有挑战性的学习环境,要求学生积极参与课内外各种活动,提高知识、道德、社交及心灵的素养;要求学生独立思考,积极参与社会,以理性的态度面对一切问题;要求学生在建设多元化社会的过程中努力成为负责任的公民和领袖,并成为服务社会、尊重他人、有责任感的典范。

1999 年,该校的院校研究人员与本校的心理学专家以学院的这个办学使命和宗旨为依据重新设计了调查问卷。新的问卷分为三个部分,共 41 个问题。

---

① 孔祥平.通过问卷调查检测大学生在校期间的学习效果[M]//程星,周川.美国院校研究实例.苏州:苏州大学出版社,2008:279-298.

"学校的培养目标"部分有 11 个问题,每一个问题均以"我认为学校做到了……"开头,其后的问题包括"培养学生的知识面","帮助学生掌握专业知识","为学生进一步深造做好准备","培养学生的文理知识以达到个人职业目的","提高学生个人宗教素养"等。

"学习过程及其体验"部分有 14 个问题,诸如"教师的专业知识有助于我进一步深造","教师鼓励并关心我个人的学习","在热情、友好的校园环境里我的学习很顺利","通识教育课程有助于提高我的交流技能","教师办公室的位置对学生很方便"等。

"所学知识技能及学习态度"部分有 16 个问题,每一个问题均以"我从本校毕业时……"开头,其后的问题包括"个人的价值观很明确","专业知识提高了","写作能力提高了","公众演讲能力提高了","能够有效地安排时间","对自己有了更深的了解","研究能力得到了提高","学会了尊重他人,包括不同种族和文化背景的人"等。

每一问题从"完全不同意"到"完全同意"设 5 个等级。问卷在每年 5 月中旬毕业典礼前夕发放,学生自愿填写,由于要求毕业生将做好的问卷连同其他毕业材料一起提交,因而回收率非常高。

自 1999 年开始,该校每年都用这一问卷对应届毕业生进行调查。院校研究人员通过对问卷的各种统计分析,了解学生在校数年间的"学习效果"和"学习满意度"及其在不同性别、不同层次(本科生与硕士生)、不同系科、转学生和非转学生之间的区别,了解学校教学和服务方面存在的问题。研究报告是校方在下一年度改进教学和服务工作的重要参考依据。

第三节　教学事务研究

无论什么性质、什么类型的高等院校，只要它有学生，它就是培养人的地方，教学就是它最根本的职能和首要的任务。亚里士多德认为，"教学是最高的理解形式"①，他把教学提升到人类理解的最高层次，旨在说明教学的高度复杂性和艰巨性。"牛津人"和"剑桥人"常常自诩是世界上"最有名的教学型大学"，②可见教学在他们心目中的分量。在院校研究中，教学事务研究是与学生事务研究密切相关的问题域。

一、主要问题来源

教学过程是由教师的教和学生的学组成的双边活动过程，在这个活动过程中，教师和学生是活动的共同主体，教师在其中起主导的作用，除了这两个共同主体，在活动过程之外的所有人都是"外部因素"，事实上很难介入教学过程之中。特别是洪堡在19世纪初确立的"教学自由"原则，成为"德国大学的骄傲"和"德意志民族不成文的宪法"。③ 这条原则也超越了德国的国界，成为世界高等教育的金科玉律。教什么，如何教，在绝大多数国家中都是高校教师的自由，也是他们的基本权利，几乎没有教学过程之外的旁人可以置喙

---

① 欧内斯特·波伊尔.学术水平反思——教授工作的重点领域.丁枫，等译[M]//国家教育发展研究中心.发达国家教育改革的动向和趋势(第五集)：美国、日本、英国、联邦德国、俄罗斯教育改革文件和报告选编.北京：人民教育出版社，1994：30.

② 大卫·帕尔菲曼.高等教育何以为"高"：牛津导师制教学反思[M].冯青来，译.北京：北京大学出版社，2011：34.

③ 弗里德里希·包尔生.德国大学与大学学习[M].张弛，等译.北京：人民教育出版社，2009：226.

的机会和可能,除非有来自学生方面的反映。因此,院校研究在兴起之后的一段时期内,对"教学事务"的研究,多是对"事务"的研究而不是对"教学"的研究,而这些教学的"事务"主要是学校层面上总的教学状态,诸如开课门数及其结构,各门课程的选课人数及其变化,通识课程的教学状态与教务管理,各门课程的及格率和不及格率,全校课程表的编制,教学设施的配置等。这些"教学事务"基本上都是教学管理的事务,因而那时的"教学事务研究",实际上主要是学校教学状态及其数据的监测以及对教学管理事务的分析研究。

然而从 20 世纪 70 年代起,随着高等教育质量保障运动的兴起以及高等教育问责体系的形成,院校研究中的教学事务研究逐渐开始向课程和教学过程靠近,逐渐贴近课程和教学实际环节。教什么,如何教,虽然还是教师的自由和权利,一切都由教师自己决定,但是,教得好不好,学生是否满意,学生是否学有所得、学有所获,课程和教学应该如何改进,对于这些问题,院校研究者可以通过某些评估手段去了解,特别是可以通过学生的学业成就评价去了解。在这种情况下,教学事务研究逐渐贴近课程和教学过程,就有可能对课程教学本身的问题进行分析研究,从而使得"教学事务研究"从教学"事务"的研究向"教学"事务的研究深化。这样一种趋向,对于院校研究来说实际上也是功能和作用的拓展,使院校研究不仅成为学校领导者、管理者的参谋和助手,也有可能成为教师的参谋和助手。院校研究可以帮助教师发现教学中的问题,帮助教师总结教学的经验和教训,从而帮助教师更有效地改进教学,提高教学水平和质量。

当然,尽管有这样一种趋向,但总的来看,教学事务研究在当前主要还是侧重于教学管理事务方面,以及一些全校共同课程的教学方面。真正对课程与教学的研究介入还是有限的,原因之一当然是教学自由,这是一个极其敏感的问题,管理者和院校研究者对此都不得不小心翼翼;原因之二是要介入具体的课程教学,院校研究者就必须具备该专业或课程的知识,否则很难有发言权,而这对于院校研究者来说,这是一个比较难达到的要求,即便他原先就是学这个专业的,但如果没有在这个专业相当的研究和教学经历,他的专业水平也不可能与专业教师相提并论,因此也就很难从内容上对课程教学做出准确的判断和评估。因此,对各门专业课程教学的"院校研究",实质上只能由任课教师自己去承担,他们也可以以某种方式对自己的教学进行实践反思式的研究,但这样的反思式教学研究基本属于广义院校研究的范畴,而不是本书特指的院校研究。

二、研究案例

教学事务研究主要关于教学状态和质量监控、全校性课程的评估、学业成就评价等方面,以下几个案例反映了教学事务研究的一些特点。

(一) 圣约翰大学"本科教育质量监控指标"研制

美国从 20 世纪 70 年代起,在政府、高等教育认证机构以及院校研究协会的多方推动之下,将对本校教学质量的监控作为院校研究机构的重要职能。为此,制定既符合高等教育规律同时又体现本校特点的质量监控指标成为首要任务。圣约翰大学(St. John's University)院校研究机构研制的本校"本科教育质量监控指标"[①]有一定的代表性。

圣约翰大学是一所天主教教会大学,位于纽约,本科生约 1.5 万人,研究生约 5 000 人。该校的办学宗旨表述为:

> 作为一所高等学府,我们研究学问,寻求智慧,而学问和智慧源于自由探索、宗教教义和人类实践。通过不断创新的教学、科研和服务,我们培养学生积极、理性的探索和勤于思考的习惯。以学生为中

---

① 刘玉祥.大学本科教育质量监控指标[M]//程星,周川.美国院校研究实例.苏州:苏州大学出版社,2008:28-35.

心的理念将体现于充满关爱、激励的校园文化,使每一个学生都有能力获得终身受用的素质教育……作为天主教学府,我们重视道德教育,强调奉献和服务,我们的毕业生将成为富有责任感的公民,在不断加快发展的全球一体化的人类大社区中表现出卓越的服务和领导才能。

以这一宗旨为依据,圣约翰大学在 21 世纪初参照《投身学习:发挥美国高等教育的潜力》提出的基本原则和"大学生学习投入度全国调查"(NSSE)的指标体系,根据本校的实际研制了"本科教育质量监控指标",它含 12 项一级指标 29 项二级指标:

1. 入学指标:(1) 大学入学考试平均分数;(2) 高中平均分数。

2. 学生结构指标:(1) 男女生比例;(2) 少数民族学生比例;(3) 信仰天主教者比例;(4) 低收入者比例。

3. 学生在教学过程中的参与程度:(1) 课程挑战性;(2) 学习主动性、合作性;(3) 师生互动;(4) 学习经历的丰富;(5) 学习环境的适宜。

4. 通识教育指标:(1) 达到通识教育目标的学生占学生总数的比例;(2) 全职教师所任通识课程数量占通识课程总数的比例(该校通识课程的教学目标为:批判性思维;信息处理与研究设计;定量分析;口头表达;书面表达)。

5. 专业教育指标:(1) 定期进行自我评估的学科或项目的比例;(2) 学生专业课考试的通过率。

6. 社区服务与服务型学习指标:(1) 学生参加社区服务或志愿者服务的比例;(2) 学生参加服务性学习的人数。

7. 学生评价教学:(学生在每学期结束前填写评教问卷)(1) 对课程

总体评价；(2)问卷中四项(课程计划与组织；课堂交流；师生互动；作业、考试与成绩评定)平均值。

8. 校园与生活环境指标(三项问卷调查)：(1)《学生满意度问卷》；(2)《住宿生问卷》；(3)《图书馆问卷》。

9. 教学方式指标：《教师问卷》中关于四种教学方式(讲授；课堂讨论；合作学习；小组学习)所占比例。

10. 教师对于道德教育的认识指标：(1)认为自己有责任培养学生的社会正义感的教师的比例；(2)认为道德教育是学校工作重要组成部分的教师的比例。

11. 学生的持续注册率，毕业、升学和就业率指标：(1)持续注册率；(2)毕业率；(3)升学和就业率。

12. 校友反馈指标：主要来自《校友问卷》"认为母校在下列方面为他们提供了良好教育的校友的比例(社区服务；继续深造；就业)"。

(二) 托马斯·阿奎那学院"'新生入门'课的评估与教学改进"研究

托马斯·阿奎那学院于20世纪90年代初为新生开设了"新生入门"课，该课为新生必修课，计1个学分，主要内容相当于"入学教育"，诸如教学要求、选课方法、学习方法、导师指导、教学环境和设施的介绍和辅导等。几年之后，校内对于是否有必要开设这门课程有较大争议，反对的一方认为这门课没有学术性，主张取消，尤其反对计学分，赞成的意见也有不少看似很充足的理由。校方对此拿不定主意，于是要求院校研究办公室专题研究这门课程的合理性和有效性问题。①

院校研究人员接到研究任务之后，通过文献检索，梳理了当时美国其他

① 孔祥平.'新生入门'课程的评估与教学改进[M]//程星，周川.美国院校研究实例.苏州：苏州大学出版社，2008：242-257.

四年制大学开设"新生入门"课程或类似课程的基本文献,包括是否开设(开设的高校占82%)、是否计学分(计学分的高校占89%,有的甚至计"3分")、是否必修(有的高校要求全体新生必修,有的只要求入学成绩较差的新生必修)等。在此基础上,院校研究人员决定选用美国"大学一年级入门课程"全国调查问卷对本校的"新生入门"课进行问卷调查,这份问卷共有15个问题(前14个问题均以"本课程"开头,从"最不满意"到"最满意"采用七级分值回答)。

　　提高了学习方法;提高了学业水平和认知技能;提高了批判性思维能力;加强了同教师的联系;加强了同学之间的联系;促进了课外活动的参与;增进了对校内有关规定的了解;增进了对学校教学服务的了解;使我学会了如何安排实践并掌握好学习进度;使我增加了健康知识;使我感觉得到了别人的理解和接受;教材实用性;教学采取了启发式;总体效果;对本校的满意度。

　　研究人员明确了三个研究目的:第一,从学生对该课程的满意度来了解这门课程的教学效果,同时把本校数据同其他院校进行比较;第二,将调查结果作为"诊断工具",以改进该课的教学并提升相关的服务质量;第三,以此证明这门课程开设并计学分的必要性。

　　研究人员分别对2002级、2003级、2004级新生进行了问卷调查。通过对回收问卷进行因素分析和回归分析,在三个年级中分别发现了影响该课程满意度的"预测变量"以及"最满意"的因素,并且得到了以下四个结论:第一,证明了开设"新生入门"课的必要性和重要性;第二,新生对这门课在大多数题干上均给予很高的评价,说明这门课教学效果很好;第三,这门课的主要不足在三个题干上——对学生参与课外活动的帮助有限,使用的教材帮助有限,启发式方法不够。

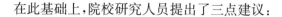

在此基础上,院校研究人员提出了三点建议:

1."新生入门"课程应以知识内容作为基础,要求所有新生选修(优秀班学生除外),不应只限于入学成绩差的学生;2. 在入学成绩较差的学生中,进行有针对性的教学,增强他们的学习能力;3. 把"新生入门"课由1学分增至3学分。

研究结果和建议于2004年提交给学校的"一年级教学工作组",该工作组经过反复讨论之后,正式采纳了上述建议并上报学校主管教学的领导,最后提交学校课程设置委员会批准予以实施。

(三) C 学院"补习功能及效率评估"研究

美国两年制社区学院不仅承担专科层次的教育,而且可以为附近的本科院校输送合格的转校生。社区学院的学生可以把"等同课程"(主要是大学英文、大学数学)的合格学分转入四年制院校,并进入该校继续攻读本科学位。但由于社区学院"等同课程"的教学要求与四年制院校有所不同,因此在"等同课程"之前为学生开设补习课(英文补习课、数学补习课)以帮助他们顺利进入"等同课程"的学习,遂成为社区学院一个新的附加教学功能。

C学院是一所规模较大的社区学院,坐落于美国中西部的大城市,在校生约为二万人,学生中黑色人种居多,女生居多,其中很多学生来自中低收入家庭,高中成绩也不够理想。21世纪初,该学院为转校生开设的补习课程占到全部课程的17%,是全校教学工作的一个很重要部分。为了提高补习课的教学质量,使转校生的基础课水平尽量达到本科院校的要求,院校研究人员按照校方需要,于2006年对英文补习课的"补习功能及效率评估"进行了研究。①

---

① 宁斌.美国社区学院的补习功能及效率评估[M]//程星,周川.美国院校研究实例.苏州:苏州大学出版社,2008:354-364.

院校研究人员在文献综述的基础上明确了四个具体的研究问题：

1. 学生个人背景(性别、种族、年龄)与是否需要选修补习课的相关性；2. 学生在补习课中的成功率(成绩 C 及以上)；3. 学生在大学英文(Ⅰ)和大学英文(Ⅱ)两门"等同课程"中的成功率；4. 将学生分为两个群体[群体 1：在选修大学英文(Ⅰ)之前选修过一门或多门补习课；群体 2：在选修大学英文(Ⅰ)之前未选修过任何补习课]，分析两个群体在补习课学习效果(期终成绩、不及格率、课程退注率、连续注课率)上的差异。

研究人员主要采集了两组数据，一组是三年内所有学生的入学定位考试成绩，另一组是 2005 年秋季和 2006 年春季所有英文课的成绩。研究人员通过描述分析，找到了问题 1 至 3 的基本答案，确认是否需要补习，与年龄、性别有一定相关，与种族密切相关；通过关联分析和平均值比较法找到了问题 4 的初步答案，其中的一个重要结论是：

两类学生群体在大学英文(Ⅰ)和大学英文(Ⅱ)两门"等同课程"中的成功率具有明显差异，这种差异表现为：选修过英文补习课的学生(群体 1)在这两门大学"等同课程"中的成功率明显低于未选修过英文补习课的学生(群体 2)。

据此，研究人员初步认定该学院的英文补习课教学质量不够高，存在"分数膨胀"现象。为此，研究人员对提高补习课的评分标准、改进补习课的教学设计提出了具体的建议，特别是针对英文系教授既上大学课程同时又上补习课的情况，提出了加强补习课教学方法专题培训的建议。

第四节　教师事务研究

"教授就是大学"的命题,在众多的著名大学校长那里都曾得到过生动的诠释。从高等院校使命职能的角度看,教师对于学校的重要性无论如何强调都不过分,因而教师事务的研究也是院校研究的重要问题域。

一、主要问题来源

高等院校教师是"以学术为志业"的职业,从事的是研究和传授高深学问的工作,这种工作需要通过教师个人自主的创造性劳动来完成,需要高度的学术自由和教学自由来作为保障,所以马克斯·韦伯在一个世纪前就把这种工作界定为"精神贵族的事"。[①] 尊重和保障教师的学术自由和教学自由,既是高等教育的一条普遍原则,也是高等院校教师管理的基本准则。在高等院校中,学术自由和教学自由始终都是一个极其敏感的议题,任何事关教师管理的制度和举措,都必须以不侵害教师的学术自由和教学自由为准则,否则就会伤害教师的职业尊严,最终伤及院校本身的使命。这条基本原则同样也适用于院校研究中的教师事务研究。

所谓教师事务研究,并不是对本校教师个人专业工作的研究,主要是对本校教师总体状态的研究、对本校"教师管理"事务的研究,研究的目的在于改进本校的教师管理,具体的问题大多在教师的招聘、晋升、薪酬、任职满意度、流动等方面。虽然近些年来,教师的业绩评价和教师职业发展问题也逐

[①]　马克斯·韦伯.韦伯论大学[M].孙传钊,译.南京:江苏人民出版社,2006:95.

渐进入院校研究的视野,但由于这些问题本身的敏感性,院校研究对这些问题的介入仍然十分审慎,研究的适用性也控制得很严格。在关于美国院校研究问题域主题词的统计研究中,"教师"主题词竟显示为"负关键词",研究者认为这表明美国院校研究中"教师"问题研究的重要性在下降。[①] "负关键词"是否一定意味着问题的重要性在下降还尚需确证,但如果说对"教师"问题的研究越来越审慎或许更加可取。

美国《院校研究手册》专章列举了教师事务研究从招聘、薪酬、留任、晋升到退休各个环节的具体问题,[②]这些具体问题既反映了学校对教师事务关切的主要方面,也显现出教师事务研究的深入。例如在招聘环节,加州大学院校研究机构建立了一套收集应聘人员信息的调查方法,主要有六个信息:受聘的理由;对招聘过程的评分;受聘职位薪酬与其他招聘职位提供的薪酬对比;拒绝职位聘任的理由;拒聘者的未来去向;受聘和拒聘职位的薪酬区别。

关于教职工队伍的维持,《院校研究手册》列举了若干"典型问题":本校流失的教职工都去了哪些院校? 过去三年,校外邀请的数量是否有所增加? 过去一年中,成功留住的接到校外邀请的教职工比例是多少? 哪些领域在教职工维持方面表现最为脆弱? 补偿金是教职工决定离职的主要原因吗? 教职工离职的非财务原因主要是什么?

关于教职工职业生涯重要性和满意度的影响因素,《院校研究手册》以明尼苏达大学的研究为例,从大到小概括为 10 个问题,分别是合议、包容和共同决策的意识;学校对于你所在部门或学科的承诺;所在部门教职工工作量的平衡分配;学校对你所在研究领域的承诺;有效的部门领导力;部门内良好的社交氛围;能够获得进行学术研究的时间;有效的部门管理;年度薪酬;年度

---

① 庞颖.美国院校研究问题域的范畴及其更迭——基于《院校研究新动向》(1974—2017 年)的批判话语分析[J].高等教育研究,2018(39):38.

② 丹尼尔·谭泽思.教职员工的招募、留任、晋升和退休[M]//理查德·D.霍华德,杰拉尔德·W.麦克劳林,威廉·E.奈特.院校研究手册.蔡三发,等译,上海:同济大学出版社,2021:151-158.

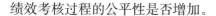

绩效考核过程的公平性是否增加。

关于教职工的退休，由于美国高校教职工何时退休大多可以由本人"自主"，因此《院校研究手册》特别介绍了"退休预测"的研究，主张这种预测"应当建立在过去退休模式和当前教师的年龄和其他资格条件的基础上"，并且强调预测的第一步是"确定前五年的平均退休率"。

二、研究案例

下面两个研究案例，分别是关于教师流动和教师晋升，关于教师教学工作量计算的，两者各有特点。

（一）玻陵格林州立大学"教师流动模型的开发和利用"研究

在美国的高等院校，教师的持续任职率、终身教职获得率和职称晋升率是师资管理的常规事项也是教师事务研究的重点问题。玻陵格林州立大学位于俄亥俄州西北部，学生约为 1.5 万人。2001 年，该校院校研究办公室应学校教师委员会的要求，对本校教师离职、获得终身教职和职称晋升的情况进行追踪研究，研究对象是十多位候选终身教职的全职助理教授。通过这一样本的研究，院校研究人员认为，有必要建立一个对全校教师流动和晋升进行考察的模型，为动态地分析教师的流动和晋升提供一个有用的工具。在征得校方同意之后，随即启动了"教师流动模型的开发和利用"研究。[①]

研究人员在文献综述的基础上确立了研究对象的"原始组"，即本校 1993 年至 2001 年新任的、有终身教职候选资格的全职助理教授和副教授，同时确定了三个具体的研究指标：

---

① 威廉・纳特，张万新.教师流动模型的开发和利用[M]//程星，周川.美国院校研究实例.苏州：苏州大学出版社，2008：154－163.

教师 1 年继续任职率;(副教授)3 年/(助理教授)7 年终身教职获得率;7 年(升副教授)/11 年(升教授)职称晋升率。

研究数据从该校全职教师数据库中选取,区间为 1993 年至 2002 年的 10 年。通过对数据的描述分析,显现了原始组教师在这 3 个指标上的基本情况以及在性别、种族、学院方面的差异。通过逻辑回归对原始组教师进行推断分析,揭示了教师在三项指标上的显著差异并确立了趋势判断模型,例如:卫生学院助理教授的 1 年继续任职可能性极小;卫生学院和教育学院助理教授以及黑色人种教授 3 年继续任职可能性较小;文理学院和技术学院助理教授 6 年获得终身教职可能性极大;文理学院助理教授 6 年晋升副教授可能性极大。研究结果同时显示,各变量对助理教授 11 年晋升教授没有显著影响。研究人员也对离校教师的辞职原因进行了分析,由于无法直接向当事人了解,因此只能通过他们的同事甚至通过“道听途说”来了解,不过从中也获得了一些有用的信息。

由于教师个人信息属于高度保密的范围,玻陵格林州立大学这项研究结果也就是“流动模型”以及分析结果,仅提供给教务长、学院院长以及校教师委员会成员参考,不能公布。至于教师辞职的原因,研究人员也只能列成表格挂在内部网页上供相关管理人员参考。

(二) 加州大学“教学工作量测量方法”研究

在加州大学的教学系统中,教师教学工作量的传统计量方法是只计主课——讲授课和研讨课两类,不计其余。2001 年秋,加州审计局对加州大学办学报告中有关教师教学工作量的部分做了一次全面审计,对传统的只计主课的办法提出质疑。同时,系统内的教师对这个传统的办法也怨声载道,认为有失公平。迫于内外压力,加州大学校方于当年 11 月组建了一个由总校督学主持,14 位分校副校长、院长、教授等组成的工作小组,对整个大学系统教师"教学工作量测量方法"进行系统研究,以其作为教学工作量计量方法改革的依据。[①]总校和各分校的院校研究人员当然是工作小组下面基本的研究力量。总校校长交代的研究任务主要有三个:

1. 调查15所同类型院校的教学工作量政策和办法;2. 将15所院校的调查结果与本校进行比较;3. 开发一套能较准确、客观反映加州大学教学目标,概括研究性大学多种教学模式的新测量方法以取代传统方法。

由于跨校调查难度很大,研究主要采用了质性的访谈法,对本校60名教授、副教授进行电话访谈,而这60名正、副教授均为过去7年从选定的15所比较院校中引入加州大学且有终身教职的。研究者要求被访谈的60名正、副教授描述原任职学校的教学工作量计量办法,并请他们将原学校的办法与现任加州大学的办法进行比较和评价。在对这60名正、副教授电话访谈的基础上,工作小组成员和加州大学的多位系主任还电话访谈了同类院校相关专业的系主任,然后将这一调研访谈结果与60名正、副教授的访谈结果相互参照、印证。

这项研究投入了大量的人力,持续了将近四年才完成,最终提出了一整套定义、测量、分析本校教师教学工作量的新方法。这套新方法被称为"总教学投入量"(TIE),在承继"课头量"和"学分量"这两个传统指标的基础上,用一套概括性更强的教学活动语汇,将加州大学所有的教学活动按照教学目的划分为三大类型,18种"教学模式"(即课型)。具体如表6-2所示。

---

① 侯汝安.研究型大学教学工作量测量方法的探索[M]//程星,周川.美国院校研究实例.苏州:苏州大学出版社,2008:166-183.

表6-2　加州大学三大类型18种教学模式

传播基础知识类（T）	开发独立思考类（I）	强化独立探索研究能力类（E）
技能性实地考察课	研究性实地考察课	一对一教学
技能性实验课	见习课	个人化教学
演讲课	研究性实验课	
演讲＋实验或讨论课	法/医见习课	
定题研讨课	实习课	
技能性工作室课	教学实习课	
	研究项目课	
	研究性研讨课	
	创造性工作室	
	辅导课	

　　"总教学投入量"方法将加州大学所有职称教师的各种教学活动悉数列入工作量计量,彻底改变了只计主课的传统办法。研究还特别针对"强化独立探索研究能力类"教学模式的特点,提出了新的"课头当量"概念,使得以往难以计量的"一对一教学"和"个别化教学"不仅得到工作量上的承认,而且还建立了具体的操作定义和计算公式,研究者强调这"对研究型大学有着特别重要的意义"。从2006年起,加州大学系统开始试行这套"总教学投入量"的工作量计量方法,不仅取得了显著效果,也有效缓解了校内外的问责压力。

第五节　资源事务研究

　　高等院校的办学资源,除了最重要的人力资源之外,经费和物质资源也至关重要,因此资源管理也是院校研究的重要问题域。

一、主要问题来源

高校的资源管理主要涉及两大问题，一是资源的获得，二是资源的配置。任何一所高校，办学资源的来源都不可能是单一渠道而是多种渠道，在办学资源竞争日益加剧的情况下，如何广开渠道，增加资源的来源，是院长、校长们普遍感到棘手的问题，也是院长、校长们不得不殚精竭虑的问题。而资源在获得之后，如何科学、合理地配置资源，提高资源使用的效率和效益，同样也是一个重要的课题。

在人力资源之外，经费无疑是最重要的办学资源。高等教育是高成本的事业，教学和科研都需要大量的经费来支撑，没有经费肯定很难办好大学。但是如果有了钱却用不好钱，比如乱花钱，没有把钱用到该用的地方，甚或用到不该用的地方，于办学不仅无益，甚至还可能贻害无穷。总之，对于高成本的高等院校来说，如何来钱，如何花钱，如何开源节流、精打细算，量入为出、提高效益，都是很重要、很专业的议题。此类问题进入院校研究的任务范围实乃大势所趋。

美国"院校事务官员联合会"（NACUBO）曾经颁布过一个院校收入和支出分类目录，①其收入分类有：学费和杂费，政府拨款，政府支款与合同，私人赠礼，专项资金与合同，捐赠收入，公立院校之间的收入差距。其支出分类有：教学，学术支持，学生服务，机构支持，固定资产运行及维护，研究，公共服务，奖学金和助学金，附属机构。这些项目虽说主要是针对美国高校的实际情况编制的，但也反映了各国高校收入和支出项目的一般情况，当然都可能成为院校研究的专题。

美国《院校研究手册》关于院校经费问题的研究，介绍了许多新的分析技术。这些新技术大多源于财务管理学和会计学，同时结合高校的特点进行了修订和改造，诸如以"生均和单位学分"为依据的成本核算方法，以课程为分

---

① 理查德·沃里斯.高等学校财务与高等教育系统的财政问题：美国经验.王春春，译[M]//刘献君，陈敏.院校研究与现代大学管理.青岛：中国海洋大学出版社，2006：29.

析单元的"技术成本测量方法",以"课程负荷矩阵"为名称的教育支出模型,以工作量核算为基础的"教师薪酬支出模型"等,[①]都是高校的实际工作者和院校研究者探索、总结出来的一些行之有效的分析技术,在院校研究领域已不同程度地得以推广。

高等院校的资源还包括教室、实验室、工作室、图书资料、仪器设备、宿舍、办公室等固定资产,甚至还涉及学校的社会资产、无形资产、信息资产,因此可供院校研究的问题范围也很广。从泰国素罗娜丽科技大学院校研究"主计和总务"、"图书馆"以及"其他"这几个问题域可以看出,诸如"研究宿舍开支与收入比较研究"、"电脑计划的学生贷款分析与评估研究"、"综合固体废弃物分类工厂的成本效益研究"、"2003年和2006年教师推荐购买的书籍数量与使用状态评估研究"、"本校外包服务的效率效能研究"等,涉及的面就已经很广,几乎涉及学校资源管理的各个"神经末梢"。

二、研究案例

以下两个案例是关于奖学金授予标准和教室利用率的研究,分别取自美国得克萨斯大学奥斯汀分校和新泽西肯恩大学。

(一) 得克萨斯大学奥斯汀分校"奖学金多元化指标"研究

奖学金的授予标准在高校也是一个比较敏感的问题,它既事关学校的使命和培养目标,也事关社会公平和正义,稍有不慎就会引起舆情反应。得克萨斯大学奥斯汀分校位于得克萨斯首府,是一所公立研究型大学,也是"公立常春藤"名校之一。

该校有两项面向学业优秀的黑色人种学生和拉美裔学生的奖学金,这两

---

① 约翰·米拉姆.建立支出模型[M]//理查德·D.霍华德,杰拉尔德· W.麦克劳林,威廉· E.奈特.院校研究手册.蔡三发,等译.上海:同济大学出版社,2021:184-193.

项奖学金的授予办法在20世纪90年代引起很大的争议,批评者认为,这套办法采用了单一学术标准,导致奖学金大多授予了中上收入阶层的黑人学生和拉美裔学生,这造成了对低收入阶层学生的不公。以至于第五巡回法院在1996年居然做出裁决,要求学校停止实施这两项奖学金政策,直到其评定办法得到切实改进并且能够体现出公平原则。这一裁决以及得克萨斯州检察总长的仲裁生效后,校方感到事态严重,要求院校研究人员尽快研制出一套新办法,以有助于确认和资助那些"来自不利的社会经济背景、毕业于学术水准低劣的高中"但能克服这些不利因素导致的困难而"取得优异学业成绩"的学生。

院校研究人员接到任务后,按照"政策模拟"的方法对此问题开展研究。[①]研究人员通过对政策文献的综述,以教育机会均等理论为依据,对"不利的社会经济背景"和"学术水准低劣的高中"核心概念做出了明确界定。研究人员在此基础上通过各种调研以及与校方决策者的反复沟通和研讨,一个测量"不利因素学生类型和指标"的方案渐渐明朗起来,并且模拟了"多元化指标"体系。然后,研究人员采用多种分析方法,对体系进行反复模拟和试用、修改,确认了指标体系的可行性,最终形成了一个不以种族为基础,而以"多元化指标"为准则的新的奖学金政策。政策实施后,研究人员还进行了跟踪、观察、监督,以确认新政策与预定目标的符合程度。

(二) 肯恩大学"教室利用率与优化学校课程时间安排"研究

肯恩大学(Kean University)是新泽西州规模最大的公立大学。21世纪初,由于入学人数的增加和政府拨款的减少,肯恩大学的校舍资源相对不足,特别是教室日趋紧张,全校排课产生了不少矛盾。2002年新校长上任,全面改革校务,亲自向院校研究办公室下达"教室利用和课程安排"的研究任务。[②]

① 约翰·伯特.政策研究的两个案例.蔡国春,译[M]//程星,周川.院校研究与美国高校管理.长沙:湖南人民出版社,2003:75-76.
② 沈士吉.通过对教室利用情况的分析来帮助优化学校课程时间安排[M]//程星,周川.美国院校研究实例.苏州:苏州大学出版社,2008:222-236.

研究人员接到任务后,首先梳理了需要研究的两个具体问题:一是全校普通教室的利用情况及其改进建议(具体到各教学楼、各课时段以及每天的利用情况);二是全校特殊教室(实验室、画室、排练室、计算机房等)的利用情况及其改进建议(同上)。随后,研究人员搜索了相关的文献资料,并就这个问题咨询了其他院校的院校研究人员。在相关的资产管理理论、空间管理理论和课程理论框架下,具体的研究分三步进行。

首先,取得全校教室及课程数据。这两项数据都在学生注册办公室,由于是业务处理数据,并没有区分普通教室和特殊教室,院校人员首要的工作就是帮助注册办公室对这两类教室做出明确定义,然后取出数据将其转化为可供研究用的分析数据。

其次,确定分析所用的计数单位。一是确定每天的可利用课时段,以 1 小时 20 分钟(即 80 分钟)为课时基数单位,白天分为 6 个课时段,晚上分为 2 个课时段;二是确定每周的可利用课时段为 44 个课时段。

再次,计算全校教室利用率。按照公式(实际使用时段数/可利用时段数)分别计算出 2001 年秋季学期每个普通教室和特殊教室的使用率。

根据以上研究结果,院校研究人员对排课提出了具体的建议,诸如:每周上两次的课程可以组合安排在周一、周三(或周二、周四);增加上午 8:00—9:20 的课程安排;周五课时段全部改为 2 小时 40 分钟;公用时间(不排课时间)应改在周一和周三下午 3:30—4:50。

为此,校方成立了"课程安排改进小组"专门负责排课改进事宜。工作小组与院校研究办公室一起又进行了后续论证,并且将改进的办法编制成问卷用以征求教师和学生的意见。校方根据研究结果和各方意见,最终决定从 2003 年春季学期开始全校实行新的课程时间表。

第六节 发展规划研究

牛津大学副校长 W. 麦克米伦(W. Macmillan)曾就牛津大学制定的"21世纪学术战略"提出了一个问题:牛津大学在没有学术战略的情况下走过了800年,为什么"它现在需要一种战略"?[①] 麦克米伦之问反映了 20 世纪中后期开始显现的一个新趋向:当代高校越来越重视规划在学校发展中的作用,需要通过制定规划来引领学校的发展。

高等院校规划的制定既是一个复杂的决策过程,也是一个复杂的研究和论证的过程,院校研究在这个过程中可以起到独特的作用。

一、院校规划的性质

其实在高等教育领域,院校规划也是古已有之,几乎"与人类文明一样古老"。历史上任何一所高等院校,在创办之前或之初必定都需要进行规划,哪怕这个规划只是存在于创办者的头脑或言论之中。但是 20 世纪中叶以来,高等院校的规划有了全新的含义,它再也不是那种传统的经验性计划或主观愿景,而是建立在科学论证基础之上的"战略规划"或"发展规划"。由于高校是以传授和研究高深学问为使命的机构,因此高校的"战略规划"有其自身的特殊性,与其他机构的规划有很大的不同。

乔治·凯勒(George Keller)被称为高等院校的"规划之父",他在 1983 年出版的著作《大学战略与规划——美国高等教育管理革命》(*Academic*

---

① 威廉姆·D.麦克米伦.21 世纪大学的学术战略——牛津大学案例[M]//教育部中外大学校长论坛领导小组. 中外大学校长论坛文集:第 2 辑.北京:中国人民大学出版社,2004:127.

Strategy——*The Management Revolution in American Higher Education*)一书,至今仍被奉为高校战略规划理论的经典。这部经典著作意在宣告"学校管理的自由放任时代结束了,学校规划的时代已经到来";并且主张"学院和大学应当对各种激变进行明确的规划,构建一种更富有生机、对变革更具适应性的管理方式"[①]。乔治·凯勒也深知高校战略规划的复杂性,他发现"至少最近十多年来规划领域本身已经陷入一片混乱",很多人对高校"战略规划"这个概念仍然存在着种种误解、偏见、轻慢,或者迷信或者"深恶痛绝",因此他在这部著作中花了不少篇幅列举了高校"战略规划"的十个"不是什么"。[②]

> 它不是制定一幅蓝图;它不是一套陈词滥调;它不是校长或董事会董事的个人愿景;它不是各部门各种计划的汇集和汇编;它的制定不是由规划人员完成的;它不是一些重要无形物的替代品;它不是迁就市场条件和趋势的产物;它不是一种年度性的行为;它不是一种消除风险的方法;它不是一种占卜或蒙骗未来的尝试。

乔治·凯勒的这十个"不是什么",折射出当时对高校规划的种种误解和偏见。这些误解和偏见的两个极端,第一是对规划的不屑一顾和轻慢,甚至是"深恶痛绝",认为高校的发展是自我进化的"渐进"过程,不需要规划,也规划不了,就像麦克米伦之问所针对的那个潜台词一样:"牛津大学800年来没有规划照样发展得好好的,为何现在要搞个规划?"第二是对院校规划的过度迷信和依赖,以为只要制定出一纸规划,今后只需按图索骥、照着规划亦步亦趋,似乎就能一劳永逸、万事大吉。这两个极端,一是"规划无用论",另一个

---

① 乔治·凯勒.大学战略与规划——美国高等教育管理革命[M].别敦荣,译.青岛:中国海洋大学出版社,2005:29.

② 乔治·凯勒.大学战略与规划——美国高等教育管理革命[M].别敦荣,译.青岛:中国海洋大学出版社,2005:189-191.

是"唯规划论",都是对院校规划的误解和偏见,都不利于高等院校规划工作的开展,当然也不利于院校的发展。

乔治·凯勒总结了诸多院校在规划方面的成功经验以及失败教训,在此基础上他指出,战略规划不是一成不变的教条,而"是一个没有终止的、将一个组织引导到它设计的未来状态中去的过程",只有这样的规划,才能成为"改革高等教育并使院校发生根本转变的基石"。[①] 战略规划要着眼于院校的"根本转变",规划本身也要随着环境的变化而变化,这是乔治·凯勒所一再强调的。

高等院校的战略规划不同于工商企业的规划,有其自身的特点,因为"大学这样的组织是依靠知识分子生存的,但知识分子不能由管理人员来指手画脚,而应当说服他们,使他们朝着他们认同的目标,以某种方式团结起来努力工作"[②]。从规划的性质和基本效能来说,按照英国学者的理解,院校规划最好是"一些宽泛的长远目标",它应该具有"指导性的",应该成为校院系的一个"坚定的导向",而不是"训令性的"。[③] 高等院校的组织特性决定了院校规划的这一特征。

乔治·凯勒对这一点有着清醒的认识,他指出,院校规划的基本作用就是使院校"拥有了一些达成共识的当下和未来的行动目标",院校拥有了这样"广泛接受的行动目标",就可以"把人们团结起来"从而"管理好学校",最终收实现院校使命之功效。乔治·凯勒的这部经典著作,书名直译是《学术规划》,可见在他的意识中,院校规划不是对院校"形态"的规划,不是对院校"排名"的规划,而是对院校"使命"的规划,这个"使命"用"学术"一词来表达应该是最合适的。正是从高等院校的组织特性出发,以"学术规划"为视角,乔治·凯勒阐释了院校战略规划"是什么"的问题,他认为院校"学术规划"应该

① 约翰·伯特.院校规划.肖卫兵,译[M]//程星,周川.院校研究与美国高校管理.长沙:湖南人民出版社,2003:87.

② 乔治·凯勒.大学战略与规划——美国高等教育管理革命[M].别敦荣,译.青岛:中国海洋大学出版社,2005:90.

③ 迈克尔·夏托克.成功大学的管理之道[M].范怡红,译.北京:北京大学出版社,2006:34-37.

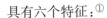

具有六个特征：①

学术战略意味着大学、学校或学院及其领导者是积极而不是消极地对待他们的历史地位；战略规划是外向性的，其着眼点在于使学校与不断变化的外部环境协调一致；在高等教育受制于经济市场条件和日益激烈的竞争的情况下，制定学术战略是富有竞争性的；战略规划重在决策，并非文本上的规划、分析、预测和目标之类；战略规划是理性的、经济的分析，政治手段和心理影响的交互作用过程，应该采用参与式，应该对矛盾冲突具有很强的包容性；战略规划所奉行的是"组织的命运高于一切"。

这六个特征揭示了高等院校战略规划的基本特征，涉及现实与传统、学校与环境、竞争性、文本与行动、过程性和包容性等重要的方面，对理解院校规划、制定院校规划都有重要的参考价值。

二、规划研究的方法

院校研究者一般是以技术支撑的角色介入本校的规划事务，其任务主要是提供和分析数据，当然也有可能直接加入规划班子。管理科学中一些行之有效的"规划方法和技术"，在院校研究领域也有广泛的应用。

(一) SWOT 分析法

SWOT 分析法形成于 20 世纪 70 年代，其要点是根据组织内部的优势(S)和劣势(W)以及外部环境的机会(O)和威胁(T)等因素，进行系统论证从而选择最佳发展路径的方法。在这种方法中可以进行一系列的组合分析，如 SW 分析，重在厘清组织内部的优势和劣势；OT 分析，重在厘清环境

---

① 乔治·凯勒.大学战略与规划——美国高等教育管理革命[M].别敦荣,译.青岛：中国海洋大学出版社,2005：192－201.

中的机会和威胁;同时可以进行 WT 分析,旨在减少劣势、避免威胁;WO 分析,旨在利用机会、克服劣势;ST 分析,旨在发挥优势、避免威胁;SO 分析,旨在发挥优势、利用机会。① 在一系列二因素、三因素分析的基础上,综合四个因素的状态和轻重缓急,最终明确组织的发展目标,选择最佳的发展路径。

(二) 环境扫描

环境扫描是通过对外部环境的全方位扫描和系统分析,以使自己在环境中准确定位的方法。国外较有代表性的院校环境分类是"五分法":②

竞争环境:同类高校,同专业系科。

宏观环境:人口,经济,技术,政治,文化。

环境扫描的方式可以分为不定期扫描、定期扫描和连续扫描。连续扫描如今已成为很多院校研究机构的日常性工作,扫描的技术也多种多样,例如"SOS 模式"③,就是从事件(S)、结构(S)、观念(O)三个要素入手对环境由表及里地进行扫描和分析,最终达到知己知彼的效果。

(三) 标杆比较

标杆比较是高校确定规划目标的常用方法,于 20 世纪 90 年代初从企业管理领域引入高等教育领域。这一方法的要点是选择一所办学水平高于本校的学校作为"标杆学校",通过剖析这所标杆学校的办学绩效及其经验来确定本校的战略目标和发展路径。标杆比较的关键环节是确定合适的标杆学校,具体方法可分为五步:一是确定标杆学校的"母群",一般是同类型院校

① 秦玉权,丁蕊.管理技能与应用.北京:北京理工大学出版社,2019:59-60.
② 程星.高校环境扫描[M]//程星,周川.院校研究与美国高校管理.长沙:湖南人民出版社,2003:50-51.
③ 程星.高校环境扫描[M]//程星,周川.院校研究与美国高校管理.长沙:湖南人民出版社,2003:55.

群,如公立或私立、研究型或文理学院型、综合性或专科性等;二是收集配对所需数据,可以从公共数据库或相关院校的公开数据库中收集;三是对原始数据进行处理,减少由于定义、地域差异而形成的误差;四是确定分析的各种指标因素,如录取率、保持率、毕业率等;五是最终确定作为分析研究对象的标杆学校。① 标杆学校可以是伙伴高校,也可以是竞争高校,关键是办学水平适当高于本校的学校。所谓"适当",就是既不太高也不太低,一般为本校通过某种努力可以达到标杆学校现有水平的程度。标杆比较是一种简单可行的方法,既可以用于学校战略规划,也可以用于院系的发展规划,但前提是要有公开、准确的院校数据。

三、研究案例

院校研究对院校规划事务的介入程度,主要是作为规划的技术辅助,通过数据的收集和分析支撑规划的制定。

(一) 伦敦政治经济学院"21 世纪发展战略规划"的制定

伦敦政治经济学院(The London School of Economics and Political Science)是一所规模不大、"相对紧凑"、社会科学特色鲜明的高校。20 世纪末,该校强烈意识到办学环境正在发生五大变化:高等教育市场需求持续增长;竞争性增强;多样化趋势,多元经费渠道化;更广泛的经济背景。于是学校开始着手制定"21 世纪发展战略规划",其过程主要采用了 SWOT 分析法,具体制定过程有六步。②

① 傅远志,林静慧,许雅涵.标杆比较在美国大学校务研究的应用[M]//杨莹.各国大学品质保证与校务研究.台北:高等教育文化事业有限公司,2019:49-53.
② 霍华德·戴维斯.制定 21 世纪大学的发展战略规划[C]//教育部中外大学校长论坛领导小组.中外大学校长论坛文集:第 2 辑.北京:中国人民大学出版社,2004:164-175.

1. 以"校委会"为规划的最终决策机构。

2. 形成核心价值观:"将学术工作的核心价值观放在大学战略的首位。"明确战略性目标:"成为达到国际领先水平的大学社会科学研究中心。"

3. 分析本校的学术优势和学术弱点:学术优势在社会科学领域,多数院系在英国排在"第一梯队";学术弱点是不平衡,有些院系属于"第二梯队"。环境优势:位于伦敦,高度国际化;环境弱点:办学成本和生活成本奇高。

4. 确定"自由度"及"可控领域":综合以上各种优势和弱点,从法律、校园结构与分布、学术范围、学生类型、财政状况、管理能力六个方面提出可行的发展目标和策略。

5. 将结果明确表达成一个滚动式的"五年规划",同时在校内广泛交流,以期获得师生的认同和理解。

6. 实施和监督:推动各项计划的实施和督促,特别是加大扩展"校园生活参与者"计划的实施力度。

(二) 夏威夷大学马诺阿分校"同伴学校"的遴选研究

夏威夷大学马诺阿分校(University of Hawaii, Manoa)是一所公立研究型大学,各类学生将近2万人。2012年校方为制定学校的发展规划,要求院校办公室找出10所左右与本校"具有相同特质的学校"作为标杆学校中的"同伴学校"。[①]

院校研究人员首先进行海选,对所收集到的全美国7 000多所高校的资料进行初选,认定其中4 774所高校为"合法授予学位的机构"。经过分析认

---

① 傅远志,林静慧,许雅涵.标杆比较在美国大学校务研究的应用[M]//杨莹.各国大学品质保证与校务研究.台北:高等教育文化事业有限公司,2019:55-62.

定,在这 4 774 所高校中,属于公立四年制大学的有 679 所,学生规模在 1 万人至 2 万人的有 274 所。考虑到本校是研究型大学,院校研究人员再根据"办学宗旨""办学任务""学生规模"三项指标,从这 274 所高校中遴选出与本校基本类似的高校 64 所。

研究人员认为 64 所数量仍然过多,不便于做"同伴比较",于是根据美国"高等教育综合数据系统"(IPEDS)的 7 个基本维度(学生注册、学生表现、研究、人事、财务、学费资助、学校位置)为分析指标进一步进行筛选,最终从这 64 所高校中选定 19 所作为"同伴学校"。在这 19 所"同伴学校"确定之后,院校研究人员根据校方的要求,分别在学校层面、院系层面、学生学习经验层面进行比较分析,以确定本校的相对位置,为学校规划提供"标杆"依据。

(三) 加州社区学院系统的"环境扫描"研究

社区学院应社会需求而创办,社会需求是社区学院发展的直接动因,因此环境扫描对社区学院的规划具有特殊的意义。加州社区学院由众多社区学院组成,是一个规模庞大的社区学院系统。21 世纪初,加州社区学院系统为适应新世纪的需求,要求院校研究人员对所处的加州地区进行一次环境扫描,[①]以此作为社区学院系统发展规划的参考。

院校研究人员首先确定了环境扫描所要服务的主要规划目标,那就是在激烈的竞争环境中扩大生源、保持学生、加大投入。在明确了这一规划目标之后,研究人员通过文献综述确定了环境扫描的一个"结构模式",这个结构模式的基本内容是学生对社区学院的需求和社会及用人单位对社区学院的需求。

在此基础上,院校研究人员确定了对加州经济社会环境进行扫描的五个主要指标:人口统计、经济、社会文化、政治、技术和科学。经过对大量相关数

---

① 陈锦超.环境扫描在加利福尼亚州社区学院系统中的应用.邵波,译[M]//程星,周川.院校研究与美国高校管理.长沙:湖南人民出版社,2003:57-65.

据的收集和分析,研究人员在这五个主要指标上获取了有效的分析数据,包括:人口的种族结构、年龄结构、出生率、移民率;产业结构和劳动力市场状况;多元民族文化;政治倾向和选民投票率;科技水平,尤其是信息技术发展态势。

在获得这些环境数据后,还需要对这些数据进行整合,使其能够成为"政策分析和战略规划"的直接基础和支撑。研究人员根据本州对社区学院问责的两个基本指标——学生学业成就和学生满意度,将扫描的各项数据进行分析与整合,最终对生源趋势和学生流动趋势做出了初步的预测。这项环境扫描的研究,为加州社区学院系统的发展规划提供了有力的支撑。

第七章　院校研究的功用和意义

　　院校研究的功用是校本性、实践性的，主要服务于本校的管理和治理，是管理科学化和治理现代化的有效工具。院校研究也是高等教育理论和实践的一个中介，也具有间接的理论意义。

　　院校研究的功用是校本的实践性功用，它应校本需求而产生，在本校的管理和治理中发挥独特的作用，是学校管理科学化和治理现代化的有效工具。此外，院校研究虽然不是理论研究，但它可以成为高等教育理论和实践的中介，由此也可能产生间接的理论意义。

第一节　管理科学化

　　院校研究的萌芽与20世纪初的科学管理运动有内在的关联，它可以看作科学管理的思想和方法在高等院校管理中的推广及应用。高校对院校研究的校本需求，是因为院校研究能够运用科学的方法分析研究本校办学中存在的实际问题，为管理决策提供支撑。因此，院校研究最直接的作用，就在于它是高校管理科学化的有效工具，特别是决策科学化的有效工具。

一、基于数据的管理

院校研究机构大多数都是本校的数据中心,承担着本校各种办学数据的收集、整理以及报告职能。院校研究机构的数据分析职能是建立在本校业务处理数据基础之上的,从学校的业务处理数据到院校研究的分析数据系统,都显示出高校管理对数据的重视,无论是校内管理还是应对外部问责,数据都具有基础性的作用。

从院校管理的角度看,数据是管理人员用来评估改善内部运作和制定改进组织效率的决策的无形资源[①]。因为有翔实的数据支撑,管理人员就能够做到心中有数,了解优势和短板,因而有信心在管理工作中做出有针对性的决定,也因为有翔实的数据支撑,管理者可以基于数据来说话,提高说服力和执行力。同时,学校为了了解自己所处的社会环境和竞争环境,也离不开数据的支撑,例如长期跟踪标杆学校的历时和现时数据以作为本校发展状况的参照,这些都是院校研究的基础性工作任务。

就院校应对外部问责来说,数据也起着重要的作用。例如办学经费,无论什么性质的高等院校,办学经费的来源都是多渠道的,既有政府拨款,也有学费和社会捐助,因此,办学经费的所有提供方实际上都是高校的重要问责方,政府、学生及家长以及各类金主,他们既然为学校提供了经费,当然有权要求学校对经费的使用去向及其效果和效益做出说明。经费本身是使用数字来表达的,高校通过翔实的数据来回应关于经费的问责,也是最明智的选择,收入多少,支出多少,通胀率多少,学业合格率多少,毕业率多少,就业率多少,以数据为证据讲办学绩效,除此别无他途。

院校研究的分析数据系统由于综合了本校办学的全面数据,大多成为

---

① 曾毅生.数据:院校研究的基本资源.万力维,译[M]//程星,周川.院校研究与美国高校管理.长沙:湖南人民出版社,2003:187.

学校管理数据的权威性来源,在学校的管理工作中具有独特的作用。因为院校研究机构注重从专业的角度来收集、整理学校的业务处理数据,注重数据的真实性和完整性(包括横向完整性和纵向完整性)。美国院校研究人员有一个流传甚广的说法:"只要不断拷打,数据就会供认不讳。"①数据本身是死的,但人是活的,数据的收集、处理和解释是由人来操作的,是一个人为的过程,弄虚作假是轻而易举的事。但是,由于院校研究自身强烈的科学取向,也由于受到院校研究专业伦理的制约,在保障学校数据的真实性和完整性方面,院校研究大多起着重要的把关作用。

二、决策科学化

诺贝尔经济学奖得主赫伯特. A. 西蒙指出:"管理就是决策。"②西蒙的这句名言也是他整个管理思想的精髓。任何管理都有决策,尤其是组织中的高层管理。在高等院校中,决策也分布在各个层面和各个方面,既有校级决策,也有院系决策;既有行政决策,也有学术决策。从院校研究的服务对象来说,主要是服务于学校层面的决策,服务于行政管理方面的决策。基层院系的决策,学术决策,更多地要依靠学者和教授。

学校管理决策的关键是要"正确地做决策"和"做正确的决策"。院校研究的主要作用,就是服务于学校管理层的决策,发挥"决策支持"的功能。美国院校研究协会直接把院校研究界定为"利用数据和信息支撑院校机构决策的领域",这也是基于院校研究的决策服务功能。高校决策之所以需要"支撑",根本原因在于高校的校本需求,规模越来越大,异质性越来越突出,环境变化越来越快,校务越来越繁难。在这种情况下,高校领导者仅凭个人

---

① 曾毅生.数据:院校研究的基本资源.万力维,译[M]//程星,周川.院校研究与美国高校管理.长沙:湖南人民出版社,2003:189.

② 赫伯特·A.西蒙.管理决策新科学[M].李柱流,等译.北京:中国社会科学出版社,1982:33.

的能力和经验事实上已经无法了解和把握学校的全部情况,"正确做决策"和"做正确决策"的难度倍增。即便是那些规模较小、同质性较大的小型院校;即便管理者有可能自认为对学校的情况"了如指掌",但由于办学环境的千变万化,校际竞争的日益加剧,管理决策的难度同样也在不断加大。因此,明智的高校领导者在做决策时就不得不借助于外力的帮助,借助于某种工具、参谋或助手的帮助,院校研究正可以发挥这种工具、参谋、助手的作用。美国《院校研究手册》将院校研究的数据职能比喻为"仪表盘",这个"仪表盘"能够为校领导"事先确立一个基准并且给出发展方向",同时又能"与院校使命和院校发展计划相适应"。J. S. 丹尼尔(J. S. Daniel)则把院校研究比作校长的"保镖","一个好校长不得不经常在结着薄冰的湖面上溜冰;院校研究者则必须追随左右,为校长找出一条冰层较厚的滑行路线"①。无论是"仪表盘"还是"保镖",都形象地说明了院校研究对正确决策起到的支撑作用。

院校研究对决策的支撑作用,源自院校研究的科学取向,来自它自觉地运用科学的程式和方法来研究本校办学的实际问题,以科学的方式对问题做出解答,研究的过程实际上就是决策的前期论证过程。研究的结果一旦被决策所引用或采用,那就意味着该项决策在论证过程上是"科学的"、有"科学依据的",也就是"循证"的,这就从过程和方法上保证了决策的科学性和可靠性,最大限度地杜绝了个人"拍脑袋"的经验式决策所特有的主观性和随意性,从而避免了个人主观随意决策可能造成的失误和损失。

院校研究由于是全校的数据中心,同时又必须具备"技术和分析智能"、"问题智能"、"背景智能"这三种体现科学方法要求的专业智能,因此它对学校管理决策的支持功能,具有直接性和全面性的优势。它既能直接地服务于

---

① J. S. Daniel. Living Nervously:Institutional Research as the President's Bodyguard. Promoting Quality through Leadership〔G〕. Tallahassee, FL: The Association for Institutional Research, 1988:65.

校方的政策、规划管理决策,为政策和规划的制定提供直接的依据,同时也能全方位地支持学校领导在学校运行的各个方面和各条线上的决策。手中握有本校的全面数据,脑中谙熟科学的方法,科学方法是具有普适性的,它可以被用来研究学校办学中的各种实际问题。

院校研究的具体支持对象,当然会因校、因时、因人而异,这主要由院校研究的具体问题来决定,研究什么具体问题,就有相对应的服务对象。我国学者曾对美国院校研究的支持对象进行专门的调查研究,研究者随机抽样了956位美国院校研究协会的会员(其中56%来自公立高校,44%来自私立高校;78%来自四年制高校,22%来自两年制社区学院)。调查结果显示,仅在数据职能方面,院校研究主要的决策支持对象就可以分为四个"阵营":第一"阵营"为教务长和副校长,68%的被调查者经常为教务长提供数据分析支持,60%的被调查者经常为副校长提供数据分析支持;第二"阵营"为院长和系主任;第三"阵营"是校长;第四"阵营"是评议会和校董会。教务长和副校长成为最主要的支持对象,这与美国大学教务长、副校长的特殊地位直接相关。在美国大学里,教务长大多是居于校长之下、副校长之上的"学术事务"主管,一般都主管全校的教学、科研事务,是校长行政管理团队最重要的成员;副校长则大多分管学校的某一条线,如学生事务副校长、人事事务副校长、外事事务副校长、财务副校长等,校级层面相关事务的决策不仅复杂、也很专业,因此特别需要数据分析来支持。另外,各校的院校研究机构一般多由教务长和相关的副校长分管领导,此为业务关系上的便利。

在院校研究的文献中,"政策分析"是一个出现频率较高的术语,有些文献把"政策分析"当成院校研究的一个问题域,也有的把它当作院校研究的一种特殊分析方法。从国外院校研究的现状看,这两种看法都有其道理。把"政策分析"当作一种特定的分析方法已经是一个事实,因为一些具体的"政

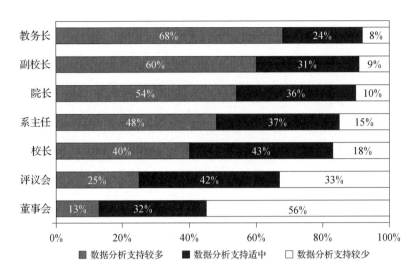

图7-1 美国院校研究为决策者提供数据分析支持的程度①

策分析"技术已经在院校研究中得到广泛的应用。但是在院校研究中,对"政策分析"更准确的理解应该是"为决策而进行的分析研究"。"政策分析"的研究目的是服务学校的政策和规划,政策和规划一般都是全校性的,或者是学校的全面政策和规划,或者是学校某一条线的政策和规划,如学生事务的政策和规划,教学事务的政策和规划,教师事务的政策和规划等。无论是哪个方面的"政策分析",当某一"政策分析"的研究结果被决策者所采纳最终转化成学校的某一项政策,那么也就意味着院校研究为学校最高层面的决策提供了支持。因此在这个意义上,"政策分析"应该理解为就是"研究的目的",当院校研究的结果能够被转化为学校的"政策",当然就可以被看作院校研究最大的成功。

---

① 魏署光.美国院校研究决策支持功能探析[M].北京:中国社会科学出版社,2016:53.

三、可用，不可用

院校研究的主要职能有数据职能和问题研究职能两个层面，院校研究也正是在这两个层面上对决策予以支持。前者通过数据的收集、整理及分析，形成研究报告来完成，后者则通过对办学中的实际问题进行研究、论证来完成。

现代高校的管理离不开数据的支撑，数据收集、整理和分析所能起到的就是"仪表盘"的作用。通过这个"仪表盘"，校方才能知己知彼，既了解校内的基本状态又了解外部环境的变化，既了解即时的状态又了解历时的过程。在学校所有的管理决策中，数据支持都是必不可少的，它的作用是基本的、普遍有用的，当然，前提是数据必须真实可靠。

相比较而言，通过问题研究支持决策，命运必然有两种：一种是可用而被校方采用；另一种是不可用，不被校方采用。任何决策咨询研究最终都是这两种命运，当然在可用、不可用之间也可能有若干中间状态，或部分可用、部分可参考等。可用，说明研究结果不但正确，而且可行。例如，加州大学"教学工作量测量方法"的研究，肯恩大学"教室利用率与优化学校课程时间安排"的研究，都是研究结果被校方采纳并最终转化为实践的研究案例，也是美国院校研究界津津乐道的成功案例。不可用，也有两种情况：一种情况是研究结果不正确，结论有误，但这种情况并不常见，只要研究是以严谨的科学态度，按照严密的科学方法完成的，结论就一般不会出现太大的错误，这是由专业院校研究者保障的；另一种情况则是研究结论正确或者基本正确，但由于天时地利人和等各种条件、时机限制，一时还不能被决策者采用，这种情况是非常常见的。甚至也不排除这种比较极端的情况：研究结论不但正确而且可行，但决策者由于对条件和时机出现误判，或者决策者被某种不正当动机所左右，正确而可行的研究结果依旧不能被使用，这种情况也不是不可能出现的。总之,研究结果能不能被采用、什么时候被采用,关键取决于决策者而不是研究者,尽管院校研究者可以尽量对决策者进行说服工作,但最终显然取决于决策者而不是研究者。

S. 纳格尔(S. Nagel)总结了院校研究结果在决策过程中从"引用"到"被用"的四个层次:第一层次是"不被引用";第二层次是"被引用";第三层次是"被引用并支持了某个观念和决策";第四层次是"被引用并改变了某个观念和决策"。[①] 对于院校研究者来说,"不被引用"当然令人沮丧,但"不被引用"并不一定就意味着研究错了,很可能有各种主客观条件的限制;"被引用"至少说明受到决策者重视,进入了他们的视野;"被引用并支持了某个观念和决策",说明起到了院校研究应有的实际功效;"被引用并改变了某个观念和决策"当然是院校研究最成功的标志,对学校的决策和管理起到的是转折性、革新性的作用。

能够达到第四个层次既是院校研究的宗旨所在,也是院校研究最大的成功。然而,由咨询性研究的特性所决定,真正能够达到第四层次的研究,在院校研究领域中可能只是少数,甚至是极少的一部分。很多研究能够达到第三层次或第二层次,研究者就可以感到欣慰了。有很多研究结果"不被用",或者暂时"不被用",对于院校研究来说是很正常的现象,因为在研究结果到"被用"之间,还要考虑天时地利人和的因素,而这些因素主要是决策者所综合考虑和把握的。院校研究的结果是否"可用"或"被用",命运虽然迥然不同,但这是任何咨询研究都必须面对的一个现实,这对院校研究者来说当然是一种考验,也是他们需要正确对待的一种职业心理素养。

对于院校研究者来说也有一个"求真"与"求用"的关系问题。作为一种咨询性研究,院校研究自然要以"求用"为最高宗旨和目标,但是,为了达到这一目标,恰恰要以"求真"为基础和前提,只有把本校问题的真相描述清楚了,

---

① 约翰·伯特,等.政策研究的两个案例.蔡国春,译[M]//程星,周川.院校研究与美国高校管理.长沙:湖南人民出版社,2003:68.

真因揭示出来了,在此基础上提出的对策、建议才具有针对性和现实性,才有"可用"、"被用"的可能性。如果院校研究本身做不到"求真",那么前提不正确,"可用"或"被用"自然无从谈起。正是在这个意义上,院校研究者保持中立的身份、客观的态度,也就显得格外重要。研究是否"求真",是院校研究的事;是否"可用"、"被用"是决策者的事,最终取决于决策者而不是研究者。为了保持必要的中立身份,"院校研究者一般不参与决策",[①]一般不兼任行政管理职务,这种现象也就可以被理解了。

第二节　治理现代化

20 世纪末,政府和市场在一系列重大社会问题和全球性问题面前存在着一定程度失灵的现象,治理思潮在这种情况下应运而生,并且很快被引入高等教育领域。"高等教育治理"、"高等教育治理现代化"等命题,频繁出现在联合国教科文组织以及各国的高等教育文件中,成为世界高等教育发展的一个新愿景。在这个新的愿景之下,院校研究也就被赋予了更多的意义。

一、从管理到治理

"治理"是一个带有后现代色彩的"松弛概念",不同的理论流派对它的界定也各有侧重。全球治理委员会(Commission on Global Governance)1995 年对"治理"给出了一个被普遍认可的定义:"治理是各种公共的或私人的个人和机构管理其共同事务的诸多方式的总和。它是使相互冲突的或不

---

① 程星,周川.美国院校研究的历史与现状[J].苏州大学学报(哲学社会科学版),1995(4):113.

同的利益得以调和并且采取联合行动的持续的过程。"这个定义揭示了治理的基本内涵和特征,它进一步可以引申表述为:"治理不是一整套规则,也不是一种活动,而是一个过程;治理过程的基础不是控制,而是协调;治理既涉及公共部门,也包括私人部门;治理不是一种正式的制度,而是持续的互动。"①

治理具有多主体性、过程性、协调性、多主体性、互动性的特征,②因而与传统的"管理"有着诸多的区别,这些区别主要表现为:第一,管理大多是一元化的,是一种线性的上下级关系;治理的主体是多元的,多元主体之间基本上是一种平等的、共同体的关系,因而在结构上主要呈平面状。第二,管理主要是一种控制性、规制性的活动,旨在控制、规制被管理的人和事;治理主要是一个协调性、调和性的过程,旨在异中求同、求同存异、和而不同,保持动态平衡。第三,管理主要是运用等级权力自上而下推行的,具有强制性作用;治理主要是通过平等的协商、说服、协调实现的,是一个持续互动的过程。归根结底,治理区别于管理的基本点在于"权力运行的向度"不同,"管理过程中权力运行的向度不一样。政府统治的权力运行方向总是自上而下的,它运用政府的政治权威,通过发号施令、制定政策和实施政策,对社会公共事务实行单一向度的管理。与此不同,治理则是一个上下互动的管理过程,它主要通过合作、协商、伙伴关系、确立认同和共同的目标等方式实施对公共事务的管理。"③

高等院校由于其特殊的性质和使命,一般都处于"有组织的无政府状态",因此从管理走向治理,既是高等院校特殊性质和使命的要求,也是 21 世纪各国高等教育改革和发展的新取向。

根据全球治理委员会的"治理"定义,我们可以把"高等院校治理"看作校

① 俞可平.治理和善治引论[J].马克思主义与现实,1999(5):38.
② 肖卫兵.大学治理:被滥用的时髦词语——对"我国大学治理问题研究"的反思[J].苏州大学学报(教育科学版),2017,5(3):74.
③ 俞可平.治理和善治引论[J].马克思主义与现实,1999(5):38.

内外各类主体以及各种利益者"管理其共同事务的诸多方式的总和",是"使相互冲突的或不同的利益得以调和并且采取联合行动的持续的过程"。在高等院校的治理体系中,校内治理主体主要有管理者、教师、学生三大类,由于异质性的影响,三大类主体之中还可以分化出一系列的利益群体,显现出治理主体的多元化、多样性特点。

校外的利益相关者则包括校友、学生家长、政府、中介机构、捐资者、媒体、社区,乃至一般的公众,这些利益相关者也以不同的方式、不同的程度参与院校的治理,他们不仅是高校的重要问责者,也是院校治理中不可忽视的相关者。

因此,所谓"高等院校治理体系",可以具体表述为:为有效实现学校的使命,由管理者、教师、学生以及其他重要利益相关者构成的合作共同体,这个共同体总体上是平面型而非垂直型的,它的运行机制主要通过主体间平等地协商、说服、互动来进行。而所谓"高等院校治理能力",实际上就可以理解为高校治理主体及利益群体履行自己的权力和责任的能力,是各主体、群体之间平等而持续地互动、协商、调和并最终实现院校目标和使命的能力。

二、院校治理现代化

高等院校治理现代化既是一个历史的过程,也是一种状态,一个愿景,它可以从共治、法治和善治三个维度来描绘。

(一) 共治

高校共治,意味着高校的各类主体和所有利益相关者群体共同治理学校,共治的关键是治理主体的多元化。在学校内部,治理主体主要有管理者、教师、学生三类,在这三类主体中还可以分化出一系列的利益群体。校外的利益相关者则更为多样，校友、学生家长、政府、中介机构、捐资者、媒体、社区乃至一般的公众，都有可能成为高校治理的主体。

尽管高校治理涉及的群体很多样，但并不表明他们就一定是高等教育的治理主体。作为高校的治理主体至少应满足三个要件：一是具有相对独立性，无须依附于其他任何主体；二是具有规则所赋予的权力和权利，并且可以独立地行使权力和权利；三是具有独立行使权力和权利的主体意识和能力，或者说是主体性，从而能够有效地参与治理。举例来说，无论从哪个角度看，教师理应是高校治理的重要主体，然而在我国目前的高等学校管理体制下，教师作为一个群体，事实上在当前都难以满足这三个要件，因而也就很难成为高等教育的治理主体。

从理论上说，只要每一个治理主体都能满足这三个要件，那么多元治理主体一定是扁平型结构。在扁平型治理结构中，各主体的地位基本平等，各自拥有规则赋予的权力和权利，可以通过有效协调、互动达到共治的效果。当然，扁平型的治理结构并不意味着各主体完全齐平，因为这个结构毕竟是扁平的，而非平面的。某些主体相对具有较大的影响力，能起到主导作用，这不仅很正常，也是治理所必需。但即便如此，主导作用也绝非主宰作用，任何主导作用都要以不排斥其他治理主体的主体作用为限度，否则就谈不上共治。

扁平型治理结构的构建，关键在治理主体的成长和培育，既需要各主体不断地自我成长和发育，也需要借助于必要的外力加以培育和加持。就教师而言，既需要教师自己自强不息、强身健体，也需要通过高等学校管理体制改革来促进。

（二）法治

法治既是高等院校治理现代化的基石，也是高校治理制度化、规范化、程序化的保障。实现高校法治，首先需要明确学校章程在学校治理中的法律地位。一是在内容上,学校章程应该对校内各项行政权力予以界定和划分,包括校长的选聘程序及其职权、教学科研机构的设置标准与程序、管理机构的设置标准与程序、院长的选聘程序及其职权、各种委员会的组成及其权限等,均应在学校章程中有明确规定。制定学校章程的主要目的就是构建一个权限清晰、分工明确、相互联系又相互制约的治理结构。二是在程序上,应该通过某种法律程序,使学校章程成为具有法律效力的学校母法。例如在不少国家,一些公立大学的章程往往都经过议会审议并表决通过,这是将大学章程上升为法律的一个重要方式,①也是不少国家通行的做法。

(三) 善治

高等院校善治,意味着高校治理处于一种良好的状态:治理主体的主体性到位,治理机制有效,治理效果呈最大化。

高校善治,首先是多元治理主体处于良好的状态,各主体相对独立,主体意识和主体能力到位。由于高校领导者在学校治理体系中大多是起主导作用的一方,因此首先需要明确并且限定行政领导的主体权限,使行政权力不能凌驾于其他主体权限之上。善治首先要求行政"善政",②只有行政首先"善政",才能保证高校其他治理主体的独立性和主体性,保证其他主体的主体意识和能力处于良好状态。

高校善治也体现为治理机制的有效性。高校治理的直接目标是使不同的、甚至相互冲突的利益得以调和并且在此基础上合作行动。多元的治理主体就是各个不同的利益方,所以治理的最重要的机制就是治理主体之间的互动和协调。在这个机制之中,各主体本着调和、化解冲突的善意,摆事实讲道理,使各方的利益诉求得到充分的表达和观照。这就需要表达渠道畅通,同

---

① 王一兵.如何走出高校放权"一放就乱,一乱就收,一收就死"的怪圈[J].苏州大学学报(教育科学版),2016,4(1):125.

② 俞可平.推进国家治理体系和治理能力现代化[J].前线,2014(1):6.

时需要各方在交流互动中有智慧和能力异中求同,找到合作行动的基点。互动机制的有效性,既需要治理主体的意识和能力,也需要法律和规则来保障,因而善治必定是法治。

高校善治还体现在治理效果的最大化。治理效果最大化并不是九九归一,而是高校的多元主体通过协商、互动,在不同的利益诉求中求得最大公约数,达成最大共识,并以此为起点合作行动,而非共识部分则可以保留。这是多元主体既最大限度地协调合作,又保持适度"张力"或"紧张"的一种状态,也就是异中求同、同中存异、和而不同的状态。这样一种治理效果,相当于伯顿·克拉克所形容的那种"合理的无序"状态,在高等学校中,各方都可以"各显神通"、各抒己见,"彼此间的矛盾都通过非正式或正式的渠道来协商解决",但各方都要"适可而止"、"有所克制",允许在整个系统中"维持一定程度的不满情绪",接受"合理的无序"。① 在高等院校,异中求同固然不易,但同中存异、和而不同更加重要,更加不可或缺。当然,高校治理效果的最大化,最终必须由高校人才培养、科学研究和社会服务效果的最大化来体现。

三、院校研究对治理的作用

从高校管理角度看,院校研究主要是为学校的管理和决策提供支持,服务于学校的领导者;从高校治理的角度看,院校研究的服务面向势必有所扩大,作用势必有所拓展。在高校治理体系中,院校研究虽然首先仍要服务于学校领导者,但它不再仅仅局限于领导者,而是要面向共治的需要,眼中要有共治的各个主体以及利益相关者,还有无所不在的校内外问责者。

---

① 伯顿·R.克拉克.高等教育系统:学术组织的跨国研究[M].王承绪,等译.杭州:杭州大学出版社,1994:301.

高校的共治可能是一种理想的状态，在这种状态下"每一个利益相关方都以院校的整体利益为前提，努力来思考和行动，或者通过合作来达成协议或者通过折中妥协来做出最终的决定"①。这也就是善治状态。然而，高校的共治毕竟是一个互动的过程，在这个过程中既可能和风细雨，也完全可能狂风暴雨，有时会发生争执和冲突，因而它也可能"是一个非常糟糕的过程，因为每一个利益相关方都会带来不同的观点，代表着不同的利益，并且会有不同的倾向"②。克拉克·克尔说，多元化巨型大学里的各种"国"都可以对别"国"开战，这也是在隐喻院校治理过程中的"非常糟糕"的状态。

M. 皮特森认为，现代高等院校既是一个开放的系统，也是一个"政治组织"，这个组织的治理是一个政治过程，③是各利益方相互协商的一个过程。按照高校组织"政治模型"理论的解释，高校治理实际上也就是"在资源有限、外部环境充满不确定性的前提下，大学内部分化为不同的利益群体，学校领导者利用权力及非正式群体的影响力，通过各利益群体的互动进行决策，以期解决组织内部冲突及资源配置"④。这个模型的基本特征是注重院校目标"如何形成"而不是"如何以最大效率实现目标"，注重院校如何变化以应对内外部的要求，把冲突的解决当作"重中之重"，注重不同利益群体在政策形成过程中"扮演的角色"，注重"利益诉求合法化"以及"政策制定过程"本身。"政治模型"理论很好地诠释了院校治理的基本特征和内在机制，院校组织的"政治模型"实际上就是院校的"治理模型"。

高校治理无论是理想的状态还是糟糕的状态，都是一个错综复杂的多边

---

① 詹姆斯·珀塞尔.院校治理支持[M]//理查德·D.霍华德，杰拉尔德·W.麦克劳林，威廉·E.奈特.院校研究手册.蔡三发，等译.上海：同济大学出版社，2021：127.

② 詹姆斯·珀塞尔.院校治理支持[M]//理查德·D.霍华德，杰拉尔德·W.麦克劳林，威廉·E.奈特.院校研究手册.蔡三发，等译.上海：同济大学出版社，2021：127.

③ Marvin. W. Peterson. The Role of Institutional Research: From Improvement to Redesign. J. F. Volkwein (ed.)[C]. What Is Institutional Research All About? New Directions For Institutional Research, no.104. San Francisco: Jossey-Bass, 1999：86.

④ 林杰.美国院校组织理论中的政治模型——以鲍德里奇的个案为原型[J].高等教育研究，2007(9)：94.

互动、协商协调的过程，势必要经历劳神费心的磋商、谈判、妥协、折中等环节。在这个过程中，校长的领导角色和工作性质发生了重大的变化，他主要不是自己定一个目标让别人去执行，而是首先要在共治的体系中与各主体一起议定并形成一个各方都能接受的目标。也就是说，目标是在共治体系中建构起来的，而不是由校长个人预先设定的。而在议定、形成目标的过程中，各主体的位置不同、利益诉求不同，出现矛盾和冲突就是必然的，要在错综复杂的各种矛盾和冲突中求得最大公约数，达成最大共识，确立合作行动的目标，院校研究的作用也就进一步突显出来了。

从院校研究的数据职能看，院校研究者可以通过收集和报告本校的数据信息以摆出事实、展示现状，为多元治理主体提供一个求同存异的事实平台，这个平台对问题的解决和协调至关重要。事实上，即便是一校之长，对本校各个方面和环节的情况不可能"了然于胸"，更何况其他的治理主体和利益群体。针对院校中的某一问题，不同的治理主体和利益群体，信息都不对称，认知都有限度，他们出于各自的立场和角度看问题，"横看成岭侧成峰"是常态，因此有一个事实平台作为各方磋商的共同起点，其重要性不言而喻。

从院校研究的问题研究职能看，院校研究者运用科学的方法对协商中的问题进行客观的研究，以翔实的证据来描述现状、界定问题、解释原因并论证可能的对策，显示出科学性和可靠性，可以为主体间的协商提供有力的证据和依据，从而有助于提高说服力，有助于促进共识的形成和问题的解决。

从院校研究的研究过程看，这本身也未尝不是一个特殊的沟通和协调过程。院校研究广泛运用的访谈、问卷、调查等方法，都是具有实证性质的研究方法。运用这些方法进行研究的过程，一定程度上也就是收集、征询治理主体和利益相关者意见或利益诉求的过程，是一个相互沟通的过程。例如，某校为了将某些课程从小班授课改为大班授课，研究者运用各种方法对相关的教师、学生乃至于管理、后勤人员进行访谈和问卷；某校对学生学习体验的研究，研究者不仅要对在校生、毕业生进行问卷调查，还要对他们的家长、用人单位进行调查。这个调查的过程在一定程度上就可以起到上情下达、下情上传的作用，不仅可以为治理协调提供依据，调查本身实际上也可以起到一定的治理协调作用。因此，院校治理的"政治模式"其实也是一个"民主模式"。

在"政治模式"或"民主模式"的共治体系中，校长"巨人"式转变为"行政管理者"式是一个必然的趋势。这个"行政管理者"式的校长，当然还是学校的首席执行官，还握有相应的行政权力，但是在共治体系中，校长角色的内涵和工作方式发生了重大的变化，校长首先不再是发号施令者，而是一个"调解者"，或者"说服者"。克拉克·克尔、阿什比、赫斯伯格等著名的大学校长都曾不约而同地说过，校长的首要角色是"调解"和"说服"，"说服机会应等同于责任"，"说服是最好的领导方式"。这既是他们的夫子自道，也是院校治理的必然要求。既然"调解"和"说服"成为他们主要的工作方式，那么摆事实讲道理，以理服人而不是以权压人，就是最基本的工作原则。从校长角色转变这个角度看，对院校研究的需求依然旺盛。

在美国《院校研究手册》中，对院校研究在院校治理体系中的功能作用归纳为两大类：一类是"形成性的及内部的"，以"提高为导向"；另一类是"终结性的及外部的"，以"问责为导向"。这两大类又可以分为五种具体角色，即"作为信息部门"、"作为政策分析部门"、"作为舆论导向部门"、"作为学者和研究者"以及"作为知识管理部门"。[①] 其中，院校研究作为"信息部门"和"政策分析部门"，本来就是它的两大基本职能，由此体现了它在院校管理和治理实践中的基本功能；作为"舆论导向部门"和"知识管理部门"，突显了它在治理体系中的作用，通过这两种作用为协调和沟通服务，而其本身也成为协调

---

① J.弗雷德里克斯·沃克温.院校研究办公室的结构与功能[M]//理查德·D.霍华德,杰拉尔德·W.麦克劳林,威廉·E.奈特.院校研究手册.蔡三发,等译.上海:同济大学出版社,2021:35-36.

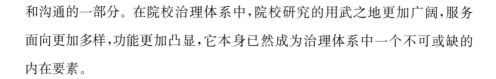

和沟通的一部分。在院校治理体系中，院校研究的用武之地更加广阔，服务面向更加多样，功能更加凸显，它本身已然成为治理体系中一个不可或缺的内在要素。

第三节　理论与实践的中介

院校研究是以本校为研究对象，服务于本校办学实践的咨询性研究，本身并没有发展理论的任务，但没有发展理论的任务并不等于就没有理论的意义。从院校研究发展的实际情况看，院校研究与众多学科的理论都有直接或间接的关系，也不乏理论的意义。这些学科可能涉及教育学、管理学、心理学、经济学、法学、新闻传播学、社会学、信息学、统计学、计算机科学等多个门类。本节仅从院校研究对于高等教育理论的意义作简要探讨。

一、理论的应用与验证

高等教育理论研究的对象是整体的高等教育，或者是某一体系如某国、某区域的高等教育，研究的目的在于揭示高等教育的规律，创立具有普遍意义的高等教育理论。但是长期以来，高等教育理论被不少人喻作"只开花，不结果"，理论与实践之间的脱节现象一直广受诘难。其实理论转化为实践的问题，本身是一个极为复杂的创造和再创造的过程，它并不只是高等教育理论特有的问题，任何学科的理论即便是自然科学的理论，或多或少都会面临这个问题。同时这个问题也不单是理论研究一方的问题，实际上涉及理论与实践、观念与制度、方法和技术等各个方面。

高等教育理论要转化为高等教育实践，其间要经过许多复杂而艰难的中介转换。这些中介的技术形式是什么？中介转换的机制是什么？由谁来承担这个中介？以往人们对这些问题都感到很茫然。然而，院校研究兴起之后，人们终于看到了希望，院校研究由于其太特殊的性质和职能可以较好地充当理论和实践之间的中介。半个多世纪以来的院校研究发展历程已经表明，成熟而规范的院校研究完全可以在高等教育理论与院校办学实践之间起到有效的中介作用。

院校研究作为高等教育理论与院校实践的中介，首先是通过院校研究对高等教育理论的自觉应用实现的。院校研究人员在进行具体的问题研究时，一般都要通过文献综述以确定研究的"理论框架"，这个理论框架就是已有的比较成熟的理论，它包含着相关问题的基本概念、命题和方法，这些基本概念、命题和方法就成为支撑该院校研究的分析框架和技术路径。

前文的研究案例中，南达科他州立大学"本科生第一年持续注册率研究"以"组织结构与功能"理论和"学生/学校吻合"理论为分析框架；哥伦比亚大学"学生的校区意识研究"以"理想校园特征"理论为分析框架；圣约翰大学"本科教育质量监控指标"研制以"投身学习：发挥美国高等教育的潜力"的"基本原则"为分析框架；加州大学"教学工作量测量方法"研究以研究型大学职能理论和学分制理论为分析框架；肯恩大学"教室利用率与优化学校课程时间安排"研究以相关的资产管理理论、课时理论为分析框架；这些研究都是在相关理论的分析框架下进行分析和推理，进而得出了可靠的研究结论。当这些研究结论在各校的办学实践中被不同程度地使用之后，也就意味着它们作为分析框架的理论既得到了有效的应用，也得到了某种程度的检验和证明，院校研究的理论意义由此也得以彰显。

此外也有一些院校研究的项目，课题本身就包含着丰富的理论要素，由此而得到的研究结果在客观上也能够推动理论研究，有助于新理论的创立。例如加州大学关于"教学工作量测量方法"的研究，归纳出三大类型、18 种"教学模式"，这个研究结果虽然只适用于加州大学，但是如果有人以加州大学的这一院校研究为案例,对三大类型、18 种"教学模式"做进一步的理论概括和演绎,从而对研究型大学的"教学"概念做出新的解释,并在此基础上参考其他文献构建一套关于研究型大学的教学新理论也是完全可能的。当然,这一理论概括的工作不必由院校研究者自己做,而是应该由高等教育的理论研究者来做。

这些成功的案例显示,由院校研究充当"高等教育研究者,与'高等教育实践者'的'中介'与'桥梁'","在校内形成'中间人'与'决策者'的沟通机制",①不仅是可能的,而且是可行的。究其原因,就在于院校研究向上以相关的理论为依据和框架,向下直接针对本校的实际问题,研究过程具有直接的实践针对性和指向性,因而研究就有可能成为相关理论向院校实践的转化和应用过程,成为理论的对象化过程。

二、为理论研究提供个案

在高等教育理论研究中,个案法是常用的研究方法,尤其是在研究对象的总体资料难以获取的情况下,选取合适的个案并对个案进行全面的解剖分析就成为行之有效的方法。虽然院校研究由于研究对象不可选择,也由于研究结论只是用于本校,但是,院校研究可以为高等教育理论研究提供有效的个案,积累丰富的个案资料,成为高等教育理论研究的个案库。

这种个案库作用主要通过院校研究的基本职能来实现。首先,院校研究可以为理论研究提供真实而有效的个案数据资料。数据真实可靠,是院校研究者基本的职业伦理,因此经过院校研究者收集、处理的数据资料,真实性和可靠性有基本的保障;同时由于院校研究者一般都将本校的"业务数据系统"转换成了"分析数据系统",而且这些数据系统一般都是可以公开的,因此便

① 蔡国春.院校研究与现代大学管理:美国院校研究模式研究与借鉴[M].北京:教育科学出版社,2006:224.

于理论研究者选择使用,有助于理论研究者根据具体课题的需要提高个案选择的准确性和代表性,避免随意性和盲目性,从而提高理论研究的效率。

其次,院校研究一般都倾向于严格按照科学的程式和方法进行研究,在科学的层面上揭示了本校的事实、原因及趋向,研究的结果体现了科学性、客观性,真实而可靠,因此这些研究结果往往可以直接被理论研究者作为个案文献引用。例如,美国从 2000 年开始的"大学生学习投入度全国调查"是一项大型的高等教育研究项目,但它的基础是院校研究的结果,即各参与院校对本校的"大学生学习投入度"进行调查,正是因为有了参与院校的本校调查,才能使各校的调查结果成为全美"大学生学习投入度"研究直接可用的个案资料。

再次,院校研究在很多国家已经成为高等院校的体制性标配,院校研究的问题域几乎遍及本校办学的各个方面和各个环节,加之院校研究也注重纵向研究,研究的广度和深度以及由此而积累的横向和纵向资料也越来越丰富、越来越全面,因而能够提供给理论研究者选择和引用的个案文献也越来越多,越来越丰富。

另外,院校研究也为高等教育理论研究提供了一种研究的启示,注重对单个对象的研究。高等教育理论研究追求普遍性,力求从有限的样本推导到庞大的总体。这种研究取向是理论研究的本质要求,当然无可非议。但是,在高等教育学领域乃至整个社会科学领域,在从有限样本推导到总体的技术问题尚未根本解决的历史条件下,这种推导的可靠性总是有限度的,误差和偏差往往比较大。在这样的历史条件下与其追求总体的普遍性,还不如回归到样本本身,回归到单个对象本身。如果理论研究者能把有限样本或单个对象都研究得比较透彻、比较全面,把有限样本或单个对象中蕴含的规律和意义揭示得比较充分,那么,我们距离更大范围的普遍性也许就不会太遥远、太虚无缥缈了。

最后,需要提及的是有一些院校研究人员在完成本职工作的前提下,偶尔也会"客串"一下高等教育理论研究者的角色,做一些相关问题的理论研究。究其原因,一是他们在对本校问题的研究中,发现了一些带有普遍性、规律性的东西,产生了理论研究的好奇心和兴趣;二是院校研究人员在学校虽然属于管理系列,其职位身份不是学者,但他们中的很多人不乏学者的资质和研究能力,这从院校研究人员的学历、学科背景等方面都可以看出来,也可以从他们的院校研究过程和报告中看出来。美国《院校研究手册》将"学者和研究者"也作为院校研究的"角色"之一,也许正是从这方面来考虑的。既有理论研究的好奇心和兴趣,又有理论研究的资质和能力,在条件许可的情况下,何乐而不为。于是,他们就完全有可能以本校问题的研究为起点,然后把"本校"当作研究的个案,进而再由个案研究到理论研究,实现从"本校"到"个案"再到"理论"的三步走。当然需要再次强调的是,院校研究人员做理论研究,只能是他个人的业余爱好,而不是他的本职工作。院校研究人员做理论研究的前提,是他必须首先完成自己的院校研究本职工作,否则就可能不务正业、本末倒置了。

第八章　院校研究在中国

中国的院校研究也经历了从广义到专业的发展过程,但迄今为止仍以广义院校研究为主。院校研究在中国的切实推进,取决于高等教育管理体制改革的深化以及高等院校治理的现代化。

在中国,广义院校研究也早已有之,但"院校研究"的概念是在 20 世纪末从国外引入的。三十多年来,院校研究在中国经历了一个从感知到确认、再到实践推行的过程,其发展速度很快且富有中国特色。

第一节　百年轨迹

中国近现代高等院校肇始于 19 世纪中后叶,与高校的创办和发展相伴随,广义院校研究在这个过程中也产生着作用。

一、近代的萌芽

19 世纪末创办的天津中西学堂、上海南洋公学以及北京的京师大学堂,既是清末洋务运动和维新运动的产物,也是中国近代最有代表性的高等院校,这三所高校在创办的过程中都留下了广义院校研究的不少记录。

天津中西学堂和上海南洋公学均由盛宣怀创办。1895 年,盛宣怀拟设
天津中西学堂禀,详述学堂开办计划和头等学堂章程,将头等学堂的功课分
为普通学和专门学两段。1896 年盛宣怀在筹设南洋公学的奏文中详述公
学的开办计划和章程,具体筹划了师范院和上院的班次等级、学规学课、
考试等事项。[①] 这两份呈文可以看作中国近代广义院校研究的建校规划
文本。

京师大学堂创办于 1898 年,开办不久便因政局动荡而停办,直到 1902 年
才恢复办学。1012 年 10 月总教习吴汝纶应大学堂诸执事要求,亲撰条陈"分
条登覆"大学堂"应查事宜",内容涉及速成师范科、速成仕学科、高等学堂、学
校建筑、仪器、教科书、约束生徒之法等项。[②] 该条陈也可以看作吴汝纶总教
习应答大学堂执事"问责"的一份报告书。

从清末到民国是中国近现代高等教育的滥觞期,数量众多的公立、私立
高等院校纷纷面世,虽然这些院校的性质多有不同、类型和形式也不一样,但
由于相关法规的要求,也基于举办者的需要,创校规划报告和办学总结报告
是各校免不了的工作。当时即使是被认为不太规范的某些院校,只要它想
"立案"得到官方的承认,它也不得不提交立案报告。诸如此类的报告,都不
能向壁虚构,都不同程度地包含着广义院校研究的成分。

二、计划体制下的教学研究

中华人民共和国成立之后,中国高等教育进入一个新的发展阶段,形成
了计划经济体制下的专业教育模式:由教育部颁布全国统一的"专业目录",
各高校按照批准的专业进行招生、培养并分配毕业生。在这个模式下,如何

---

① 朱有瓛.中国近代学制史料(第一辑·下册)[M].上海:华东师范大学出版社,1986:490-497,510-516.

② 璩鑫圭,童富勇.中国近代教育史资料汇编:教育思想[M].上海:上海教育出版社,1997:432-435.

按照国家的统一要求进行专业教学、改进教学方法、提高教学水平,成为各校面临的共同任务,也成为这个阶段广义院校研究的共同课题。与此模式相应,各校在学系建制下普遍设立了与专业相对应的教研组、教研室,它的主要任务就是进行本专业的教学工作及教学法研究,[①]同时很多高校在教务管理部门设立了教研科,负责对全校的教学情况进行分析和研究。

我们以厦门大学为例,20 世纪 50 年代由教务部门及相关部门提出的教学情况研究报告多达数十项,如 1950 年的《课程改革情况及存在的问题》、1952 年的《学习苏联教学经验初步总结》《1955—1956 年度教学工作总结》《1958—1960 学年教学质量的初步检查总结》、1958 年的《贯彻阶级路线、培养工农兵学生的初步总结》等。[②] 这些报告虽然都是描述性、总结性的,但也都经过了调查分析的环节,一些报告还有统计的数据。这些报告是当时全国各高校教学研究的一个缩影。

又如北京农业大学 1961 年 8 月题为《农业大学农学专业今年毕业生和新中国成立以来历届毕业生质量的比较》的内部报告,通过对数据和事实的分析揭示了本校"运动过多、学生学习时间较少、没有认真考试、实验训练不严格、教学实习有放松"而造成的"对教学工作的负面影响"。[③] 这一报告既有历时分析,又有数据分析,在当时实属不易。

这个时期的广义院校研究集中于教学问题,主要服务于教学。其原因在于当时我国的高等教育实行了"集中统一"的管理体制,高等院校的管理被纳入严密的计划体制之下,管理权力集中于教育主管部门,全国高等院校保持高度的统一,不仅计划统一,而且行动统一、过程统一、步调统一。在这种情况下,高校成为上级既定计划的执行者,而不是能动的自我计划制订和实施

---

① 胡建华.中国现代大学制度的原点:50 年代初期的大学改革[M].南京:南京师范大学出版社,2001:253.

② 厦门大学校史编委会.厦大校史资料:第三辑[M].厦门:厦门大学出版社,1989:49—291.

③ 陈徒手.故国人民有所思:1949 年后知识分子思想改造侧影[M].北京:生活·读书·新知三联书店,2013:207.

者,因此不需要通过研究来支撑管理决策,也没有多少可以决策的事项。尽管有些高校也曾自主提出过一些报告,但大多是"请示"和"汇报"一类,目的是为了得到上级部门的批准。当然,要获得上级部门的批准也非易事,首先需要理解领会并吃透上级部门的文件精神,也要参考本校的实际,还需要校方下一番审时度势、知己知彼的功夫,这其中也需要某些"研究"的成分。例如,厦门大学1952年向上级主管部门提交的《厦门大学关于专业设置与发展重点的意见》,根据对本校历史和所处地理位置的分析,提出以海洋生物、物理化学、政治经济学、南洋史等为"发展重点与方向"。报告有理有据,设想具体可行,高等教育部批准后专门下发了《关于厦门大学发展方向的决定》。[①]厦门大学的这份报告显然是下了一番研究功夫的,可以看作是一项自主的决策性研究,是当时很难得的一个成功的自主研究案例。

三、"高等教育研究"盛况

"文化大革命"结束之后,中国在 20 世纪 70 年代后期进入改革开放的新时期,高等教育也迈入改革开放的轨道。一方面知耻而后勇,高等教育进行"拨乱反正、正本清源",纠正以往各种政治运动对高等教育造成的巨大灾害,恢复高等教育的正常秩序;另一方面顺应改革开放的大趋势,努力校准和追赶世界高等教育发展的主流,遵循高等教育的规律来办高等教育。在这样一个百废待兴的历史新时期,很多高校"敢为天下先",在 20 世纪 80 年代启动了各种极具自主性的校本改革和创新。例如,武汉大学和南京大学率先试行学分制;华中工学院实行"综合化";上海交通大学进行校内管理体制改革;还有深圳大学的学校领导体制改革。这些校本改革的决策和实施,既需要学校领导人非凡的见识和勇气,也离不开细致、深入的调研和论证,还离不开各种方

---

① 厦门大学校史编委会.厦大校史资料:第三辑[M].厦门:厦门大学出版社,1989:93,100.

式的本校问题研究。比较典型的一例是 1977 年华中工学院为确立学校的发展目标,动员了七百多名教师历时半年对国内外著名大学进行调研,写出了数十份共计 60 万字的调查报告,[①]并在此基础上形成了题为《我院同世界著名理工科大学的差距和赶超的主要措施》的总报告。[②] 这份报告堪称广义院校研究在当时的第一份代表作。

20 世纪 70 年代末至 80 年代,各校普遍设立的高等教育研究机构,为广义院校研究奠定了重要的组织基础。1978 年厦门大学高等教育研究室成立,这是国内第一个高校自设的高等教育研究机构,在厦门大学高等教育研究室的影响以及先行者们的推动之下,高校设立高等教育研究所(室)迅速成为潮流。据统计,1978 至 1979 年,全国的高等教育研究机构仅有十多家;到 1983 年 5 月,已有二百多所高校成立了高等教育研究机构;在 1985 年《中共中央关于教育体制改革的决定》颁布之后,各校的高等教育研究机构更是如雨后春笋般涌现,相关的高校已近七百所。[③] 到 20 世纪 80 年代末,全国几乎所有的普通高等院校,尤其是本科院校,基本都设立了高等教育研究机构,每个研究机构都设置了人数不等的专职研究人员,少则一二人,多则一二十人。

这样一种盛况,是当时中国高等教育发展的必然要求。高等教育的发展在十年"文革"中受到严重影响,后来的广大高等教育工作者痛定思痛,"按照高等教育的规律办高等教育"的呼声便汇聚成了时代的强音。正是在这个背景下,各校成立高等教育研究机构以探索高等教育规律,也就成为一种必然的选择。这些设立于高校之中的高等教育研究机构,除有高等教育学学科基础,着重从事高等教育理论研究的极少数之外,绝大多数的工作职能其实都是根据本校的实际需要,直接服务于本校的实际问题研究,具体的

① 朱九思."文革"后中国第一所实行改革的大学[J].高等教育研究,2003,24(5):5.
② 别敦荣.中国院校研究的发展与院校研究分会的功能[C].中国高等教育评论:第 11 辑.厦门:厦门大学出版社,2019:32.
③ 李均.中国高等教育研究史[M].广州:广东高等教育出版社,2005:127,191.

工作方式从为学校领导和管理部门起草报告文件、收集资料、提供信息,到各种实际工作问题的调研和论证等。这些机构的角色和作用,从秘书、写作班子,到信息员、研究者、参谋助手等应有尽有,依各校的校情和具体需要而异。

这些服务于本校的高等教育研究机构,从工作方式和内容来看无疑都相当于广义院校研究。由于这些高等教育研究机构毕竟是各校自设的专门机构,又或多或少地配置了若干专职研究人员,虽然这些研究人员的实际身份、研究能力差异巨大,但是毕竟他们都是专职的,是一个岗位职责比较明确的职位,所以这些高教研究机构的普遍设立和专职研究人员的配置,标志着广义院校研究从早先的兼职开始向专职的转化。

20世纪80年代末,高等教育研究机构基本上已成为中国高校的标配。尽管这些研究机构的性质、职能和实际作用确实差异很大,徒有其名的也不少见,但它们毕竟都是专门的研究机构,其中一些实力较强的研究机构也确实在本校的管理和改革中发挥了参谋的作用,甚至有少数的院校研究已经接近于专业化。例如80年代初成立的上海交通大学高等教育研究室,在80年代中后期应本校"撤销教研室,建立学科组"改革以及"三评一定"改革的需要,通过调研先后完成了《学科组长的责与权》《基础课学科组的特点及政策》《学科组体制下系级职能的转变》《经费包干承包基数的科学确定的研究》等研究报告,①成为学校改革工作的重要参考。这是高等教育研究机构在学校改革发展实践中起到显著作用的一个典型案例。

不过从总体上看,大多数高校的高等教育研究机构在本校问题的研究工作中,专业性和科学性水平仍然还较低,独立性也没有保证,大多没有超出广义院校研究的范围,没有达到专业性、科学性院校研究的层面。这种20世纪八九十年代很普遍的情况也是完全可以理解的。事实上直到今天,很多高校

---

① 陶爱珠,宓治群.探索高校高教研究室发展之路[J].上海高教研究,1991(2):9.

的高等教育机构甚至是院校研究机构仍然还没有超出广义院校研究。这不是院校研究机构和人员单方面的问题,而是由高等教育管理体制以及各种内外部因素共同制约所导致的。

第二节 "院校研究"的引进

"院校研究"概念在 20 世纪 80 年代末 90 年代初被引入我国,它是我国高等教育改革开放的结果,也是高等教育研究者和实际工作者共同倡导的结果。

一、感知阶段

20 世纪 80 年代中后期,我国高等教育研究领域的一些学者较早接触到美国院校研究的相关文献,并在他们的论著中有零星的介绍。陈学飞在 1989 年所著的《美国高等教育发展史》一书,将院校研究译为"学院研究",并描述了"学院研究"的主要特点和研究问题。[1] 这是目前所能检索到的国内学者最早介绍美国院校研究的图书。

《高等教育辞典》编撰工作于 1987 年启动,参与编撰的部分青年学者就"Institutional Research"的中文译名有过热烈的讨论,最后达成共识译为"院校研究",该辞典于在 1993 年正式出版即用此名。[2] 1990 年,徐俞在《世界高等教育研究的历史与现状》一文中,将"院校研究"界定为"高等院校对自身状况的分析与评估活动",并且把它看作"高等教育研究中最普通的一种类型和

---

① 陈学飞.美国高等教育发展史[M].成都:四川大学出版社,1989:236.
② 朱九思,姚启和.高等教育辞典[M].武汉:湖北教育出版社,1993:306.

一个重要的方面"。① 这是目前所能见到的我国学者首次在中文公开期刊上使用"院校研究"一词。

国内关于"院校研究"的专文最早出现在 1992 年。一篇是时在美国科罗拉多理工学院专职从事院校研究的程星发表了《机构研究与现代高等教育管理》一文,该文虽然使用了直译的"机构研究"一词,但作者从科学管理的角度现身说法,阐释了美国院校研究的现状和作用,同时对"机构研究"与"高等教育研究"在概念上做出了明确的区分。② 另一篇是胡振敏的《院校研究的起源、发展及现状》,该文主要参考《国际高等教育百科全书》等文献,介绍了美国和欧洲院校研究的起源和发展状况以及院校研究的主要特点。③ 这两篇专文虽然都发表在内部期刊上,但在院校研究引入我国的过程中都起到了开路的作用。

1993 年秋,曾任美国院校研究协会主席的 J. 玛福来华访问,应邀到厦门大学等校就院校研究与中国学者进行交流。1994 年 5 月,潘懋元教授率团出席了在美国新奥尔良举办的院校研究协会第 34 届年会,④这是中国学者代表团第一次正式参加 AIR 年会。这两次中美交流活动,对"院校研究"在中国的传播和发展,起到了重要的促进作用。此后,J. 玛福的《美国院校研究概述》(1994)、程星等人的《美国院校研究的历史与现状》(1995)、秦国柱的《高校高教研究机构应以"本校研究"为主》(1995)等专文相继在国内的刊物上发表,拓展了我国高等教育界对"院校研究"的感知。

虽然有了这些早期的译介文章,但直到 20 世纪 90 年代后期,我国高等教育界对院校研究是什么的问题,很大程度上仍处于若明若暗的状态,主要原因是当时我国的"高等教育研究"已经形成了庞大的规模并且实现了学科化,

---

① 徐俞.世界高等教育研究的历史与现状[J].上海高教研究,1990(3):105.
② 程星.机构研究与现代高等教育管理[J].大学教育论坛,1992(2):1-5.
③ 胡振敏.院校研究的起源、发展与现状[J].外国高等教育资料,1992(2):25.
④ 潘懋元.访美散记[J].外国高等教育资料,1994(4):42.

很多高等教育研究者总是倾向于从"高等教育研究"的角度去看待"院校研究",因而难以理解院校研究这种特殊的"高等教育研究",甚而产生一些模糊的认识。研究者或者将"院校研究"等同于"高等教育研究";或者不把"院校研究"当作一种"研究"。所以到 20 世纪末,我国高等教育界对院校研究的认知,只能说仅仅处于"感知"的阶段,初步感知到国外高等院校有这样一种"研究"活动存在,但对它的性质和特征还缺乏深入的理解和体认。

二、确认阶段

进入 21 世纪后,随着中国高等教育的超常规发展,高等教育研究界对院校研究的译介和探讨也出现了一个高潮。其间,产生较大影响的专文有:刘献君、赵炬明、陈敏的《加强院校研究:高等学校改革和发展的必然要求》(2002),赵炬明的《现代大学与院校研究(上、下)》(2003),周川的《院校研究的性质与特征》(2003)等。这些专文主要也是基于美国院校研究的实际情况,描述院校研究的发展历程,阐述院校研究的性质和特点,论证院校研究在中国高校改革和发展中的必要性和紧迫性,对我国高等教育界进一步认识院校研究并予以推行,起到比较显著的作用。另外,南京师范大学高等教育学博士研究生蔡国春的学位论文《美国院校研究的性质与功能及其借鉴》于 2004 年答辩通过,成为我国第一篇以"院校研究"为研究对象的博士学位论文。

从 2003 年开始,多部以院校研究为主题的专著先后面世。程星、周川主编的《院校研究与美国高校管理》和《美国院校研究实例》分别于 2003 年、2008 年出版,这两本作品主要由在美国从事院校研究的专家分写专章,不仅翔实地描述了美国院校研究的基本特征,而且附有一些典型的研究案例。蔡国春的《院校研究与现代大学管理》于 2006 年出版,作者通过对美国院校研究大量文献的分析,阐释了院校研究的特性与功用。刘献君主编的《院校研究》

于 2008 年出版,该书结合中国高等教育的实际论述了院校研究的基本特征和方法,成为"院校研究"方向研究生的通用教材。此外,赵炬明、余东升主编的《院校研究与现代大学管理讲演录》(2006)、刘献君和陈敏主编的《院校研究与大学管理》(2006)、魏署光的《美国院校研究决策支持功能探析》(2016)、常桐善的《院校研究的发展与应用》(2016)、周光礼的《大学变革与院校研究》(2017)等专著,分别从不同的角度论述了院校研究的相关理论和实践问题。由蔡三发等人翻译的《美国院校研究手册》于 2021 年出版,为我国高等教育界提供了一部全面反映美国院校研究实际状况与方法、具有工具书性质的指导手册。

从 20 世纪 90 年代初到 21 世纪初,经过一系列的译介和探讨,我国高等教育界对院校研究的认知和理解不断深化,初步实现了从"感知"到"确认"的转变,对院校研究是什么、为什么、如何进行等理论和实践问题有了比较准确的把握,对院校研究"中国化"的可能性、可行性及其条件也有了比较全面的认识。

在从"感知"到"确认"的转变过程中,于 2003 年开始筹备、2007 年正式成立的中国高等教育学会院校研究分会(China Association of Institutional Research,简称 CAIR),成为中国院校研究发展的一个重要的标志和节点。CAIR 成立之后,通过举办年会和各种专题研讨会,举办院校研究人员培训班和讲座,编写系列教材和《中国院校研究案例》等活动,将院校研究的理念迅速传播到我国的高等教育领域,对推动院校研究在我国的发展起到了至关重要的作用。CAIR 的成立标志着我国高等教育界对院校研究从"感知"到"确认"转化取得的一个成果,也是我国院校研究走向职业化、专业化的一个起点。

三、我国台湾地区的"校务研究"

院校研究在我国台湾地区被称为"校务研究"。从字面意义上看,"校务研究"一词比较直接地指向研究的对象,也隐含着"本校"的意思,相比于意在隐喻科学性和客观性的"院校研究"一词,"校务研究"自有其长处,尤其比较适合于院校研究人员以第一人称使用。

台湾地区的"校务研究"理念主要源于美国和日本,台湾清华大学的彭森明,2006 年发表的《全国性高教资料与院校研究的关系》是台湾学者较早介绍院校研究的专文。[1][2] 十年多来,随着高等教育质量评鉴运动的开展,台湾对"校务研究"的研讨也渐入高潮,有影响力的专文如彭森明的《高等教育校务研究的理念与应用》(2013)、何希慧的《大学建立校务研究体制之建议:以学习成效评估及提升机制为例》(2015)、刘孟奇的《以校务研究为校务决策之本》(2016)、林静慧等人的《校务研究与内部品质保证》(2017)、李纹霞等人的《全球视野在地化的校务研究》(2017)、林博文等人的《台湾校务研究实务》(2018)、林劭仁的《大学推动校务研究之个案探析》(2019)等。2019 年,由杨莹主编的《各国大学品质保证与校务研究》一书在台北出版,该书介绍了世界各主要国家以及中国大陆和台湾院校研究的进展情况,在海峡两岸都有较大的影响。

2015 年,台湾地区教育主管部门发布了《补助大学提升校务管理能力计划审查作业要点》,通过政策和经费促进各校的校务研究,随之于 2016 年成立了"台湾校务研究专业协会"以指导和推动校务研究的开展。[3] 目前,台湾地区很多高校都已成立"校务研究办公室"并配置专职研究人员,校务研究正在积极发展的过程之中。

---

① 彭森明.全国性高教资料与院校研究的关系[M]//刘献君,陈敏.院校研究与现代大学管理.青岛:中国海洋大学出版社,2006:12.

② 杨莹.各国大学品质保证与校务研究[M].台北:高等教育文化事业有限公司,2019:1-295.

③ 林劭仁.大学推动校务研究之个案探析[J].高等教育(台北),2019:5-6.

第三节　知易行难

　　院校研究是高等院校的一种实践行为,在观念上确认院校研究仅仅是起点,关键是要在高等院校的办学实践中予以实施。相比于"院校研究"的译介和引进,院校研究在高校实践中的实施显然要复杂得多,难度大得多。知易行难,是由院校研究的特殊性质以及内外部需求因素决定的。

一、高等教育研究机构的转向

　　院校研究在我国高校办学实践中的推行,从原有的基础看本应具有两个优势。第一就是在 20 世纪 80 年代几乎所有高校都成立的高等教育研究所(室),这些机构大多数都有进行广义院校研究的经历和基础。第二是在 20 世纪末,我国高等教育为进入 21 世纪自上而下掀起了一个"规划运动",各高校又纷纷成立了兼有行政性和研究性的"发展规划处"一类的机构,这类机构不仅专门从事本校发展规划的编制及其相应的组织协调工作,也具有广义院校研究的性质。只不过由于"院校研究"一词在当时尚未流行,因此这两类机构承担的研究工作,只能说是没有自觉"院校研究"意识的广义院校研究。

　　21 世纪以来,随着我国高等教育界对院校研究"确认"度的不断提高,同时也得益于 CAIR 的有力推动,高校中的这两类研究机构在研究取向上都不同程度地开始发生转变:一是这些研究机构在本校的研究工作和规划工作中,形成了比较明确的院校研究意识,能够自觉地在"院校研究"理念的引领下开展对本校问题的研究,在研究取向上开始向院校研究靠拢。二是很多受到系统学术训练的高等教育学及其相关专业的毕业研究生进入高校的这些研究机构,加之 CAIR 对原有研究人员进行行之有效的各种专题培训,提升了这些机构运用科学方法对本校问题进行研究的能力,因此研究方式开始朝着科学化的方向靠拢。

近十多年来,很多高校的高等教育研究机构和规划研究机构都开始朝院校研究转向,如直接改名为"院校研究所"或"政策研究所"。还有一些高校在高等教育研究机构之外还成立了专门的院校研究机构,如华中科技大学于 2000 年成立的"院校发展研究中心",①该中心一方面致力于"院校研究"的译介,另一方面实际开展对本校问题的研究,将院校研究付诸本校的实践,在我国院校研究的推行过程中起到示范的作用。

不过,我国高校的高等教育研究机构毕竟是特殊历史阶段的特殊产物,转向容易转型难,真正要转型到专业的院校研究层面并非易事。刘献君等人于 2014 年对我国 514 所本科院校的高等教育研究机构进行过一次调查,结果显示,这些研究机构除少数属于高等教育学"学术导向"的之外,大多数已经"在服务对象和基本职能方面具备了与院校研究机构类似的特征",这些"类似的特征"其实多是广义院校研究的特征。调查还发现,这些机构存在的问题也很明显,例如"地位不高、作用有限","科学性、有效性"不高,很多机构实际上相当于校领导的"第二套秘书班子"。据此,研究者呼吁要认识到高等教育研究机构"转型为院校研究机构的必要性","整合研究力量建立相应的院校研究机构"。② 这一调查结果实际上表明直至 2014 年,大部分传统的高等教育研究机构尚未实现向院校研究机构的转型。可见,传统的高等教育研究机构转型为院校研究机构可能需要一个比较漫长的过程,不可能一蹴而就,因为这种转型不仅仅取决于研究机构本身,还取决于多重因素和条件的作用。

---

① 刘献君,魏署光.院校研究中国化:问题、理论与实践——刘献君教授专访[J].苏州大学学报(教育科学版),2015,3(1):74-82.

② 刘献君,刘怡,余东升,等.在机构转型中深化院校研究——基于对我国本科院校高教研究机构的调查[J].高等教育研究,2015,36(11):44-48.

二、研究案例

21 世纪以来,一些高校在院校研究理念的引领下尝试进行本校问题研究,在各校的管理决策中不同程度地发挥了参谋和智囊的作用,也为我国的院校研究积累了很有意义的案例。

(一) 华中科技大学"实施教师聘任制"研究

21 世纪初华中科技大学对于本校要不要实行教师聘任制的问题有很大的争议,2002 年秋该校成立了由院校研究人员和人事处工作人员及教授代表组成的研究组对此进行专题研究。①

研究组在明确问题的基础上,对本校"教师队伍现状"、"青年教师专业发展"、"教师工作量"三个专题进行调研,召开专题座谈会 13 次,座谈会 41 次,并发动全校教师对校方提供的教师聘任制方案(讨论稿)提意见,同时发放 1 500 份问卷,回收有效问卷 969 份,调查青年教师对工作热情、最佳发展途径、发展优势、发展机会、离校原因等问题的看法和意向。

研究组在广泛调研的基础上,运用政策分析法、质性分析法进行分析研究,得出了研究的结论:"现在是实施教师聘任制的最好时机";"按照学科和任务结合的原则给院系设置岗位,教授岗位由基本岗位和调节岗位构成";"设置特聘教授岗位";实行"非升即走"。这些结论后来被学校采纳,成为该校 2004 年推行"教师聘任制"的重要依据。

(二) SM 学院②"学科建设发展战略"研究

SM 学院是一所商科专业性高校,以本科为主,还设有 23 个硕士学位点。

---

①　刘献君.华中科技大学实施教师聘任制研究[M]//刘献君.中国院校研究案例:第一辑.武汉:华中科技大学出版社,2009:111-118.
②　SM 学院为该学院代号。

2007 年,校方提出"加强学科建设"的发展战略,为此建立了由校领导,院校研究人员以及相关部处工作人员,学院负责人和部分学科带头人组成的专门研究小组进行专题研究。①

研究小组在对国内外众多同类高校进行实地考察及文献分析的基础上,着重进行校内调研,调研内容包括本院学科专业现状、学科门类学科专业现状、本科专业及硕士点归属教学单位情况、师资队伍数量与结构、学科发展边界、对加强科研的看法、对提高办学层次的看法等八个方面,调查形式包括召开各种专题座谈会、问卷调查等。

经过四个多月的调研,研究小组提交了三份研究报告:《SM 学院校外调研考察报告》《SM 学院校内调研报告》《SM 学院学科专业建设规划建议方案》,这三份报告的主要结论成为《SM 学院 2008—2012 年学科专业建设规划》的基础。

(三) 中国海洋大学"教师专业化发展的组织模式"研究

2004 年,中国海洋大学拟议设立本校教师专业发展机构,校领导将调研论证任务交给了该校的高等教育研究机构。高等教育研究机构接到任务后,召集教育系、教务处、人事处等相关部门的管理人员和教师组成了研究项目组,并明确了三个主要问题:国内外大学教学中心等机构的建设情况;教学中心建设的理论基础及组织构架;本校教学中心建设的可行性分析及其运行模式。②

项目组搜集了大量国内外高校教学中心一类机构的资料进行分析,随后在校内进行调研。一方面召开各类"教师专业化发展"专题研讨会进行理论探讨。另一方面对教师进行问卷调查,共发放 800 份问卷,回收有效问卷

---

① 宋彩萍.SM 学科建设发展战略研究[M]//刘献君.中国院校研究案例:第一辑.武汉:华中科技大学出版社,2009:24-33.
② 宋文红.中国海洋大学教师专业化发展的组织模式研究[M]//刘献君.中国院校研究案例:第一辑.武汉:华中科技大学出版社,2009:100-110.

622 份,着重调查教师"参加在职培训情况"、"对在职培训的评价"、"对培训主题、内容和方式的看法"、"吸引或阻碍他们参加培训的原因"、"建议"等项。

在调研基础上,项目组撰写了三份研究报告:《中国海洋大学成立教学支持中心的报告》、《中国海洋大学教师专业发展和继续教育需求调研报告》和《中国海洋大学制定相关教师发展政策的建议》。研究报告的主要结论于 2007 年被校方同意采纳,促成校方成立了教师专业发展机构。

(四) 华中科技大学"本科生学情"调查研究

2013 年华中科技大学为迎接"审核评估",将调查本科生"学情"的任务交给了本校的院校研究人员,成立了由院校研究人员和教务管理人员为主的项目组。项目组经过对国内外各种"学情调查"问卷进行分析后,本着"针对性"、"先进性"、"导向性"、"可比性"、"易操作性"的原则,为本校量身打造了"本科生学习与发展调查"系统,并于 2014 年 5 月至 6 月以电子邮件的方式对本校的本科生进行了调查。[①]

项目组共发放问卷 32 220 份,回收 12 134 份,回收率为 37.66%;在回收的问卷中,有效问卷为 11 295 份,占 93.09%。通过对有效问卷的统计分析,得出了该校本科生"学情"的翔实数据并形成了三份研究报告。这些数据和报告成为 2014 年 10 月学校接受"审核评估"的重要数据支撑,得到了评估专家的高度好评。在这次调查的基础上,项目组还撰写了《华中科技大学 2013 年本科教学质量报告》,获得了校内外广泛认可。

---

① 陈敏,张俊超,魏署光,等."本科生学习与发展调查"的系统开发及其组织实施——基于华中科技大学的实践[J].高等工程教育研究,2015(2):105 - 109.

第四节　制约因素

　　我国的院校研究始于世纪之交的特殊历史阶段,特点是发展速度快、声势大,但总的来看至今仍基本处于"初级阶段",大多没有超出广义院校研究的范围。究其原因,主要是由于诸多内外部因素的制约,高等院校对院校研究的有效需求不足。

一、管理体制的制约

　　20世纪50年代初,我国高等教育确立了"集中统一"的管理体制,"逐步实现统一和集中的领导"。[①] 它的主要特征是权力集中于政府部门,全国高等教育按照政府的统一计划予以实施,不可避免地产生"统得过多"和"统得过死"的"弊端"。[②] 1985年发布的《中共中央关于教育体制改革的决定》,改革的矛头直指这一弊端。从80年代中期以来,我国高等教育管理体制的改革已经推出了多轮,在某些局部也确实取得了一定的进展,但总的来看,改革还没有取得实质性的突破,"统得过多"和"统得过死"的现象并没有得到根本转变。

　　在集中统一的管理体制之下,高等教育的管理权力高度集中于政府主管部门,人财物等主要办学资源也主要集中在主管部门,于是各条线的主管部门实际上就成为高踞于高等院校之上的上级,主管部门的领导也就自然而然地成为"校长的校长"或"处长的处长"。高等院校作为各个主管部门的"下级",当然要服从命令听指挥,将上级部门的各种"红头文件"奉为圭臬,并且

---

①　新华社.教育部马叙伦部长在全国高等教育会议上的开幕词[N].人民日报,1950-06-14.
②　《中国教育年鉴》编辑部.中国教育年鉴:1985—1986[M].长沙:湖南教育出版社,1988:992.

忠实地贯彻和执行上级部门的各种"指令"或"指导",否则非但争取不到必要的办学资源,甚至还可能会受到形式各异的处罚。

在这种管理体制下,高等院校势必出现两种偏向。一是高等院校缺失了作为办学主体的基本独立性和自主性,乃至成为上级部门的附庸。而没有独立性和自主性的高校,基本上是不需要院校研究的,因为学校的各项管理决策大多无须院校研究来支撑,只需按照上级的"红头文件"来贯彻执行即可。二是高校的主要领导层,价值取向势必是对上负责,这与院校研究所支撑的校务决策目标实际上也大异其趣,因为院校研究支撑决策的着眼点是高校自身的使命,校务决策之所以需要借助于院校研究来支撑,根本目的是实现本校的使命,主要着眼点是对学生和教师负责。在这种体制下如果说高校也需要某种"研究"来辅助的话,那么这种"研究"的主要目的无非就是揣摩"上级"的意图或者打政策的"擦边球",距离科学化、专业化的院校研究委实远矣。

二、权力结构的制约

在现行高等教育管理体制之中,高校的领导虽然是主管部门事实上的下级,但他们在一校之内是绝对的上级,在校内握有集中而且缺少制约的权力,几乎可以主宰校内人财物的各个方面和各个环节。当前我国高校的内部权力结构,主要有三个缺陷:一是高度集中,权力主要集中于校领导,特别是集中于学校主要领导,也就是所谓的"一把手";二是垂直性,直上直下,这种垂直关系不仅体现在校级、处级、科级行政关系上,而且体现在校、院、系的学术关系上;三是权力在校内各个层级都缺少制约,行政权力独大,学术权利难以彰显,校级、院两级学术委员会以及教职工代表大会等组织,在很多高校基本上有名无实,既无事可议,也无权可约。

高校教师因其工作性质,本是最具有民主意识和民主能力一个群体,但在高度集中、垂直的行政关系中,教师缺少制度化行使民主权利的渠道,也缺少制度化发表意见的渠道,甚至在某些高校里,教师已经成为校内管理系列中的"末端",成为校、处、科以及校、院、系两个系列中的最"下级",近乎校内的"弱势群体",他们从早到晚为了"绩效"而疲于奔命,因此大多也没有底气对左右他们职业命运的行政权力进行监督和制约。

由于高校的权力过于集中,同时又缺少起码的制约,学校主要领导人特别是"一把手"的专权、滥权行为事实上就很难避免,他们在校内可以凭借手中的权力,不经过调查研究和论证,仅凭个人主观意愿对各种校务做决策。这不仅与高等院校管理科学化、治理现代化的要求完全背道而驰,本身就是集中统一体制遗留下来的制度痼疾,也是我国高等教育管理体制改革的主要目标所指。

早在1986年,时任国务院副总理的万里曾针对领导人凭经验决策问题发表过一个讲话,他指出:

> 由于几千年封建社会和小生产经济的影响,由于科学文化教育的落后,由于法制不健全,以及干部素质、民主作风方面存在的问题,我们至今仍然没有建立起一整套严格的决策制度和决策程序,没有完善的决策支持系统,咨询系统,评价系统,监督系统和反馈系统。决策的科学性无从检验,决策的失误难以受到及时有效的监督。直到今天、领导人凭经验拍脑袋决策的做法仍然司空见惯,畅通无阻。决策出了问题难以及时纠正,只有等到出现了大问题,才来事后堵漏洞,或者拨乱反正,而这时已经悔之晚矣。[1]

这段讲话深刻地揭示了领导人凭经验拍脑袋做决策的制度根源、社会根源、文化根源以及个体根源,阐释了这种决策方式的危害,同时阐明了支持系统、

---

[1]　万里. 决策民主化和科学化是政治体制改革的一个重要课题[J]. 软科学研究,1986(2):4.

咨询系统、评价系统、监督系统和反馈系统对于决策科学化的重要作用。万里的讲话在当时曾产生重要影响，对推动决策科学化具有振聋发聩的作用，至今仍然具有重要的现实意义。就高等教育领域而言，在如今的高等院校里，主要领导人凭经验拍脑袋做决策的现象依然常见，而且在不少院校里有变本加厉之势。这不仅与管理科学化、治理现代化背道而驰，而且与高等院校的本质属性水火不容，最终伤害的只能是高校人才培养、学术创新以及促进社会进步的根本使命。

在高等院校里，如果领导人凭经验拍脑袋做决策成为职务惯习，那么在这样的高校里就不可能形成对院校研究的有效需求，即便有了形式上的"院校研究"，大多也只能充当领导者的"私人秘书"，成为唯领导者"口径"马首是瞻的工具。

三、自我认知的制约

高等院校对院校研究的需求与学校领导者的自知之明也直接相关。高校的规模日益扩大，内外部关系越来越复杂，校务越来越繁重，高校领导者无论多么智慧超群、能力出众，仅凭一己之力事实上已经不可能把握这种复杂性，不可能对学校的所有环节都了如指掌、胸有成竹，这是任何稍有自知之明的领导者都不得不承认的一个客观事实。正因为如此，所以才需要借助于院校研究作为管理决策的"仪表盘"或"手杖"，才不至于"盲人瞎马"。

不幸的是，对于权力集中于一身的高校主要领导者来说，他们往往很难正视这一客观事实，有自知之明更非易事。这是因为过于集中的权力对于掌权者具有膨胀和致幻的效应，一旦掌握了权力，掌权者往往就会自我膨胀乃至于自以为无所不知、无所不能，自视为英雄式的"巨人"，因而对学校的所有大小事务都敢拍脑袋发号施令。在这样的领导那里，自然很难对院校研究产生有效需求。

当然,这不是说领导者的个人能力和经验不重要,因为在高等院校的管理工作中,如果事事都要通过院校研究来支撑,确实既无必要亦无可能。在领导者个人能力和经验所及的事务上,特别是对于一些应急性的事务,领导者凭个人能力和经验当机立断,不仅十分需要,而且必不可少,否则也就可以像某些国家那样将高校校长职位"象征化"了。然而,如今高校的特点恰恰在于,高校的复杂性已经远远超过了学校领导者仅凭一己之力就能把握的限度,因此在领导者个人能力和经验不及的事务上,尤其是在事关学校使命的一些重要事务上,如果领导者不借助于院校研究,不做深入细致的调研,仍然自以为是、一意孤行,那么误入歧途、人仰马翻的危险随时都是可能出现的。

四、研究能力的制约

近年来,院校研究虽然在很多高校得以推行,而且也积累了一些成功的案例,但总体来看院校研究的力量还比较薄弱,难以为学校的管理决策提供有效的供给,难以满足高校科学管理的基本要求。原因有二:一是很多院校研究人员都是从学校的其他行政管理岗位转岗而来,在科学素养和研究能力上明显欠缺,难以承担专业性、科学取向的院校研究任务。二是由于校方缺少对院校研究的实际需求,只是把院校研究者当作"秘书"使用,使得他们很少有真刀真枪承担院校研究的实践机会,因而他们也就很难通过院校研究实践进行反思以提高自己的研究素养。

这就有可能形成一个双向副作用过程:由于校方对院校研究的有效需求不足,只是把院校研究者当作"秘书"使用,院校研究者的研究能力难以通过实践提高;同时由于院校研究人员的能力得不到提高,在实际工作中满足不了校方的需要,进而导致校方的轻视或漠视,也就更加缺少真刀真枪的实践机会。

五、条件的制约

院校研究的发展需要诸多的条件保障,独立性和数据是其中两个重要的方面。就我国院校研究的现状看这两方面的条件也显得薄弱。

院校研究虽然都是"命题作文",但毕竟是科学取向的研究,必须由研究者按照科学的规范独立进行研究并得出结论。尊重事实,以事实为证据,用证据来说话是院校研究的基本要求。但在当前,很多高校的院校研究缺乏起码的独立性,无论是数据统计还是研究结果的解释,往往不是依据事实和证据,而是依据领导者的"口径"。这样的"院校研究"背离了研究的规范,无异于从根基上异化了院校研究对院校研究的发展,有害无益。

目前,基本业务数据工作在我国高校已经普遍受到重视,这是开展院校研究的重要基础,但不足之处也很明显,很多业务数据不系统、不准确、不真实。一个重要原因在于学校的数据工作主要是为了"上报"和"宣传",而不是为了"诊断",这就很难排除报喜不报忧甚至是弄虚作假的可能。院校研究是针对本校存在问题的研究,首先需要诊断问题所在,如果没有系统、准确、真实的数据资料作为研究基础,无视问题的存在,那么研究工作实际上也就很难入手,更加谈不上科学性和客观性。

第五节　发展前景展望

中国高等教育自 20 世纪 70 年代末步入改革开放的新时期,并在 21 世纪先后迈进大众化、普及化阶段,高等教育管理体制改革目标及治理现代化愿景也日渐明晰,这样的宏观背景对院校研究提出了更为迫切的新要求。

一、高等教育普及化的挑战

1999 年,中国高等教育驶入超常规发展的快车道,从 1999 年迄今普通高等教育连年扩招,最高的年增长率达 40％。2003 年我国高等教育的总规模达 1 900 多万人,毛入学率升至 17％,[①]一步跨入高等教育大众化阶段。2019 年我国各类高等教育"在学总规模"升至 4 002 万人,毛入学率高达51.6％,[②]高等教育又跨入普及化门槛。这样一种超常规、跨越式的增长方式,在中外高等教育发展史上都是史无前例的。

随着高等教育规模的迅速扩大,校均规模也同步扩大,普通高等院校本专科学生数从 1998 年校均 3 335 人到 2020 年已经扩大了三倍多,达到 11 982 人,各主要年份的具体数据如表 8 - 1 所示,表 8 - 1、表 8 - 2 中数据均出自教育部历年《全国教育事业发展统计公报》。

表 8 - 1　我国普通高等教育本专科 1998 年以来规模增长情况

年份/年	招生数/万人	在校生数/万人	高校数/所	校均学生数/人
1998	108.36	340.87	1 022	3 335
1999	159.68	413.42	1 071	3 815
2000	220.61	556.09	1 041	5 289
2005	504.46	1 561.78	1 792	7 666
2010	661.76	2 231.79	2 358	9 298
2015	737.85	2 625.30	2 560	10 197
2018	790.99	2 831.03	2 663	10 605
2019	914.90	3 031.53	2 688	11 260
2020	967.45	3 285.29	2 738	11 982

---

① 教育部.2003 年全国教育事业发展统计公报[N].中国教育报,2004 - 06 - 30.
② 内容摘自中华人民共和国教育部网上的《2019 年全国教育事业发展统计公报》。

在我国的普通高等院校体系中,本科院校数始终略少于高职高专院校数,但本科院校的校均规模普遍大于高职高专校均规模,如表8-2所示,一般都在高职高专院校的两倍左右,而且这个数据还不包括五百多所本科院校的研究生。如果把这五百多所本科院校的研究生人数再计入,尤其是那些研究生数量与本科生数量达到很高比例的研究型大学,那么本科院校的校均规模就会远远超过高职高专院校。总之,高等教育数量的发展,特别是校均规模的扩大,对高校的办学带来了前所未有的挑战。

表8-2 我国普通高校本专科校均规模对比(2015年—2020年)

年份/年	2015	2016	2017	2018	2019	2020
本科院校/所	1 219	1 237	1 243	1 245	1 265	1 270
本科校均规模/人	14 444	14 532	14 639	14 896	15 179	15 749
高职高专院校/所	1 341	1 359	1 388	1 418	1 423	1 460
高职高专校均规模/人	6 336	6 528	6 662	6 837	7 776	8 723

首先,在一校之内,多样性取代了单一性,异质性取代了同质性,这种多样性和异质性,既反映在学生身上,也反映在教师身上,还反映在数量庞大的管理人员身上,并且也反映在学校的职能和使命上。

其次,学生数量的剧增,造成高校办学资源和条件的相对短缺。合格师资数量的增长滞后,生师比大幅提高,小课改大课甚至超大课,办学经费短缺,仪器设备短缺,生活设施短缺,管理幅度加大,等等,高校办学的难度明显加大。

再次,规模的急剧扩张势必对教育质量形成威胁,存在质量下降的极大风险。由于目前我国尚缺少严谨的高等教育质量实证数据,因而对教学质量的判断实际上处于众说纷纭的状态,乐观的论调如"成就显著"、"质量有保障"、"满意度大幅提高",悲观的论调如"质量严重滑坡"、"底线失守"、"浪费时间"等,在各类媒体以及社会舆论上都很醒目。然而一个不争的事实是,

21 世纪以来我国有关高等教育的各项重要政策文件无一不是以"质量"和"内涵"为关键词,明确表达了高层领导对高等教育质量的忧虑。2012 年教育部发布的《关于全面提高高等教育质量的若干意见》,强调要"牢固确立人才培养的中心地位"和"走以质量提升为核心的内涵式发展道路",从多个方面提出了加强质量管理的举措,①针对性和指向性一目了然,质量问题是无法回避的。

规模的扩大,多样性和异质性的凸显,资源和条件的紧张,质量的威胁和隐患,学校管理幅度及其复杂性的瞬间加大,这一切在客观上对高校的院校研究具有激发作用。

二、治理现代化的召唤

我国高等教育管理体制改革于 20 世纪 80 年代中期开启,虽说三十多年来的改革始终在路上,但改革的目标基本明确,就是要转变政府职能,改善政府与高校的关系,扩大高校办学自主权,实现高等教育治理的现代化。

1985 年《中共中央关于教育体制改革的决定》(以下简称《决定》)发布,拉开了高等教育管理体制改革的序幕。《决定》针对我国高等教育管理体制"统得过死"的"弊端",旗帜鲜明地提出:"当前高等教育体制改革的关键,就是改变政府对高等学校统得过多的管理体制,在国家统一的教育方针和计划的指导下,扩大高等学校的办学自主权,加强高等学校同生产、科研和社会其他方面的联系,使高等学校具有主动适应经济和社会发展需要的积极性和能力。"②

1993 年《中国教育改革和发展规划纲要》(以下简称《纲要》)发布,高等教育管理体制改革重启。《纲要》提出的改革目标也很明确,即"改革包得过多、

---

① 教育部.教育部关于全面提高高等教育质量的若干意见[N]. 中国教育报,2012 - 04 - 21(1).
② 《中国教育年鉴》编辑部.中国教育年鉴(1985—1986)[M].长沙:湖南教育出版社,1988:994.

统得过死的体制"和"进行高等教育体制改革,主要是解决政府与高等学校、中央与地方、国家教委与中央各业务部门之间的关系,逐步建立政府宏观管理,学校面向社会自主办学的体制",并且强调"在政府与学校的关系上,要按照政事分开的原则,通过立法,明确高等学校的权利和义务,使高等学校真正成为面向社会自主办学的法人实体"。[①] 虽然从文本的提法上看改革的目标十分明确,然而改革的实际进程并没有将解决"政府与高等学校"的关系放在首位,而是转到解决"中央与地方、国家教委与中央各业务部门之间的关系"上,错失了管理体制改革的一个难得机遇期。

2010 年《国家中长期教育改革和发展规划纲要(2010—2020)》发布,在管理体制改革方面提出了"克服行政化倾向"和"取消行政化管理模式"的命题,同时提出要"推进政校分开、管办分离","完善中国特色现代大学制度","完善大学治理结构"。[②] 能够把问题提到这个程度,反映了高层领导改革高等教育管理体制的决心,随之而来的便是教育主管部门逐步开始放权,尽管这种放权是选择性的、局部的,但在沿袭多年的管理体制上动刀放权也着实不易。

从 2013 年开始,"推进国家治理体系和治理能力现代化"成为我国"全面深化改革的总目标",高等教育治理现代化的方向进一步明确。2014 年,时任教育部部长袁贵仁指出,"推行教育治理体系和治理能力现代化,就是要适应国家治理体系和治理能力建设,根据教育发展的自身规律和教育现代化的基本要求,以构建政府、学校、社会新型关系为核心","以转变政府职能为突破口"。[③] 这一论述阐释了教育治理现代化在国家治理现代化中的定位,将推进教育治理现代化和转变政府职能,与教育管理体制改革联系起来,对理解教育治理以及高等教育治理起到直接指导作用。2019 年发布的《中国教育现代

---

① 教育部研究室.中华人民共和国现行高等教育法规汇编[G]. 北京:人民教育出版社,1999:46.

② 中共中央国务院.国家中长期教育改革和发展规划纲要(2010—2020)[N]. 中国教育报,2010 - 07 - 30(2,3).

③ 袁贵仁.深化教育领域综合改革,加快推进教育治理体系和治理能力现代化[J].中国高等教育,2014(5):5.

化 2035》,对"推进教育治理体系和治理能力现代化"做出新的部署。

四十多年来,中国高等教育从管理体制改革到治理现代化,两个主题前后相连、与时俱进,但这并不表示二者是互不相关的两个独立阶段。中国高等教育治理现代化的命题是在管理体制改革尚未实现的情况下提出的,二者实乃同一历史进程中相辅相成的一体之两面,是同一时代命题的两种不同表达。高等教育管理体制改革是手段和条件,高等教育治理现代化是目标和愿景。只有深化高等教育管理体制改革,突破政府与高校的线性关系,才有可能构建多元的高等教育治理体系,实现高等教育的共治、法治和善治。同时也只有在高等教育治理现代化愿景的引领下,才有可能始终认准高等教育管理体制改革的目标和方向,通过多元治理主体的协同作用促进管理体制的改革真正有所突破。总之,经过四十年的摸索和实践,我国高等教育从管理体制改革到治理现代化,愿景已经基本清晰,方向也已基本校准,目标已基本明确。这是高等院校真正对院校研究形成有效需求、使院校研究在院校治理现代化进程中大显身手的体制前提。

高等教育治理现代化是共治、法治和善治,在高等教育治理现代化的状态下可以预见的是:一方面,政府的管理职能将得到切实的转变,高校的独立性和自主权将得到保证,高校真正成为自主办学的实体;另一方面,在高等院校内部,管理者、教师、学生及其他相关人员构成治理共同体,他们主要通过平等的互动和协商来决策学校的重要事务,尤其是事关本校使命的事务。在高校治理共同体中,各治理主体趋于成熟,治理体系趋于完善,问责机制和否决机制趋于成型,权力与权利趋于平衡。高校领导者被规则赋予相应的法定权力,但这些权力将被关在治理体系的制度"笼子"里而受到多重制约,高校领导者既不能也不敢自以为是、独断专行,在这种情况下,他们的自知之明将会苏醒、回归,因而他们对院校研究的实际需求就会大大增加。同样的原因,对于治理体系中的其他主体而言,他们无论以什么身份成为治理的主体,相对于复杂的校务,他们同样也需要院校研究这个"仪表盘"或"手杖",否则他们在治理体系中也难以真正发挥主体的作用。

　　高校治理现代化与院校研究是相辅相成、良性互动的。在治理现代化的状态下，各治理主体都需要院校研究，都需要借助这个"仪表盘"或"手杖"以提高自己的主体地位及其治理能力，这就大大增加了对院校研究的有效需求，促进院校研究的专业化发展，而专业化的院校研究又是院校治理现代化的一个功能要素，有助于提高高校的治理能力，提高治理的科学性和有效性。正是在这个意义上，可以把院校研究的发展水平看作高等院校治理现代化的一个内在标志，院校治理现代化之日，一定是院校研究大显身手之时；院校研究大发展之时，一定是院校治理趋于现代化之日。

附录 I　主要参考文献

中文部分：

别敦荣.中国院校研究的发展与院校研究分会的功能[C].中国高等教育评论：第 11 辑.厦门：厦门大学出版社，2019.

伯顿·R.克拉克.高等教育系统：学术组织的跨国研究[M].王承绪，等译.杭州：杭州大学出版社，1994.

蔡国春.院校研究与现代大学管理：美国院校研究模式研究与借鉴[M].北京：教育科学出版社，2006.

蔡国春，郗菲，胡仁东.院校研究在欧洲的发展特征——兼与美国院校研究比较分析[J].高等教育研究，2011(2).

蔡国春，郗菲.英国院校研究发展与演变的逻辑：从"平等"到"质量"[J].华东师范大学学报（教育科学版），2014,32(2).

蔡国春，周川.院校研究的历史发展及若干理论问题探讨——基于国外文献的分析[J].比较教育研究，2004(2).

常桐善.大学院校研究组织机构[J].复旦教育论坛，2016,14(5).

常桐善.院校研究的发展与应用[M].上海：同济大学出版社，2016.

陈廷柱，姜川.哈佛大学院校研究述评[J].西南交通大学学报（社会科学版),2010(6).

程星.机构研究与现代高等教育管理[J].大学教育论坛,1992(2).

程星.世界一流大学的管理之道[M].北京:北京大学出版社,2018.

程星,周川.美国院校研究的历史与现状[J].苏州大学学报(哲学社会科学版),1995(4).

程星,周川.院校研究与美国高校管理[M].长沙:湖南人民出版社,2003.

程星,周川.美国院校研究实例[M].苏州:苏州大学出版社,2008.

Clark Kerr.大学的功用[M].陈学飞,陈恢钦,周京,译.南昌:江西教育出版社,1993.

弗雷德里克·温斯洛·泰勒.科学管理原理[M].居励,胡苏云,译.成都:四川人民出版社,2017.

国家教育发展研究中心.发达国家教育改革的动向和趋势(第五集)[M].北京:人民教育出版社,1994.

国家教育发展研究中心.发达国家教育改革的动向和趋势(第六集)[M].北京:人民教育出版社,1999.

郭为藩.转变中的大学:传统、议题与前景[M].北京:北京大学出版社,2006.

胡振敏.院校研究的起源、发展与现状[J].外国高等教育资料,1992(2).

J.A.玛福.美国院校研究概述[J].樊建芳,译.外国高等教育资料,1994(1).

教育部中外大学校长论坛领导小组.中外大学校长论坛文集[M].北京:高等教育出版社,2002.

教育发展与政策研究中心.发达国家教育改革的动向和趋势[M].北京:人民教育出版社,1986.

克拉克·科尔,玛丽安·盖德.大学校长的多重生活:时间、地点与性格[M].赵炬明,译.桂林:广西师范大学出版社,2008.

理查德·D.霍华德,杰拉尔德·W.麦克劳林,威廉·E.奈特.院校研究手册[M].蔡三发,等译.上海:同济大学出版社,2021.

李均.中国高等教育研究史[M].广州:广东高等教育出版社,2005.

林杰.美国院校组织理论中的政治模型——以鲍里奇的个案为原型[J].高等教育研究,2007(9).

林曾.信息与决策:美国伊利诺伊州立大学的院校研究[J].清华大学教育研究,2013,34(6).

刘皓.欧洲院校研究协会新动向——《欧洲院校研究会 2012—2017 年战略规划》解读[J].现代教育管理,2016(1).

刘文君.日本院校研究的状况及其发挥的作用[J].中国高教研究,2016(3).

刘献君.院校研究[M].北京:高等教育出版社,2008.

刘献君.中国院校研究案例:第一辑[J].武汉:华中科技大学出版社,2009.

刘献君,陈敏.院校研究与现代大学管理[M].青岛:中国海洋大学出版社,2006.

刘献君,赵炬明,陈敏.加强院校研究:高等学校改革和发展的必然要求[J].高等教育研究,2002,23(2).

刘献君,魏署光.院校研究中国化:问题、理论与实践——刘献君教授专访[J].苏州大学学报(教育科学版),2015,3(1).

刘献君,刘怡,余东升,等.在机构转型中深化院校研究——基于对我国本科院校高教研究机构的调查[J].高等教育研究,2015,36(11).

潘懋元.访美散记[J].外国高等教育资料,1994(4).

庞颖.美国院校研究问题域的范畴及其更迭——基于《院校研究新动向》(1974—2017 年)的批判话语分析[J].高等教育研究,2018,39(9).

乔治·凯勒.大学战略与规划——美国高等教育管理革命[M].别敦荣,译.青岛:中国海洋大学出版社,2005.

沈汉,黄凤祝.反叛的一代——20 世纪 60 年代西方学生运动[M].兰州:甘肃人民出版社,2002.

W.理查德·斯格特.组织理论[M].黄洋,李霞,译.北京:华夏出版社,2002.

魏署光.美国院校研究决策支持功能探析[M].北京:中国社会科学出版社,2016.

徐超富.国外高等教育质量保证体系的模式、特点及其启示(一)[J].湖南师范大学教育科学学报,2008(2).

杨莹.各国大学品质保证与校务研究[M].台北:高等教育文化事业有限公司,2019.

赵炬明.现代大学与院校研究(上)——美国院校研究发展述评[J].高等教育研究,2003,24(3).

赵炬明.现代大学与院校研究(下)——美国院校研究发展述评[J].高等教育研究,2003,24(4).

周川.院校研究的性质与特征[J].教育研究,2003,24(7).

周川.院校研究的职能、功能及其条件分析[J].高等教育研究,2005,26(1).

周川.院校研究在我国的发展及其需求分析[J].现代大学教育,2015(2).

周川,蔡国春,王全林,等.院校研究:高等教育研究的新领域[J].高等教育研究,2003(3).

英文部分

Cowley, W. H. Two and a Half Centuries of Institutional Research.// R. G. Axt, et al. College Self-study: Lectures on Institutional Research. Boulder, CO: Western Interstate Commission for Higher Education, 1960.

Dressel, P. L. Nature of Institutional Research in Self-study. Institutional Research in the University: A Handbook. San Francisco: Jossey-Bass, 1971.

Howard, R. D.(ed.) Institutional Research: Decision Support in Higher Education. Tallahassee, FL: The Association for Institutional Research. 2001.

Knight, W. E, et al. Institutional Research: Knowledge, Skills and Percepetions of Effectiveness. Research in Higher Education, 1997(4).

Maassen,P. M. Institutional Research and Organizational Adaptation. Paper presented at the Eighth European AIR Forum, Loughborough, England, 1986.

Peterson, M. W. The Role of Institutional Research: From Improvement to Redesign. J. F. Volkwein (ed.). What Is Institutional Research All About? New Directions For Institutional Research, No. 104. San Francisco: Jossey-Bass, 1999.

Saupe,J. L. The Function of Institutional Research. Tallahassee, FL: The Association for Institutional Research, 1990.

Schiltz, M. E. An Introduction to the Draft Code of Ethics. Ethics and Standards in Institutional Research. New Directions for Institutional Research. San Francisco: Jossey-Bass, 1992.

Terenzini, P. T. On the Nature of Institutional Research and the Knowledge and Skills it Requires. Research in Higher Education, 1993(1):3.

Tetlow, W. L. From History Observed One May Prophesy. In Cope R. G. Professional Development for Institutional Research. New Directions for Institutional Research. San Francisco: Jossey-Bass, 1979.

The United Nations Educational, Scientific and Cultural Organization. Policy Paper for Change and Development in Higher Education. Paris, 1995.

附录Ⅱ　部分院校研究协会及其网址

美国院校研究协会（The Association for Institutional Research，AIR）
https://www.airweb.org

欧洲院校研究与高等教育研究协会（The European Association for
Institutional Research—The European Higher Education Society，EAIR）
https://www.eairweb.org

英国与爱尔兰高等教育院校研究网络（UK and Ireland Higher Education
Institutional Research Network，HEIR）http://www.heirnetwork.org.uk/

东南亚院校研究协会（South East Asian Association for Institutional
Research，SEAAIR）http://www.seaairweb.info/

加拿大院校研究与规划协会（Canadian Institutional Research and
Planning Association ，CIRPA）https://cirpa-acpri.ca/

大洋洲院校研究协会（Australasian Association for Institutional
Research，AAIR）https://aair.org.au/

南部非洲院校研究协会（Southern African Association for Institutional
Research，SAAAIR）http://www.saair-web.co.za/

后　记

　　20世纪90年代初,我通过程星博士的现身说法了解到美国院校研究的盛况,从此一直关注这个"高等教育研究的新领域",也写了一些推介性的文章。原以为本书的撰写可以驾轻就熟、速战速决,不料2021年6月拟定了提纲之后才发现,事情远远没有预想中那么简单。由于主题的限制,本书需以文献资料为基础,而原先积累的一些资料以及所写的那点文字,距离写成一部体系完整的书稿就显得远远不够。磨刀不误砍柴工,我只好从头做起,在去年暑假先做了一番资料文献的收集研读作业,9月以后进入书稿的撰写,到近日改定最后一稿,前后已近一年。

　　本书参考了国内外学者大量的相关文献以及海外华人院校研究协会成员提供的许多一手案例资料(书中已一一注明)。在本书的撰写过程中,蔡国春教授提供了部分参考文献;研究生徐天舒、李钇萱两位同学协助查找、核对了部分英文资料,并给予很多技术支持。南京师范大学出版社尊师重道、志存高远,推出"当代高等教育研究新视野丛书"的名山事业,承蒙出版社和高等教育学专业委员会抬爱,本书得以忝列书榜,不胜荣幸!责任编辑高珏为本书的付梓劳神费力、巧作嫁衣。没有众多师友和同学的帮助,这本小书就不可能以现在这样的面貌出现在读者的面前,在此对他们的付出表示由衷的感谢!

周　川

2022年6月2日